全国中等卫生职业教育规划教材

供护理、助产及其他医学相关专业使用

五官科护理

（修订版）

主　编　陈德荣
副主编　任　冬　安毅莉
编　者　（以姓氏笔画为序）
　　　　　王德霞　凉山卫生学校
　　　　　任　冬　周口职业技术学院
　　　　　朱淮灵　安徽省淮南卫生学校
　　　　　安毅莉　西安市卫生学校
　　　　　张莉萍　南昌市卫生学校
　　　　　张雪梅　宜宾市卫生学校
　　　　　陈德荣　南昌市卫生学校

科学出版社

北　京

内 容 简 介

本书共分3篇9章,第1~3章为眼科护理,第4~6章为耳鼻咽喉科护理,第7~9章为口腔科护理,突出护理专业的特征与需要,紧密围绕整体护理的现代护理理念,将护理程序有机地贯穿于教材始终,使护理专业特点具体细化到各科每个疾病的护理中去。每章列有学习要点,每节有2~6处重点提示,在第3、6、9章专科疾病的护理部分加了适量病案导入,每章或节后面附有思考与讨论题。本书配有数字化教辅和网络资料,内容包括各章节标注出与护士执业资格考试有关的知识点与考点内容、PPT课件、各种课后练习题等。内容丰富、版面活跃,尽显教材的灵活性和实用性。

本书供全国中等卫生职业学校护理、助产及其他医学相关专业使用。

图书在版编目(CIP)数据

五官科护理/陈德荣主编. —修订本. —北京:科学出版社,2016
 全国中等卫生职业教育规划教材
 ISBN 978-7-03-048676-9

Ⅰ. 五… Ⅱ. 陈… Ⅲ. 五官科学-护理学-中等专业学校-教材
Ⅳ. R473.76

中国版本图书馆 CIP 数据核字(2016)第 127399 号

责任编辑:徐卓立　杨小玲/责任校对:张怡君
责任印制:赵　博/封面设计:黄华斌

版权所有,违者必究。未经本社许可,数字图书馆不得使用

科 学 出 版 社 出版
北京东黄城根北街16号
邮政编码:100717
http://www.sciencep.com

文林印务有限公司 印刷
科学出版社发行　各地新华书店经销

*

2016年6月第　一　版　　开本:787×1092　1/16
2016年6月第一次印刷　　印张:11 3/4
　　　　　　　字数:276 000
定价:25.00元
(如有印装质量问题,我社负责调换)

全国中等卫生职业教育规划教材编审委员会
（修订版）

主 任 委 员	于晓谟　毕重国　张　展
副主任委员	封银曼　林　峰　王莉杰　代加平　邓　琪 秦秀海　张继新　张　蕴　姚　磊
委　　　员	（以姓氏笔画为序） 丁来玲　王　萌　王　静　王　燕　王月秋 王建春　王春先　王晓宏　王海燕　田廷科 生加云　刘东升　刘冬梅　刘岩峰　安毅莉 孙晓丹　李云芝　杨明荣　杨建芬　吴　苇 汪　冰　宋建荣　张石在　张生玉　张伟建 张荆辉　张彩霞　陈德荣　周洪波　周溢彪 赵　宏　柳海滨　饶洪洋　宫国仁　姚　慧 耿　杰　高云山　高怀军　黄力毅　符秀华 董燕斐　韩新荣　曾建平　靳　平　潘　洁
编辑办公室	杨小玲　郝文娜　徐卓立　康丽涛　杨卫华 车宜平

全国中等卫生职业教育规划教材
教 材 目 录
（修订版）

1	解剖学基础	于晓谟	袁耀华	主编
2	生理学基础	柳海滨	林艳华	主编
3	病理学基础	周溢彪	刘起颖	主编
4	生物化学概论		高怀军	主编
5	病原生物与免疫学基础	饶洪洋	张晓红	主编
6	药物学基础	符秀华	付红焱	主编
7	医用化学基础	张彩霞	张 勇	主编
8	就业与创业指导	丁来玲	万东海	主编
9	职业生涯规划		宋建荣	主编
10	卫生法律法规		李云芝	主编
11	信息技术应用基础	张伟建	程正兴	主编
12	护理伦理学		王晓宏	主编
13	青少年心理健康		高云山	主编
14	营养与膳食指导	靳 平	冯 峰	主编
15	护理礼仪与人际沟通	王 燕	丁宏伟	主编
16	护理学基础	王 静	冉国英	主编
17	健康评估	张 展	袁亚红	主编
18	内科护理	董燕斐	张晓萍	主编
19	外科护理	王 萌	张继新	主编
20	妇产科护理	王春先	刘胜霞	主编
21	儿科护理	黄力毅	李砚池	主编
22	康复护理	封银曼	高 丽	主编
23	五官科护理		陈德荣	主编
24	老年护理		生加云	主编
25	中医护理	韩新荣	朱文慧	主编
26	社区护理		吴 苇	主编
27	心理与精神护理		杨明荣	主编
28	急救护理技术		杨建芬	主编
29	护理专业技术实训		曾建平	主编
30	产科护理	潘 洁	李民华	主编
31	妇科护理	王月秋	吴晓琴	主编
32	母婴保健	王海燕	王莉杰	主编
33	遗传与优生学基础	田廷科	赵文忠	主编

全国中等卫生职业教育规划教材
修 订 说 明

《全国中等卫生职业教育规划教材(护理、助产专业)》在编委会的组织下,在全国各个卫生职业院校的支持下,从2009年发行至今,已经走过了8个不平凡的春秋。在8年的教学实践中,教材作为传播知识的有效载体,遵照其实用性、针对性和先进性的创新编写宗旨,落实了《国务院关于大力发展职业教育的决定》精神,贯彻了《护士条例》,受到了卫生职业院校及学生的赞誉和厚爱,实现了编写精品教材的目的。

这次修订再版是在前两版的基础上进行的。编委会全面审视前两版教材后,讨论制定了一系列相关的修订方针。

1. 修订的指导思想 实践卫生职业教育改革与创新,突出职业教育特点,紧贴护理、助产专业,有利于执业资格获取和就业市场。在教学方法上,提倡自主和网络互动学习,引导和鼓励学生亲身经历和体验。

2. 修订的基本思路 首先,调整知识体系与教学内容,使基础课更侧重于对专业课知识点的支持、利于知识扩展和学生继续学习的需要,专业课则紧贴护理、助产专业的岗位需求、职业考试的导向;其次,纠正前两版教材在教学实践中发现的问题;最后,调整教学内容的呈现方式,根据年龄特点、接受知识的能力和学习兴趣,注意纸质、电子、网络的结合,文字、图像、动画和视频的结合。

3. 修订的基本原则 继续保持前两版教材内容的稳定性和知识结构的连续性,同时对部分内容进行修订和补充,避免教材之间出现重复及知识的棚架现象。修订重点放在四个方面:①根据近几年新颁布的卫生法规和卫生事业发展规划及人民健康标准,补充学科的新知识、新理论等内容;②根据卫生技术应用型人才今后的发展方向,人才市场需求标准,结合执业考试大纲要求增补针对性、实用性内容;③根据近几年的使用中读者的建议,修正、完善学科内容,保持其先进性;④根据学生的年龄和认知能力及态度,进一步创新编写形式和内容呈现方式,以更有效地服务于教学。

现在,经过全体编者的努力,新版教材正式出版了。教材共涉及33门课程,可供护理、助产及其他相关医学类专业的教学和执业考试选用,从2016年秋季开始向全国卫生职业院校供应。修订的教材面目一新，具有以下创新特色。

1. 编写形式创新　在保留"重点提示，适时点拨"的同时，增加了对重要知识点/考点的强化和提醒。对内容中所有重要的知识点/考点均做了统一提取，标列在相关数字化辅助教材中以引起学生重视，帮助学生拓展、加固所学的课程知识。原有的"讨论与思考"栏目也根据历年护士执业考试知识点的出现频度和教学要求做了重新设计，写出了许多思考性强的问题，以促进学生理论联系实际和提高独立思考的能力。

2. 内容呈现方式创新　为方便学生自学和网络交互学习，也为今后方便开展慕课、微课等学习，除了纸质教材外，本版教材创新性提供了手机版APP数字化辅助教材和网络教学资源。其中网络教学资源是通过网站形式提供教学大纲和学时分配以及讲课所需的PPT课件（包含图表、影像等），手机版数字化教辅则通过扫描二维码下载APP，帮助学生复习各章节的知识点/考点，并收集了大量针对性强的各类练习题（每章不低于10题，每考点1~5题，选择题占60%以上，专业考试科目中的案例题不低于30%，并有一定数量的综合题），还有根据历年护士执业考试调研后组成的模拟试卷等，极大地提高了教材内涵，丰富了学习实践活动。

我们希望通过本次修订使新版教材更上一层楼，不仅继承发扬该套教材的针对性、实用性和先进性，而且确保其能够真正成为医学教材中的精品，为卫生职教的教学改革和人才培养做出应有的贡献。

本套教材第1版和第2版由军队的医学专业出版社出版。为了配合当前实际情况，使教材不间断地向各地方院校供应，根据编委会的要求，修订版由科学出版社出版，以便为各相关地方院校做好持续的出版服务。

感谢本系列教材修订中全国各卫生职业院校的大力支持和付出，希望各院校在使用过程中继续总结经验，使教材不断得到完善和提高，打造真正的精品，更好地服务于学生。

编委会
2016年6月

修订版前言

《五官科护理》(修订版)是针对全国卫生类中职教育的现状,以2007年卫生部、教育部颁发的教学计划及大纲为依据修订的新版教材。教材以"十二五"规划教材为蓝本,由科学出版社在第2版基础上组织编写出版,主要供普通卫生类中职三年制护理、助产专业教学使用,同时可为五年一贯制高职护理专业教学使用。

本教材的修订结合了近年来各中等卫生职业院校的改革成果和用书反馈,遴选教学名师和一线临床专家组成专门团队,通过教学切磋平台和出版社在护士执业资格考试方面的优质品牌,在新的平台上实现资源延续和品质提升,编写出"老师满意、学生欢迎、宜教宜学"的精品教材。

本教材的特色定位除保持原教材的优点外,努力在"三个切合"上下功夫:一是切合"护考",本次修订逐项逐条研究教材内容与护士执业资格考试的契合点,力争在知识点上高度融合,训练培训与临床实际"无缝接轨";二是切合就业市场,本次修订力争在各个科目上体现出中等卫生职业院校专业课程体系及培养内容的改革建设和细部调整,做到与时俱进;三是切合中职教育特点,坚持以专业培养目标为导向,以职业技能培养为根本,以满足学科需要、教学需要、社会需要为落脚点,力求体现中职教育特色。此外,修订仍继续坚持"三基(基础理论、基本知识、基本技能)五性(科学性、思想性、实用性、可读性、创新性)"原则,同时积极实施精品战略,推广示范院校经验,结合岗位知识技能对教学内容进行新的优化创新,提高教材的实用性和可读性。

本版教材对上版内容进行了精选、更新、修订和完善;教材深度和广度上以"必需、够用"为度,注意反映国内外临床中在五官科护理的新技术、新进展,力求与职业教育考试、国家执业护士资格考试接轨,努力培养基础理论知识适度、技术应用能力强、知识面较宽、职业素质高的创新型、实践型护理技术人才。

本教材共分3篇,9章,第1~3章为眼科护理;第4~6章为耳鼻咽喉科护理;第7~9章为口腔科护理。突出护理专业的特征与需要,紧密围绕整体护理的现代护理理念,将护理程序有机地贯穿于教材始终,使护理专业特点具体细化到各科每个疾病的护理中去。每章开头列有学习要点,每节有2~6处重点提示,在第3、6、9章专科疾病的护理部分加了适量病案分析题,以便导入新课内容,每章或节后面附有思考与讨论题。为了方便教学,教材还配有数字化教辅和网络资料,包括各章节标注出与护士执业资格考试有关的知识点与考点内容、PPT课件、各种课后练习题等。除教材内容丰富、版面活跃,易于激发学生的学习兴趣,拓展知识层面外,尽显教材的灵活性、实用性。

在修订本书的过程中,我们参考了有关教材及文献,各位编者为保证教材质量都付出了辛勤的劳动和汗水,还得到了所在单位领导的大力支持,谨此我们一并致以最诚挚的衷心感谢!

由于我们水平和经验有限,护理知识也在日新月异不断发展、更新,对教材中存在的疏漏和错误之处,恳请广大师生及同行不吝赐教和指正,以期今后日至臻完善。

编 者

2016 年 6 月

目 录

绪论 ·· (1)

第一篇 眼科护理

第1章 眼的应用解剖与生理 ········· (5)
 第一节 眼球的应用解剖与生理 ··· (5)
  一、眼球壁 ··· (6)
  二、眼内容物 ·· (7)
 第二节 视路的应用解剖与生理 ··· (8)
 第三节 眼附属器的应用解剖与生理
  ·· (8)
  一、眼睑 ·· (8)
  二、结膜 ·· (9)
  三、泪器 ·· (9)
  四、眼外肌 ·· (10)
  五、眼眶 ·· (10)

第2章 眼科护理概述 ························· (11)
 第一节 眼科护理评估与常用
    护理诊断 ································ (11)
  一、护理评估 ······································ (11)
  二、常用护理诊断 ····························· (12)
 第二节 眼科患者常规检查 ········· (13)
 第三节 眼科手术患者常规护理
  ·· (17)
  一、眼科护士的人文要求 ·············· (17)
  二、外眼与内眼手术患者的护理
  ·· (17)

第3章 眼科常见疾病患者的护理
 ·· (19)

 第一节 眼睑病及泪器病患者的护理
  ·· (19)
  一、睑腺炎 ·· (19)
  二、睑内翻及倒睫 ····························· (20)
  三、泪囊炎 ·· (22)
 第二节 结膜病患者的护理 ········· (23)
  一、急性细菌性结膜炎 ···················· (23)
  二、病毒性结膜炎 ····························· (25)
  三、沙眼 ·· (25)
  四、变应性结膜炎 ····························· (26)
  五、翼状胬肉 ······································ (27)
 第三节 角膜病患者的护理 ········· (28)
  一、细菌性角膜炎 ····························· (29)
  二、真菌性角膜炎 ····························· (30)
  三、单纯疱疹性角膜炎 ···················· (31)
 第四节 白内障与玻璃体混浊患者的
    护理 ·· (32)
  一、老年性白内障 ····························· (32)
  二、糖尿病性白内障 ························· (34)
  三、玻璃体混浊 ································· (35)
 第五节 葡萄膜炎与视网膜疾病患者
    的护理 ······································ (36)
  一、葡萄膜炎 ······································ (36)
  二、视网膜中央动脉阻塞 ·············· (38)
  三、视网膜中央静脉阻塞 ·············· (39)

第六节　青光眼患者的护理 ……… (40)
　　一、概述 ……………………… (40)
　　二、急性闭角型青光眼 ……… (40)
　　三、开角型青光眼 …………… (43)
第七节　屈光不正及斜视与弱视患者
　　　　的护理 …………………… (44)
　　一、近视 ……………………… (44)
　　二、远视 ……………………… (46)
　　三、散光 ……………………… (47)
　　四、斜视 ……………………… (48)
　　五、弱视 ……………………… (49)
第八节　眼外伤患者的护理 ……… (50)
　　一、机械性眼外伤 …………… (50)
　　二、非机械性眼外伤 ………… (52)
第九节　盲与低视力患者的康复与
　　　　护理 ……………………… (54)

第二篇　耳鼻咽喉科护理

第4章　耳鼻咽喉的应用解剖与生理
　……………………………………… (59)
第一节　鼻的应用解剖与生理 …… (59)
　　一、鼻的解剖 ………………… (59)
　　二、鼻的生理 ………………… (61)
第二节　咽的应用解剖与生理 …… (61)
　　一、咽的解剖 ………………… (61)
　　二、咽的生理 ………………… (63)
第三节　喉的应用解剖与生理 …… (63)
　　一、喉的解剖 ………………… (63)
　　二、喉的生理 ………………… (65)
第四节　耳的应用解剖与生理 …… (66)
　　一、耳的解剖 ………………… (66)
　　二、耳的生理 ………………… (68)
第五节　气管及食管的应用解剖与
　　　　生理 ……………………… (69)
　　一、气管和支气管的解剖与生理
　　　………………………………… (69)
　　二、食管的解剖与生理 ……… (69)

第5章　耳鼻咽喉科护理概述
　……………………………………… (70)
第一节　耳鼻咽喉科护理评估与
　　　　常用护理诊断 …………… (70)
　　一、护理评估 ………………… (70)
　　二、常用护理诊断 …………… (71)
第二节　耳鼻咽喉科患者常规检查
　……………………………………… (72)
第三节　耳鼻咽喉科手术患者常规
　　　　护理 ……………………… (76)

第6章　耳鼻咽喉科常见疾病患者的
　　　　护理 ……………………… (79)
第一节　鼻部疾病患者的护理 …… (79)
　　一、慢性鼻炎 ………………… (79)
　　二、变应性鼻炎 ……………… (82)
　　三、鼻出血 …………………… (84)
　　四、化脓性鼻窦炎 …………… (85)
第二节　咽部疾病患者的护理 …… (90)
　　一、慢性咽炎 ………………… (90)
　　二、扁桃体炎 ………………… (91)
　　三、阻塞性睡眠呼吸暂停低通气
　　　　综合征 …………………… (94)
　　四、鼻咽癌 …………………… (97)
第三节　喉部疾病患者的护理 … (100)
　　一、急性会厌炎 …………… (100)
　　二、急性喉炎 ……………… (101)
　　三、喉阻塞 ………………… (103)
第四节　耳部疾病患者的护理
　……………………………………… (106)
　　一、鼓膜外伤 ……………… (106)
　　二、分泌性中耳炎 ………… (106)

三、急性化脓性中耳炎 ………… (108)
四、慢性化脓性中耳炎 ………… (109)
五、梅尼埃病 …………………… (111)

六、耳聋患者的防治护理 ……… (112)
第五节　耳鼻咽喉、气管及食管异物
　　　　患者的护理 …………… (115)

第三篇　口腔科护理

第7章　口腔颌面部的应用解剖与生理
……………………………………… (123)
第一节　口腔的应用解剖与生理
……………………………………… (123)
一、口腔前庭 …………………… (123)
二、固有口腔 …………………… (124)
第二节　牙体与牙周组织的应用解剖
　　　　与生理 ………………… (125)
一、牙齿的名称、数目、萌出时间
　　及牙位记录 ………………… (125)
二、牙齿的组成 ………………… (125)
三、牙齿的组织结构 …………… (126)
四、牙周组织 …………………… (127)
第三节　颌面部的应用解剖与生理
……………………………………… (127)
一、颌骨 ………………………… (127)
二、肌肉 ………………………… (128)
三、神经 ………………………… (128)
四、血管 ………………………… (129)
五、淋巴 ………………………… (129)
六、涎腺 ………………………… (129)

第8章　口腔科护理概述 ……… (130)
第一节　口腔科护理评估与常用
　　　　护理诊断 ……………… (130)
一、护理评估 …………………… (130)
二、常用护理诊断 ……………… (131)
第二节　口腔科患者常规检查 … (132)
第三节　口腔科手术患者常规护理
……………………………………… (135)

第9章　口腔科常见疾病患者的护理
……………………………………… (137)
第一节　牙体及牙髓病患者的护理
……………………………………… (137)
一、龋病 ………………………… (137)
二、牙髓炎 ……………………… (139)
第二节　牙周病患者的护理 …… (141)
一、牙龈炎 ……………………… (141)
二、牙周炎 ……………………… (143)
第三节　口腔黏膜病患者的护理
……………………………………… (145)
一、复发性阿弗他溃疡 ………… (145)
二、口腔单纯性疱疹 …………… (146)
三、口腔白斑 …………………… (147)
四、口腔念珠菌病 ……………… (148)
第四节　口腔颌面部感染患者的护理
……………………………………… (149)
一、冠周炎 ……………………… (150)
二、颌面部蜂窝织炎 …………… (151)
三、颌骨骨髓炎 ………………… (152)
第五节　口腔颌面部损伤患者的护理
……………………………………… (153)
一、口腔颌面部损伤的特点与急救
……………………………………… (153)
二、损伤的分类与护理 ………… (155)
第六节　牙拔除术患者的护理 … (156)
第七节　口腔疾病的预防与健康教育
……………………………………… (157)
一、口腔疾病的预防 …………… (158)

二、口腔健康教育 …………… (159)

护理实训 ……………………… (161)

 眼科护理实训 ………………… (161)

  一、滴眼液 …………………… (161)

  二、涂眼膏 …………………… (161)

  三、结膜下注射 ……………… (162)

  四、球周注射与球后注射 …… (162)

  五、结膜囊冲洗 ……………… (163)

  六、泪道冲洗 ………………… (163)

 耳鼻咽喉科护理实训 ………… (164)

  一、鼻腔滴药法 ……………… (164)

  二、鼻腔冲洗法 ……………… (164)

  三、下鼻甲注射法 …………… (165)

  四、鼻窦负压置换疗法 ……… (165)

  五、上颌窦穿刺冲洗法 ……… (165)

  六、咽鼓管吹张法 …………… (166)

  七、蒸汽或雾化吸入法 ……… (167)

  八、外耳道清洁法 …………… (168)

  九、鼓膜穿刺法 ……………… (168)

 口腔科护理实训 ……………… (169)

  一、口腔局部用药 …………… (169)

  二、口腔四手操作技术 ……… (169)

  三、口腔常规护理操作技术(1)

   ——窝洞预备护理 ………… (170)

  四、口腔常规护理操作技术(2)

   ——垫底护理 ……………… (170)

  五、口腔常规护理操作技术(3)

   ——橡皮障隔离法护理 …… (170)

  六、口腔常规护理操作技术(4)

   ——牙体牙髓病常用材料调拌技术

   及方法 ……………………… (171)

  七、牙槽外科手术器械的认知

   …………………………… (172)

  八、口腔常用印模材料的调拌及

   石膏模型的灌制 …………… (172)

《五官科护理》数字化辅助教学资料

 ………………………………… (174)

参考文献 ……………………… (176)

绪　　论

　　五官科护理学是包括眼科、耳鼻咽喉科和口腔科护理的专业学科。通常人们所指的五官,即眼、耳、鼻、咽喉和口腔。五官科主要从专科的角度探究眼、耳、鼻、咽喉和口腔的疾病状态和整体健康状态。以五官科患者为中心,整体护理程序为核心,对五官科各种疾病通过及时的护理评估,做出正确的护理诊断,提出合理的护理目标,制订个性化的护理措施,实施科学的护理专业技术,积极配合医生做好治疗护理工作,使患者获得全面康复。

　　五官科护理学是临床护理学的一个分支学科。五官科具有临床护理学的共性,更具有其独特性。因为人的视觉、听觉、嗅觉、味觉、语言、呼吸和消化等重要功能都需五官参与完成,这不仅直接影响人体的健康,而且对人的生活、学习、工作和社交具有特别重要的作用。如果这些器官的功能因疾病治疗不及时或护理程序有误,造成视觉、听觉、语言等功能障碍甚至丧失,必将给患者及其家庭带来烦恼和痛苦,严重者可能还会危及社会。因此,做好五官科患者的护理、维护五官功能的健康是维护人的身心健康的重要基础。

　　五官在解剖学上的特点是既小又复杂,而且结构部位深且互相连通,黏膜相互延续,因此在生理功能、病理改变上互相影响。例如咽喉炎、中耳炎、牙齿的病变可以导致鼻炎、鼻窦炎;而鼻炎、鼻窦炎又可引起咽喉炎或中耳炎。由于五官都位于人体重要的头部,在五官科的治疗护理操作中有一定的难度和危险性。所以要求从事五官科护理工作的护士,在护理操作中要特别的小心细致。在学习过程中就要树立认真、细心、负责的工作态度。

　　五官科与整个身体都有着广泛而紧密的联系。有些五官的疾病是全身疾病的症状,而有些则是全身疾病的病因。如甲状腺功能亢进症可以引起眼球突出,颈椎病可以引起眩晕,血液病患者常出现口腔黏膜出血,高血压病可以引起鼻出血、视网膜病变,慢性扁桃体炎可以引起风湿性关节炎、心脏病,化脓性中耳炎可引起颅内外并发症等。所以,在学习和工作中要有系统、整体的观念,如此在临床实际护理评估与护理诊断中才不会有病情的遗漏,以致影响治疗。

　　随着现代医学与护理学的发展,各学科之间的关系和相互间的渗透更加紧密,目前临床中颅脑外科、颌面外科、医学美容、畸形矫正和整形外科与眼科、耳鼻咽喉科、口腔科常常密切合作。因此我们必须不断更新知识、扩大知识面,树立整体护理观念,将专科与相关学科结合,使五官科护理学不断提升发展。

　　我们希望通过本教材的学习,使学生能按现代护理的要求,掌握五官科的基本知识、基本理论和基本技能;运用护理程序,制订五官科患者的护理计划,对五官科的常见病、多发病能正确处理,对急症患者能正确应急处理和积极配合抢救,工作中能达到慎独的境界。

（朱淮灵）

第一篇

眼科护理

Part 1

第1章

眼的应用解剖与生理

学习要点
1. 眼球壁的分层和生理功能。
2. 眼内容物的组成和生理功能。
3. 视路的组成。
4. 眼附属器的组成和生理功能。
5. 泪道的组成。

第一节 眼球的应用解剖与生理

眼又称视器,包括眼球、视路和眼附属器三部分,眼球和视路完成视觉功能,眼附属器对眼球起保护作用,并使眼球运动。

眼球(图1-1-1)近似球形,正常眼球前后径出生时平均约16mm,3岁时约23mm,成人平均约24mm。

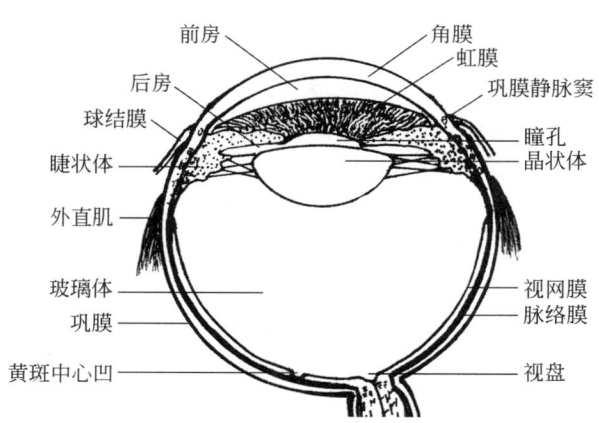

图1-1-1 左眼水平切面示意图

眼球位于眼眶前部，借眶筋膜、韧带与眶壁联系，周围有眶脂肪垫衬，前面有眼睑保护，后面有眶骨壁保护。眼球向前方平视时，突出于外侧眶缘12~14mm。突出程度受人种、颅骨发育、眼屈光状态等因素的影响，但两眼差一般不超过2mm。

眼球由眼球壁和眼内容物组成。

一、眼 球 壁

由外、中、内三层膜组成，外层为纤维膜，中层为葡萄膜，内层为视网膜。

(一) 外层

由胶原纤维组织构成，质地坚韧，故称纤维膜。包括前1/6透明的角膜和后5/6瓷白色的巩膜，对眼球内组织起保护作用，并有维持眼球形状的作用。

1. 角膜 是眼球前中央的透明部分，呈稍前凸的横椭圆形，中间薄周边厚。

组织学上角膜分五层。

(1) 上皮细胞层：厚约35μm，由5~6层鳞状上皮细胞组成，无角化，再生能力强，损伤后无感染，修复快且不留瘢痕。

(2) 前弹力层：厚约12μm，为一层无细胞结构的均质透明膜，损伤后不能再生。

(3) 基质层：厚500μm，约占角膜厚度的90%，有约200层排列规则的胶原纤维束薄板组成，损伤后不能再生，形成瘢痕。

(4) 后弹力层：较坚韧的均质透明膜，对化学物质和细菌毒素的抵抗力强。

(5) 内皮细胞层：由扁平细胞构成，具有角膜-房水屏障功能，正常情况下房水不能由此渗入角膜组织。损伤后不能再生，靠邻近细胞扩张和移行修复，若失代偿，角膜将发生水肿和大泡性角膜病变。

角膜主要的特点是：①透明，能屈折光线，是重要的屈光介质，相当于43D的凸透镜；②无血管，其营养主要来源于角膜缘血管网、房水和空气中的氧气；③有丰富的三叉神经末梢，感觉敏锐。角膜有透光和屈光作用。

2. 巩膜 质地坚韧呈乳白色，由致密而互相交错的胶原纤维组成。巩膜表面被球筋膜包裹，前面有球结膜覆盖。在角膜缘处，角膜、巩膜、结膜和筋膜互相融合附着。巩膜赤道部和眼外肌附着处较薄。巩膜与视神经交界处分为内、外两层，外2/3移行于视神经鞘膜；内1/3呈网眼状，称巩膜筛板，视神经纤维由此穿出眼球，此处巩膜最薄，受眼压升高的影响在此可形成杯状凹陷，称青光眼杯。巩膜对内层组织起保护作用。

3. 角巩膜缘 是角膜与巩膜的移行区域，宽约1.0mm。在角巩膜缘内面有一凹陷称巩膜内沟，沟内有小梁网和巩膜静脉窦(Schlemm管)。角巩膜缘是前房角所在部位，是房水排出的主要通道，又是许多内眼手术切口的常用部位。角巩膜缘结构薄弱，眼球挫伤时易发生破裂。

(二) 中层

中层为葡萄膜，也称血管膜、色素膜。由前向后分为虹膜、睫状体和脉络膜三部分，因富含血管和色素，所以具有营养、遮光的作用。

1. 虹膜 位于角膜后方，晶状体前方的一圆盘状薄膜，将眼球前部腔隙隔成前、后房，虹膜即悬在房水中。虹膜周边与睫状体连接处为虹膜根部，此处很薄，当眼球受挫伤时，易从睫状体上离断。由于虹膜位于晶状体前面，在晶状体脱位或手术摘除后，虹膜失去依托，在眼球运动时可见虹膜震颤。虹膜中央有一直径2.5~4mm的圆孔称瞳孔。虹膜内具有缩瞳作用的瞳孔括约肌和散瞳作用的瞳孔开大肌,使得瞳孔可以随外界光线的强弱而缩小和扩大,从而调节进入眼内光线的多少。瞳孔大小还与年龄、屈光状态、神经精神状态等因素有关,幼儿、老年者瞳孔小,交感神经兴奋时大。

> **重点提示**
>
> 瞳孔对光反射中枢在中脑。检查瞳孔对光反射,可以判断中枢神经系统病变部位、全身麻醉的深浅度及病情危重程度。

2. **睫状体** 位于虹膜根部与脉络膜之间,呈带状环绕在晶状体赤道部,并依赖悬韧带与晶状体赤道部相连。睫状体矢状面略呈三角形,前1/3较肥厚为睫状冠,其内的睫状突上皮细胞可分泌房水,后2/3为平坦部,此处血管少,又无重要的组织,是玻璃体手术的切口部位。睫状体内有睫状肌,其收缩与舒张可以带动悬韧带松弛与紧张,从而使晶状体变厚或变薄而调节(增强或减弱)屈光力。睫状体含有丰富的血管和三叉神经末梢,炎症时疼痛剧烈。

3. **脉络膜** 前与睫状体相接,后止于视盘周围,介于视网膜与巩膜之间。有丰富的血管和色素细胞,主要起着营养视网膜外层和遮光的作用。脉络膜无感觉神经分布,炎症时不引起疼痛。

(三) 内层

内层为视网膜,其后极部有一暗红色无血管的凹陷区,称黄斑,其中心有一小凹称黄斑中心凹,此处只有锥细胞,是视觉最敏锐的区域。黄斑区鼻侧约3mm处有一圆盘状结构称视盘(视乳头),其中央凹陷称生理凹陷(视杯),视盘无光感受器细胞,故在视野中形成生理盲点。视网膜可分为外层的色素上皮层和内层的神经感觉层,两层间有潜在的间隙,病理情况下可以分开出现视网膜脱离。视网膜血管为终末血管,是人体唯一能用检眼镜直接观察到的活体血管,其结构与心脑血管相似,可借此血管状态估计心脑血管功能。

二、眼内容物

眼内容物包括房水、晶状体和玻璃体,均为无血管、无神经的透明体,与角膜一起组成眼的屈光系统。

(一) 房水

房水为无色透明液体,充满于前、后房。房水由睫状突上皮细胞产生后进入后房,经瞳孔到前房再流经前房角、小梁网、巩膜静脉窦(Schlemm 管)、集液管,通过睫状前静脉流回到血液循环(图1-1-2)。房水不断地循环,从而维持眼内压的正常。若房水循环障碍致眼压升高可发生青光眼。

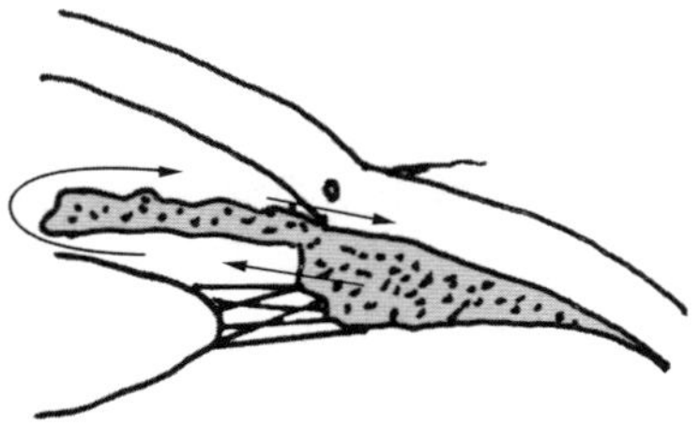

房水含有少量氯化物、蛋白质、维生素 C 和无机盐等,可以营养角膜、晶状体及玻璃体。

图 1-1-2 房水循环途径

(二) 晶状体

晶状体是富有弹性的双凸面的透明体,无血管、无神经,位于虹膜后、玻璃体前,借助悬韧带与睫状体相连而固定于虹膜和玻璃体之间。若悬韧带断裂则可出现晶状体脱位。晶状体由晶状体囊、晶状体纤维组成,随年龄增长,晶状体的弹性减弱,调节力降低可出现老视。晶状体无血管,营养主要来自房水,当晶状体囊受损或房水代谢发生变化时,晶状体混浊发生白内障。晶状体主要的功能是参与眼的调节。

(三)玻璃体

玻璃体为透明的胶质体,充满于玻璃体腔内。玻璃体无血管,其营养来自脉络膜和房水。玻璃体无再生能力。玻璃体是屈光间质之一,并有支撑视网膜、维持眼球形态和眼内压的作用。

> **重点提示**
>
> 角膜、房水、晶状体和玻璃体一起组成眼的屈光介质,当光线进入眼内,先经过屈光介质折射后聚焦在视网膜上,再经视路传导到枕叶视中枢形成视觉。

第二节 视路的应用解剖与生理

视路(图1-2-1)是指从视网膜到大脑皮质枕叶视中枢的神经传导通路。视路包括视神经、视交叉、视束、外侧膝状体、视放射和枕叶视中枢。在该路径中各部位的视觉纤维排列很有规律,因此,某个部位的病变或损害可表现出相应的视野缺损,临床根据这些视野缺损的特征可做出视路病变的定位诊断。

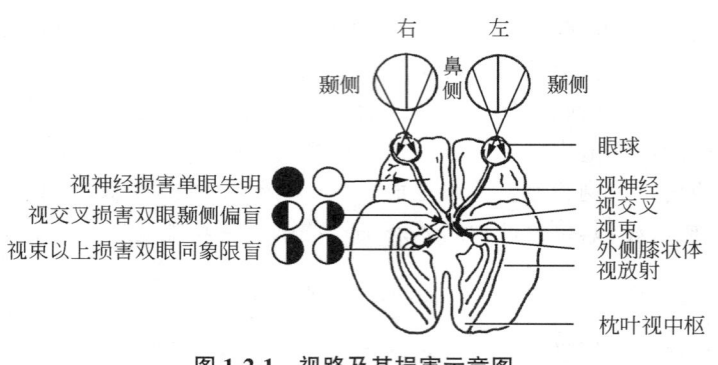

图1-2-1 视路及其损害示意图

第三节 眼附属器的应用解剖与生理

眼附属器包括眼睑、结膜、泪器、眼外肌和眼眶。

一、眼 睑

眼睑覆盖于眼球表面,保护眼球。眼睑分上睑和下睑,其游离缘称睑缘,睑缘分前唇和后唇,前唇有睫毛生长,后唇有睑板腺开口。上、下睑缘之间的裂隙称睑裂,正常平视时上睑遮盖角膜上部1~2mm。其内外连接处分别称内眦、外眦。上、下睑缘近内眦处各有一乳头状突起,其中央有一小孔称泪点,是泪道的起点(图1-3-1)。

眼睑组织由外向内分为五层:皮肤层、皮下组织层、肌层、睑板层和睑结膜层。眼睑主要功能是保护眼球,还有帮助泪液排入鼻腔的作用。眼部血液循环丰富,但眼睑静脉无静脉瓣,当眼睑有化脓性炎症处理不当时,可逆行造成海绵窦感染的严重后果。

二、结 膜

结膜是一层薄而透明的黏膜,根据其解剖部位分为睑结膜、球结膜和穹窿结膜,这三部分和角膜形成一个以睑裂为开口的囊状间隙,称结膜囊(图 1-3-2)。结膜组织内有副泪腺可分泌泪液,有杯状细胞可分泌黏液,球结膜和穹窿结膜下组织疏松,近穹窿部的球结膜下是眼部注射药物的常用部位。

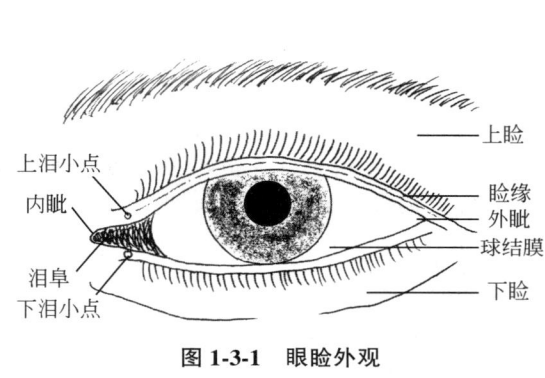

图 1-3-1 眼睑外观

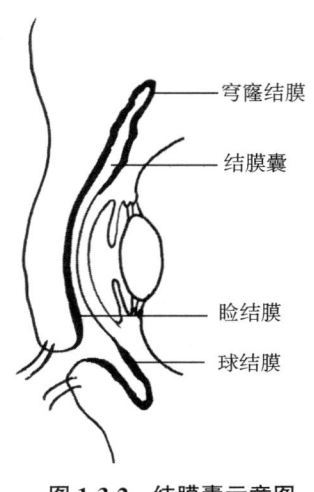

图 1-3-2 结膜囊示意图

三、泪 器

泪器由泪腺和泪道组成。

(一)泪腺

泪腺位于眼眶外上方的泪腺窝内,正常时不能触及。泪腺能分泌呈弱碱性的泪液,对眼球表面起到清洁、营养、杀菌的作用。

> **重点提示**
>
> 眼球表面有一超薄层泪液覆盖,该层泪液称为泪膜。泪膜与角膜上皮、结膜上皮共同构成眼表。泪膜有润滑眼球表面,防止角膜、结膜干燥,供给角膜氧气以及清除眼表异物、微生物等作用。

(二)泪道

泪道是泪液的排泄通道,包括上、下泪小点,上、下泪小管,泪囊和鼻泪管。鼻泪管开口于下鼻道前端外侧壁。泪液排入结膜囊后,通过眼睑的瞬目运动分布于眼球表面,并靠虹吸作用通过泪小点、泪小管进入泪囊,经鼻泪管达鼻腔(图 1-3-3)。

泪液具有湿润结膜、角膜,维护其生理功能和清洁、杀菌的作用。当眼部受到有害物质刺激时,会反射性地分泌大量泪液,冲洗和稀释有害物质。

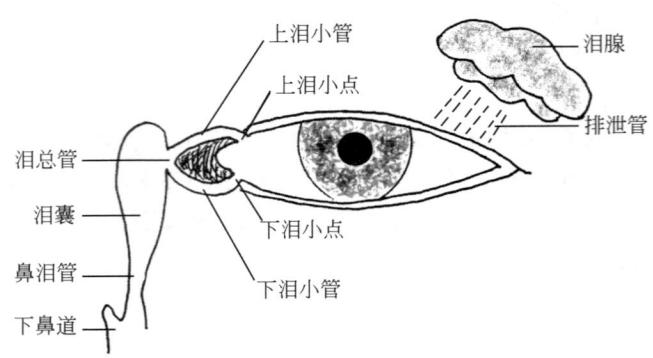

图 1-3-3　泪器示意图

四、眼外肌

眼外肌是支配眼球运动的肌肉。有上、下、内、外四条直肌和上、下两条斜肌(图 1-3-4)。各条眼外肌相互配合及协调一致,保证两眼灵活运动。眼外肌病变可导致斜视。眼外肌中除外直肌受展神经支配、上斜肌受滑车神经支配外,其余都受动眼神经支配。

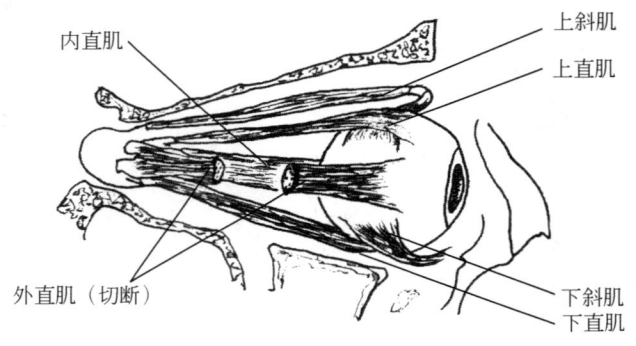

图 1-3-4　眼外肌示意图

五、眼　眶

眼眶为四面锥形体,由额骨、蝶骨、筛骨、腭骨、泪骨、上颌骨和颧骨 7 块颅骨构成,底向前、尖朝向后。在眶尖有视神经孔,有视神经和眼动脉通过。

眼眶内容纳有眼球、眼外肌、泪腺、血管、神经和筋膜。其间有脂肪充填,起到软垫保护作用。

讨论与思考

1. 眼球壁分几层?每层的生理功能是什么?
2. 简述眼内容物与眼压的关系。
3. 简述视路损伤的临床意义。
4. 眼外肌与斜视有何关系?
5. 简述泪道狭窄或阻塞的临床意义。

(朱淮灵)

第2章

眼科护理概述

学习要点
1. 眼科患者的常见症状。
2. 眼科常用护理诊断。
3. 视功能检查的项目及方法。
4. 眼科手术患者常规护理。

第一节 眼科护理评估与常用护理诊断

一、护理评估

(一)常见症状

1. **视功能障碍** 可直接影响患者的生活、工作和学习,严重者可导致患者的生活自理能力低下。

(1)视力下降:是常见症状之一,轻者视力减退,重则视力丧失;可突然减退,也可以逐渐下降;还可伴有其他症状。多见于角膜炎、青光眼、白内障、玻璃体积血、屈光不正及眼底病等。

(2)视野改变:如偏盲、视野向心性缩小、眼前黑影等。见于视路病变、白内障、玻璃体病变、视网膜脱离、视网膜色素变性等。

(3)色觉障碍:包括色盲和色弱,其中红绿色盲最为常见。

(4)视物变形:可见于黄斑病变、视网膜脱离等疾病。

2. **感觉异常** 包括眼痛、畏光、流泪、眼干、痒、异物感等。

(1)眼痛是反映病情的重要信息,刺激性疼痛多见于眼部炎症,如急性结膜炎、角膜炎、急性虹膜睫状体炎;眼胀痛可见于青光眼、眼外伤、屈光不正等疾病。

(2)畏光、流泪、眼干、痒、异物感是眼病常见症状,多见于结膜炎患者。

(3)视疲劳多见于屈光不正。

3. **外观异常**

(1)眼部发红、充血:是眼科最常见的症状之一,也是重要体征。结膜炎可见结膜充血;角膜炎、虹膜睫状体炎和青光眼可见睫状充血,病情严重者可出现混合充血;眼睑皮肤充血见于早期急性睑腺炎、急性泪囊炎等。

(2)眼睑肿胀:眼睑皮下组织疏松,血管丰富,易发生水肿。局部炎症如眼睑皮肤或腺体炎症、全身性疾病如肾炎、心力衰竭、黏液性水肿等均可见眼睑肿胀;眼挫伤可出现眼睑血肿。

(3)眼部分泌物:多见于结膜炎症,也可为眼睑、泪器的病变。分泌物性质可提示病原体类型:过敏反应多为黏液丝状分泌物;细菌感染多为黏液脓性分泌物;病毒感染多为水样或浆液性分泌物。

(4)眼球突出:正常人眼球突出度为12~14mm,一般双侧对称。单侧眼球突出可见于眼眶蜂窝织炎和眶内肿瘤等,双侧眼球突出可见于甲状腺功能亢进症等。

(5)流泪和溢泪:泪液分泌过多,正常泪道不能完全排出而从睑裂处流出称流泪,多见于眼睑内、外翻,倒睫,结膜炎,角膜炎等;而泪液分泌正常,因泪道阻塞而溢出眼睑之外称为溢泪,多见于泪道阻塞和泪囊炎等。

(二)常见体征

1. 眼部充血　可分为结膜充血、睫状充血和混合充血。
2. 视力下降　一般指中心视力。正常视力为1.0。一过性视力下降一般在24h内可以恢复。
3. 眼压升高　常见于青光眼患者。
4. 眼球突出　是指眼球突出超出正常范围,可因眶内肿瘤、鼻窦炎或肿瘤、眶内血管异常、甲状腺功能亢进症等引起。

其他常见体征包括角膜混浊、晶状体混浊、玻璃体积血、视盘充血或水肿等。

(三)辅助检查

视功能检查主要是视力、视野、色觉、暗适应、立体视觉、对比敏感度等。影像学检查则包括眼超声检查、磁共振检查、CT检查和眼科计算机图形分析等。

(四)心理-社会状况

视觉是否敏锐对学习、生活和工作有很大的影响,眼病给患者带来的心理问题比较严重,可以出现恐惧、焦虑、紧张等,而且同一患者在疾病的不同发展阶段、相同疾病的不同患者心理问题都有所不同,因此护士需要及时、准确评估患者的心理状态,给予相应的护理。

二、常用护理诊断

1. 感知改变　与屈光间质病变、眼底病变、屈光不正、弱视等有关。
2. 舒适度改变　与异物感、眼痒、畏光、流泪、溢泪及眼部炎症有关。
3. 疼痛　与炎症反应、眼压升高、倒睫等有关。
4. 组织完整性受损　与眼外伤有关。
5. 生活自理缺陷　与视力障碍有关。
6. 有感染的危险　与机体抵抗力下降、预防感染措施不当、不良卫生习惯等有关。
7. 潜在并发症　与创口裂开、眼压升高、出血等有关。
8. 焦虑　与视力障碍、担心预后不良等有关。
9. 知识缺乏　缺乏眼病的相关知识。

第二节 眼科患者常规检查

(一)视功能检查

包括视觉生理物理学检查(视力、视野、色觉、暗适应、立体视觉、对比敏感度等)和视觉电生理检查。

1. 视力检查　视力是眼辨别最小物像的能力,反映黄斑中心凹的功能,也称中心视力。分为远视力和近视力检查。

(1)远视力检查:5m 或 5m 以外的视力称为远视力。临床上通常将 1.0 的视力作为正常视力。常采用国际标准视力表或对数视力表检查。

> **重点提示**
> 世界卫生组织规定,较好眼经治疗或标准的屈光矫正视力低于 0.3 为低视力;较好眼的最佳矫正视力低于 0.05 或高于 0.05 但视野半径小于 10° 为盲。

检查要求:①视力表照明要充足;②1.0 行视标与被检眼等高;③视力表与眼距离为 5m,若用平面反射镜,则视力表与镜面相距 2.5m;④两眼分别进行检查,先右后左,先健眼后患眼,戴镜者应先检查裸眼视力,再查矫正视力;⑤用遮眼板遮盖非检查眼(但不要压迫眼球),让被检者在 5s 内辨认出视标缺口的方向。

检查方法及记录方法:①检查者由上向下指示视标,逐行检查,被检者能辨认出最小视标那一行的数字则为该眼的远视力,如能辨认视力表上 0.6 行,则记录为 0.6;如 0.6 行有 2 个视标不能辨认,则记录为 0.6^{-2};如 0.6 行仅能辨认 2 个视标,则记录为 0.5^{+2}。②如果被检者在 5m 处不能辨认最大视标 0.1,则嘱其向前走,直至认出为止,并记录该距离。可用公式计算:视力 = 0.1×检查距离(m)/5(m),如检查距离为 2m,视力 = 0.1×2/5 = 0.04。③若在 1m 处不能辨认 0.1 视标者,检查其分辨眼前指数的能力,并记录下最远距离,如在 30cm 能分辨指数,则记录为指数/30cm。④对在眼前也不能辨认指数者,检查者可用手掌在被检者眼前慢慢摆动,并记录其辨认的最远距离,如在 20cm 处能辨认手动,则记为手动/20cm。⑤对不能辨认手动者,则检查光感,在暗室内用点状光源测试被检者能否正确判断眼前有无亮光,并记录其最远光感距离,如 4m 处能判断光亮,则记录为光感/4m。⑥若有光感者,还要检查其光定位,检查者在被检者眼前 1m 处 9 个方位(#)移动点状光源,测定被检眼对光源的分辨力,光定位辨认正确记为"+",不能辨认记为"-"。如各方位光感都消失,则记为"无光感"。

(2)近视力检查:近视力通常指阅读视力,常采用标准近视力表检查,检查距离一般为 30cm,先检查右眼后检查左眼,记录辨认的最小视标即可,标准近视力为 1.0/30cm。如在 30cm 看不清 1.0 视标,可让被检者自行调节距离,直到看清为止,记下最佳视力和距离,如 1.0/10cm。

> **重点提示**
> 视力检查必须检查远、近视力,这样可以大致了解患者的屈光状态。例如,近视眼患者,近视力检查结果比远视力好;老视或调节功能障碍者远视力可以正常,但近视力差。

2. 视野检查 视野是指眼固视前方时所见的空间范围,反映视网膜周边部的功能,亦称周边视力。包括中心视野(距注视点30°以内范围)和周边视野(30°以外范围)。常用检查法如下。

(1)对比法:检查者(视野正常)与被检者相对而坐,眼位等高,相距0.5m。检查右眼时,被检者右眼与检查者左眼对视,各自遮盖另一眼,检查左眼则相反。检查者用手指作为视标,置于二人等距离处,然后从外向内移动,如二人能同时在各方向看到视标,则认为被检者视野正常。这种方法因操作简便,常作为初步的视野检查。

(2)弧形视野计检查:比较简单的动态检查周边视野的方法。

(3)Amsler方格表:主要用于检查黄斑功能或测定中心及旁中心暗点(图2-2-1)。黄斑病变者会感到中央有暗影遮盖、直线扭曲、方格大小不等。

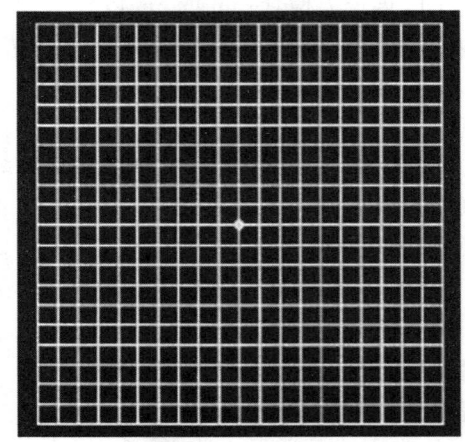

图2-2-1 Amsler方格表

(4)自动视野计检查:使用由计算机控制的自动化、标准化的静态定量视野计进行检查。

> **重点提示**
> 世界卫生组织规定视野小于10°者,即使视力正常也属于盲。视野检查属于心理物理学检查,反映的是患者的主观感觉,因此检查结果会受一些因素的影响,主要是受试者、仪器和操作者。

3. 色觉检查 色觉是人眼辨别各种颜色的能力,反映视锥细胞的功能。检查时在良好的自然光线下,要求被检者双眼同时注视色盲检查图,距离约0.5m,并在5s内读出图中的图形或数字(可先利用示教图教会其正确辨认的方法),然后按每个图的说明判断被检者是正常、色弱或色盲。临床上以红绿色障碍多见。

4. 其他视功能检查

(1)暗适应检查:从强光下进入暗处时,开始一无所见,逐渐能看清暗处的物体达最佳状态的过程称为暗适应。常采用对比法,即被检者与检查者(暗适应正常)同时进入暗室,通过比较两人辨认周围物体的时间来判断其暗适应能力。如被检者所用的时间明显延长,则表示其暗适应能力差。该检查可用来诊断各种引起夜盲的疾病,如视网膜色素变性、维生素A缺乏病等。

(2)立体视觉:亦称深度觉或空间视觉,是眼对物体三维立体形态的知觉,是眼视觉的最高层次。常用同视机或立体视觉检查图谱检查。

(3)视觉电生理检查:包括眼电图(EOG)、视网膜电图(ERG)和视觉诱发电位(VEP)。

(二)眼部检查

1. 眼附属器检查

(1)眼睑:观察两侧睑裂有无大小不等、闭合功能是否正常,眼睑皮肤有无红肿、水肿、淤血、瘢痕或肿物,有无眼睑位置异常(如内翻或外翻)、有无倒睫,睑缘有无充血、鳞屑或溃疡等。

(2)泪器:注意观察泪腺有无肿大、压痛;泪小点有无外翻或闭塞;泪囊区有无充血、肿痛或瘘管,挤压泪囊区有无分泌物自泪点溢出;溢泪者行泪道冲洗是否通畅。

(3)结膜:拇、示指轻轻分开上下眼睑,嘱被检者转动眼球,观察球结膜有无充血、出血、异物。再翻转上下眼睑,观察睑结膜有无充血、水肿、乳头、滤泡、瘢痕、结石、异物、新生物和睑球粘连等。并注意鉴别结膜充血、睫状充血和两者兼有的混合性充血(表2-2-1)。

表 2-2-1 结膜充血和睫状充血的鉴别

	结膜充血	睫状充血
血管来源	结膜后动静脉	睫状前动静脉
位置	浅	深
颜色	鲜红色	紫红色
充血部位	近穹窿部充血显著	近角膜缘充血显著
形态	血管呈网状、树枝状	血管呈放射状或轮廓不清
移动性	推动球结膜时,血管随之移动	推动球结膜时,血管不随其移动
分泌物	多有,呈黏液性或脓性	一般无
充血原因	结膜疾病	角膜炎、虹膜睫状体炎、青光眼

(4)眼球位置及运动:观察两侧眼球大小、位置是否对称,眼球运动是否对称、同步;有无眼球震颤及斜视;有无眼球突出或内陷。

(5)眼眶:观察两侧眼眶是否对称,眼眶有无压痛及肿块。

2. 眼球前段检查 一般用裂隙灯显微镜检查,也可用聚光灯泡手电筒和放大镜观察。

(1)角膜:观察角膜直径大小、弯曲度、透明度、表面光滑度和知觉,有无异物、混浊、新生血管及角膜后沉着物(KP)等。

荧光素钠染色检查法:用于检查角膜完整性。将荧光素钠滤纸置于下穹窿部结膜上1~2min后观察,正常角膜不着色,如果角膜上皮缺损或溃疡,病变区会被染成黄绿色。

角膜知觉检查:从消毒棉签中拉出一条细棉丝,其尖端从被检眼外侧轻轻触及角膜表面,若立即引起瞬目反射者为知觉正常,否则为异常。

(2)巩膜:观察巩膜有无黄染、充血、结节和压痛。

(3)前房:用斜照法简单观察前房深浅度,房水有无混浊、积血、积脓等。

(4)虹膜:观察虹膜色泽、纹理,表面有无新生血管,有无萎缩、色素脱落、后粘连及虹膜震颤等。

(5)瞳孔:观察两侧瞳孔是否等大、等圆,位置是否居中,边缘是否整齐,对光反射及集合反射是否灵敏。

> **重点提示**
>
> 瞳孔各种反射的检查。①瞳孔直接对光反射:被检查者面向暗处,检查者用手电筒照射受检眼,其瞳孔迅速缩小。直接对光反射消失见于视网膜、视神经、视束或瞳孔反射的神经通路障碍,也可见于动眼神经病变或药物性散瞳。②瞳孔间接对光反射:被检查者面向暗处,检查者用手电筒照射另侧眼,受检眼瞳孔迅速缩小。③近反射:又称调节反射。当眼注视10~15cm处的目标时,瞳孔缩小,双眼内聚。

(6)晶状体:观察晶状体有无混浊及脱位。

3. 眼球后段检查　指用检眼镜对玻璃体、视网膜、脉络膜和视盘进行的检查,常在暗室内检查。该检查不仅对眼科疾病的诊疗有重要意义,还可为某些全身疾病的诊疗提供依据。

(三)眼压测量

眼压测量是青光眼诊治的重要检查手段。眼压是眼球内容物作用于眼球壁的压力,正常眼压为10~21mmHg(1mmHg=0.133kPa)。眼压测量方法如下。

1. 指测法　嘱被检者双眼注视下方,检查者将双手示指尖放在上睑皮肤面,两手指交替轻压眼球,根据眼球的软硬度来估计眼压高低,若指尖的感觉如同触压前额为眼压增高;如同鼻尖为正常;如同嘴唇为降低。记录方法:眼压正常记为Tn;轻、中和重度升高分别记为T+1、T+2、T+3;轻、中和重度降低分别记为T-1、T-2、T-3。

2. 眼压计测量法

(1)压陷式眼压计测量:常用的是Schiotz眼压计。被检者低枕仰卧,滴0.5%~1%丁卡因表面麻醉,在等待麻醉的同时可校正、消毒眼压计。测量时嘱被检者两眼注视一目标或自己的手指,使角膜保持在正中位。检查者左手拇指、示指分开上、下眼睑固定于上、下眶缘,注意勿压迫眼球,右手持眼压计,轻轻地将其底板垂直放于角膜中央,先用5.5g砝码,读出指针刻度数,若读数小于3,应更换更重的砝码后再测量。测量完毕,滴抗生素眼药水预防感染。按换算表计算出眼压值。

> **重点提示**
>
> 测量眼压注意点:①连续测量不宜超过3次;②眼压计在角膜上停留时间不宜过长;③此眼压计所测数值受眼球壁硬度的影响,必要时用两个砝码测量后查表校正,可消除眼球壁硬度造成的误差;④测量后将眼压计擦拭干净。

(2)压平式眼压计测量:目前国际通用的是Goldmann压平眼压计,测量准确,而且不受眼球壁硬度影响。

(3)非接触眼压计测量:该眼压计不直接接触眼球,不用麻醉和消毒,对表面麻醉药过敏的患者较适合。但数值不够准确。

(四)其他检查

1. 眼底荧光血管造影是将1%荧光素钠从肘前静脉快速注入体内,利用眼底照相机连续拍摄眼底血管照片的方法,主要反映视网膜及脉络膜的病变。

2. 眼科影像学检查包括眼部超声波检查和眼科计算机图像分析等。

第三节 眼科手术患者常规护理

一、眼科护士的人文要求

1. **树立整体护理观** 眼科患者的心理症状比较严重,眼科护士除了要有丰富的眼科护理经验,更要有以人的身心健康为中心的整体护理观。护理的出发点不仅在眼病,还要注重整体的人,从人的身体、心理和社会需求全方位地解决护理对象的健康和护理问题。

2. **高尚的护理道德** 眼科护士的职业道德要求拥有无私的奉献精神和博大的爱心,视患者如亲人,真正做到以患者为中心。

3. **良好的人际沟通能力** 在尊重患者的基础上,认真倾听患者的需求和意见;利用丰富的专业知识,解答患者的提问,建立信任感,这是良好沟通的基础。眼科患者有焦虑、悲观、抑郁等心理特征,在护理患者时,要依据不同患者的个人性格特点,以亲切、温暖的话语,传递爱心和关心。

4. **稳定健康的情绪** 在眼科护理工作中,护士要始终保持乐观、和善、积极的态度,用自己的语言和行动影响患者,帮助患者调节自我情绪,始终处于心情舒畅、乐观向上的状态,坚持治愈疾病的积极信念。

二、外眼与内眼手术患者的护理

(一)外眼手术患者的护理

外眼手术包括眼睑、泪囊、结膜、眼外肌、眼眶等手术。

1. 术前护理

(1)协助患者完成术前检查,如血常规、尿常规、凝血试验、血糖、心电图等。遵医嘱做药物过敏试验。

(2)术前1~3d开始滴抗生素眼液,每日3~4次,以清洁结膜囊,减少术后感染的发生率。

(3)向患者及家属说明手术的目的、手术过程、预后及注意事项。外眼手术虽为小手术,但患者仍可紧张和焦虑,应安抚患者,热情解答患者关注的问题,消除患者的紧张焦虑心理。

(4)检查患者患眼局部有无炎症,如无禁忌证,按外眼手术常规洗眼。

2. 术后护理

(1)观察局部有无出血或其他不适。

(2)给予普食或半流食。

(3)遵医嘱给予抗生素和其他药物,按时换药、拆线。

(4)新生物切除后,常规送病理检查。

(二)内眼手术患者的护理

内眼手术包括角膜、虹膜、晶状体、玻璃体及视网膜等手术。内眼手术时,因造成眼内与眼外相通,术后感染的概率增多,因此围术期护理是关系手术成功的重要环节。

1. 术前护理

(1)根据病情及手术种类向患者及家属说明手术的目的、手术过程及预后,积极做好患者的心理护理,使患者消除恐惧,密切合作。

（2）了解患者全身情况，协助患者完成术前的各项检查。高血压病、糖尿病、心脏病等患者应采取必要的治疗及护理措施。如有咳嗽、发热、月经来潮、颜面疖肿及全身感染等情况要及时通知医师，考虑延期手术。

（3）协助患者做好个人的清洁卫生，如洗头、洗澡、换好干净内衣、裤；长发要向两侧梳成辫子。

（4）术前 3d 开始点抗生素眼液，每日 4~6 次。可在术前 1d 冲洗泪道，并用生理盐水冲洗结膜囊，剪去术眼睫毛。术前眼部消毒，再次用生理盐水冲洗结膜囊，戴帽包裹头发。

（5）术前一餐进易消化食物，不可过饱，以免术中发生呕吐。全身麻醉患者术前 6h 禁食。进手术室前嘱患者排空大小便。

（6）患者进手术室后，护士应整理床铺，准备好术后护理物品，等待患者回病房。

2. 术后护理

（1）术毕，用平车或轮椅将患者推回病房。

（2）嘱患者安静卧床休息，防止碰撞眼部。头部放松，不得用力挤眼、咳嗽、大声说话；严禁突然翻身和坐起等，以免引起眼内出血、眼压升高、切口裂开。全身麻醉患者未醒期间去枕平卧，头偏向一侧，防止呕吐物误吸入气管引起窒息。

（3）遵医嘱给予镇痛药、抗生素。

（4）按时巡视患者，注意询问和观察眼部及全身情况。注意眼垫有无松脱、移位、渗血或渗液。嘱患者不要弄湿、污染和自行拆开眼垫。术后患者有眼痛等不适要及时报告医生，因为眼痛往往是急性感染的首发症状，术后几小时内即可发生。

（5）术后换药每日一次，所用的抗生素眼液、散瞳药等应为新开封的，敷料每日更新，浸泡器械的溶液及时按期更换。

（6）术后合理饮食，保持大便通畅，如 3d 无大便应给予缓泻药通便，避免过度用腹压，否则对创口不利。

（7）更改护理等级后，嘱患者逐步适应，勿过度弯腰低头取物，以避免眼压增加。

讨论与思考

1. 简述眼科患者常见症状的特点。
2. 患者视功能的各项是否都要检查？
3. 眼科患者常用护理诊断与其他科有何不同？
4. 眼科手术患者术前如何预防感染？
5. 简述结膜充血与睫状充血区别的临床意义。

（朱淮灵）

第3章 眼科常见疾病患者的护理

学习要点

1. 慢性泪囊炎患者的治疗要点及护理措施。
2. 细菌性、病毒性结膜炎及沙眼患者的临床表现、治疗要点及护理措施。
3. 细菌性、真菌性、病毒性角膜炎患者的治疗要点及护理措施。
4. 青光眼患者的临床表现、治疗要点及护理措施。
5. 白内障患者的治疗要点及护理措施。
6. 虹膜睫状体炎患者的临床表现及护理措施。
7. 近视、远视、散光、斜视、弱视患者的临床表现、治疗要点及护理措施。

第一节 眼睑病及泪器病患者的护理

一、睑腺炎

睑腺炎又称麦粒肿,俗称"挑针眼",是一种常见的眼睑腺体的急性化脓性炎症。

【护理评估】

(一)致病因素

发生于睫毛毛囊及其腺体感染者称外睑腺炎,发生于睑板腺感染者称内睑腺炎。一般多为金黄色葡萄球菌感染,屈光不正及糖尿病患者易感。与患者饮食不当及用眼卫生习惯有关。

(二)临床表现

患部有红、肿、热、痛等典型急性炎症表现。外睑腺炎主要表现为位于睫毛根部的睑缘处的炎症反应,红肿范围较弥散,有压痛明显的硬结,脓点常于皮肤面溃破;内睑腺炎常表现为局限于睑板腺内的炎症浸润,局部肿胀、疼痛、压痛明显,可见局限性睑结膜面充血、肿胀,2~3d后形成黄白色脓点,可自行溃破。儿童及年老体弱患者可伴有发热、寒战、头痛等全身症状。

(三)心理-社会状况

睑腺炎发病急,患者有明显疼痛不适症状,易出现紧张、焦虑等心理反应。

【护理诊断及医护合作性问题】
1. 急性疼痛　与眼睑腺体的炎症反应有关。
2. 知识缺乏　缺乏对疾病正确处理的知识。
3. 潜在并发症　眼睑蜂窝织炎、败血症、海绵窦血栓性静脉炎等。

【治疗及护理措施】
(一)治疗要点
1. 早期热敷。
2. 局部或全身抗感染。
3. 脓肿形成时切开引流。

(二)护理措施
1. 治疗与用药护理
(1)指导患者早期局部湿热敷,每日3次,每次15～20min,有助于炎症消散,缓解疼痛。也可用超短波治疗或旋磁疗法。
(2)指导患者应用抗生素眼液及眼膏,如0.3%氧氟沙星眼药水、红霉素眼膏等;重症患者遵医嘱全身应用抗生素。
(3)脓肿未成熟之前,不可过早切开及挤压,以免炎症扩散,引起败血症或海绵窦血栓性静脉炎,危及患者生命。
(4)脓肿成熟后,配合医生切开排脓。外睑腺炎切口应在皮肤面,与睑缘平行,使其与睑缘皮纹一致,以减少瘢痕形成,不影响美观。内睑腺炎切口应在睑结膜面,与睑缘垂直,以免损伤睑板腺管。
2. 心理护理　耐心地向患者解释病情,介绍治疗方法,消除其焦虑心理。
3. 健康指导
(1)体质虚弱者,应锻炼身体,增强机体的抵抗力。
(2)养成良好的卫生习惯,不用脏手或不洁手帕揉眼。
(3)告知患者禁止挤压或针挑排脓,以免感染扩散。

二、睑内翻及倒睫

睑内翻是指睑缘向眼球方向卷曲,部分或全部睫毛倒向眼球的一种眼睑位置异常。倒睫是睫毛倒向眼球,刺激角膜和球结膜而引起一系列角膜、结膜继发改变的睫毛位置异常(图3-1-1)。

【护理评估】
(一)致病因素

瘢痕性睑内翻主要是由于睑结膜和睑板瘢痕收缩所致,如沙眼、眼化学伤等,多发生于上睑;老年性睑内翻多见于老年人下睑,由于老年人皮肤松弛失去正常张力,眼轮匝肌收缩减弱,使眼睑失去正常支撑而形成内翻;先天性睑内翻多见于婴幼儿的下睑内眦部,有内眦赘皮、肥胖或鼻梁未发育史。

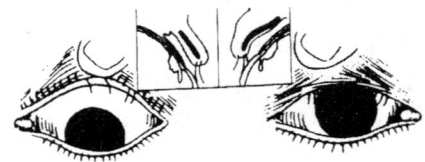
图3-1-1　倒睫与睑内翻

(二)临床表现

患者有眼部异物感、畏光、流泪、刺痛、眼睑痉挛及摩擦感等症状;病程长者可出现角膜浅层混浊、角膜新生血管、角膜溃疡及角膜瘢痕,从而导致不同程度的视力障碍。检查可见睑缘向眼球方向卷曲,睫毛向内倒向眼球,刺激角膜。

> **重点提示**
>
> 睑内翻至一定程度时,睫毛也随之倒向眼球,形成倒睫,刺激角膜、结膜,引起角膜混浊或溃疡,严重影响视力。因此,临床上睑内翻一般伴有倒睫,但倒睫不一定有睑内翻。

(三)心理-社会状况

眼痛、异物感、视力下降可影响患者的生活、工作,需要手术的患者常担心手术效果,容易出现焦虑、恐惧心理。

【护理诊断及医护合作性问题】

1. 疼痛　与倒睫刺激角膜或感染角膜炎有关。
2. 感知改变　与角膜混浊致视力障碍有关。
3. 知识缺乏　缺乏相关知识,对睑内翻的危害认识不足。
4. 潜在并发症　角膜炎、角膜溃疡,甚至角膜穿孔、化脓性眼内炎,最终导致失明,均与睑内翻和倒睫刺激角膜有关。

【治疗及护理措施】

(一)治疗要点

1. 消除病因,治疗原发病。
2. 少量倒睫可行电解倒睫术,瘢痕性睑内翻可行睑内翻倒睫矫正术。

(二)护理措施

1. 治疗与用药护理

(1)保持眼睑局部清洁,禁止患者揉眼,以防造成角膜损伤及感染。

(2)遵医嘱给予抗生素眼液滴眼,预防角膜炎的发生。对老年性睑内翻患者酌情局部注射肉毒杆菌毒素。

(3)遵医嘱及时去除睫毛对眼球的疼痛刺激:较轻的睑内翻伴少数几根倒睫可用拔睫毛镊拔除或电解后拔除睫毛;睑内翻症状明显可遵医嘱暂时用胶布粘住睑缘皮肤向外牵拉,使睑缘向外复位。

(4)对睑内翻严重及伴有大量倒睫者,可行睑内翻矫正术。遵医嘱做好手术准备及常规护理。

2. 心理护理　告知患者眼痛的原因,尽量缓解患者焦虑心理,使患者情绪稳定,积极配合治疗和护理。

3. 健康指导　加强患者用眼卫生知识的宣教,尽量避免揉眼。告知患者长期睑内翻可致角膜混浊、溃疡及角膜新生血管而引起视力下降,故应及早治疗,尽量减少或避免并发症发生。

三、泪囊炎

> **案例分析**
>
> 患者,女性,56岁,自诉右眼流泪3年,自行挤压右眼内眦部,均有脓性分泌物挤出,患者在多家医院的眼科就诊,均没有治愈。半月前患者出现右眼结膜充血、内眦部位的皮肤浸渍、糜烂、粗糙肥厚及湿疹。遂再次到医院就诊,经检查,发现该患者泪囊区囊样隆起,用手指压迫或泪道冲洗,有大量黏液脓性分泌物自泪小点反流。
>
> 请分析:护理诊断考虑什么?如何护理?

泪囊炎是泪囊黏膜的卡他性或化脓性炎症。可分为慢性泪囊炎、急性泪囊炎和新生儿泪囊炎。临床上以慢性泪囊炎较为常见,急性泪囊炎常发生在慢性泪囊炎的基础上。慢性泪囊炎多见于中老年女性,占70%~80%。

【护理评估】

(一)致病因素

沙眼、泪道外伤、鼻炎、鼻中隔偏曲、鼻息肉等导致鼻泪管狭窄或阻塞,使泪液滞留于泪囊内,细菌大量繁殖并刺激泪囊壁黏膜,引起炎症。细菌多为肺炎双球菌、链球菌或葡萄球菌。新生儿泪囊炎是由于鼻泪管下端胚胎性残膜没有退化,阻塞鼻泪管下端所致。

(二)临床表现

1. 急性泪囊炎 患眼充血、流泪,有脓性分泌物。泪囊区皮肤红肿,触之坚实、剧痛,炎症可扩展到眼睑、鼻根及面颊部。

2. 慢性泪囊炎 以溢泪为主要症状,检查发现结膜充血、内眦部位的皮肤浸渍、糜烂、粗糙、肥厚及湿疹。泪囊区囊样隆起,用手指压迫或泪道冲洗,有大量黏液脓性分泌物自泪小点反流。

3. 新生儿泪囊炎 出生后6周出现溢泪和眼分泌物增多,挤压泪囊区有明胶样黏液或黄白色脓性分泌物自泪小点溢出,可伴有结膜充血。

(三)心理-社会状况

慢性泪囊炎患者因长期溢泪、治疗效果不佳,可出现自卑、烦躁心理。

【护理诊断及医护合作性问题】

1. 舒适改变 溢泪与泪囊慢性炎症刺激有关。
2. 焦虑 与病程长、担心疾病预后有关。
3. 知识缺乏 缺乏慢性泪囊炎的防治知识。
4. 潜在并发症 角膜炎和眼内炎。

【治疗及护理措施】

(一)治疗要点

局部抗生素点眼,控制感染,冲洗泪道,必要时手术治疗。

(二)护理措施

1. 治疗与用药护理

(1)急性期护理重点:①物理疗法、局部热敷等治疗方法,以缓解疼痛;②遵医嘱应用有效抗生素,注意观察药物的不良反应;③急性期切忌泪道探通或泪道冲洗,以免导致感染扩散,引起眶蜂窝织炎;④脓肿形成后,切忌挤压,尽量保持泪囊壁完整,以备炎症消除后可行泪囊鼻腔吻合术。

(2)慢性期护理重点:①指导正确滴眼药。每次滴眼药前,先用手指按压泪囊区或行泪道冲洗,排空泪囊内的分泌物后,再滴抗生素眼药水,利于药物吸收,每日4~6次。②冲洗泪道。选用生理盐水加抗生素行泪道冲洗,每周1~2次。泪道冲洗无效者,可遵医嘱行泪道探通术。对多次探通无效者,可采用手术治疗。常用的手术方法有泪囊鼻腔吻合术、激光泪道疏通术、鼻泪道插管术或泪囊摘除术。

(3)新生儿泪囊炎的护理:①指导患儿母亲泪囊局部按摩方法:置患儿立位或侧卧位,用一手拇指压迫患者内眦部,另一示指压迫泪囊处,沿鼻泪管方向自上向下按摩,按摩后再滴用抗生素眼药,每日进行2次。②点眼药时要距离眼睑2cm以上,以防碰伤患儿。按摩时可在泪囊部加用棉垫,既可增加泪囊部的压力,又可避免皮肤擦伤。③操作时,还要注意不能让分泌物进入婴儿气管内。

2. 心理护理　向患者介绍泪囊炎的病因、预后及防治知识,消除其紧张、焦虑心理,使患者情绪稳定,积极配合治疗和护理。鼓励慢性泪囊炎患者树立战胜疾病的信心和勇气,坚持长期治疗。

3. 健康指导

(1)告知患者积极治疗沙眼和鼻炎及鼻中隔偏曲等疾病,避免泪囊炎的发生。

(2)向患者及其家属解释慢性泪囊炎的潜在危害,指导其积极治疗。

讨论与思考

1. 引起睑内翻的病因有哪些？临床表现及治疗要点有哪些？
2. 泪囊炎的临床表现及护理措施有哪些？

第二节　结膜病患者的护理

一、急性细菌性结膜炎

案例分析

患者,男性,14岁,2天前去游泳池游泳后,出现双眼疼痛,异物感,分泌物多,畏光。查体:结膜明显充血,眼睑水肿,结膜囊内可见黏脓性分泌物。

请分析:护理诊断考虑什么？如何护理？

【护理评估】

(一)致病因素

急性卡他性结膜炎常见的致病菌有科-威(Koch Weeks)杆菌、葡萄球菌、肺炎双球菌和溶血性链球菌等。通过直接或间接接触感染眼部,淋球菌性结膜炎由淋球菌感染引起,起病急、来势猛,系新生儿通过患有淋病性阴道炎的母亲产道时感染所致。

(二)临床表现

1. 症状　异物感、灼热感、发痒、畏光、假膜、流泪,无视力影响。

2. 体征　急性细菌性结膜炎有结膜充血、水肿，眼部有较多的浆液性、黏液性或脓性分泌物，上下睫毛常被粘住，睁眼困难，尤其淋球菌性结膜炎患者脓性分泌物不断从睑裂溢出，故称"脓漏眼"。

（三）心理-社会状况

急性细菌性结膜炎起病急，多数患者因结膜高度充血、水肿和分泌物多影响其外观而产生焦虑心理。

【护理诊断及医护合作性问题】

1. 舒适改变　眼痛、异物感、灼热感等与结膜急性炎症有关。
2. 知识缺乏　缺乏细菌性结膜炎预防和治疗的相关知识。
3. 焦虑　与疾病及担心预后有关。
4. 潜在并发症　细菌性角膜溃疡。

【治疗及护理措施】

（一）治疗要点

1. 冲洗结膜囊。
2. 局部或全身使用抗生素。
3. 防止交叉感染。

（二）护理措施

1. 治疗与用药护理

(1) 遵医嘱进行结膜囊冲洗，常用的冲洗液有 0.9% 生理盐水、3% 硼酸液。淋球菌性结膜炎可用 1∶5000U 青霉素液冲洗，冲洗前应做皮试。

(2) 指导患者按医嘱频滴抗生素眼液，常用的眼药水有 0.3% 氧氟沙星眼液、0.3% 庆大霉素眼液、0.25% 氯霉素眼液等。

> **重点提示**
>
> 淋球菌性结膜炎应全身应用抗生素，如青霉素、头孢曲松钠（菌必治）等。局部频繁点眼滴用 5000~10 000 U/ml 青霉素滴眼液，以控制炎症，减少并发症。

(3) 患眼禁忌包盖或热敷，因为包盖或热敷可以增加结膜囊的温度和湿度，更有利于细菌的繁殖，加重病情。

(4) 患者用过的医疗器械应严格消毒，直接接触患者的医护人员必须洗手消毒，避免交叉感染。

2. 心理护理　向患者解释细菌性结膜炎的特点，缓解患者焦虑心理，使患者积极配合治疗。

3. 健康指导

(1) 指导患者合理饮食，忌辛辣、烟、酒，养成良好的卫生习惯，提倡一人一巾一盆。

(2) 勤洗手、勤洗脸，不用脏手摸眼。患病期间所用眼药水应一眼一瓶，从而避免双眼交叉感染。不能与家人特别是孩子过分亲密，避免传染。

(3) 患病期间应居家休息，隔离治疗，避免进入公共场所，加强公共卫生管理及宣传教育。

二、病毒性结膜炎

病毒性结膜炎是一种常见的急性传染性眼病,可由多种病毒引起,传染力强,临床上最常见的是流行性角结膜炎和流行性出血性结膜炎。多双眼发病,好发于夏秋季节。

【护理评估】

(一)致病因素

流行性角结膜炎由腺病毒 8 型、19 型、29 型及 37 型所引起;流行性出血性结膜炎多由 70 型肠道病毒引起,主要为接触传染。流行性角结膜炎潜伏期多为 5~7d;流行性出血性结膜炎常在接触病原体 18~48h 发病。

(二)临床表现

1. 症状 自觉眼部疼痛、异物感、畏光、流泪。
2. 体征 检查见眼睑肿胀,结膜明显充血,球结膜下可有点、片状出血,角膜染色可见点状上皮脱落,分泌物呈水样,耳前淋巴结肿大并压痛。

(三)心理-社会状况

患者因眼痛、结膜下出血等症状而出现紧张、焦虑心理,被隔离后有很强的孤独感。

【护理诊断及医护合作性问题】

1. 舒适改变 异物感、眼痛、畏光、流泪等与病毒感染有关。
2. 有传播感染的危险 与眼分泌物具有传染性有关。
3. 知识缺乏 缺乏病毒性结膜炎相关的防治知识。
4. 潜在并发症 点状角膜炎。

【治疗及护理措施】

(一)治疗要点

局部使用抗病毒眼液点眼。如合并细菌感染,可联合使用抗生素眼液点眼。

(二)护理措施

1. 治疗与用药护理

(1)生理盐水冲洗结膜囊,局部冷敷可减轻症状,注意消毒隔离。

(2)遵医嘱使用抗病毒滴眼液滴眼,如 0.1% 阿昔洛韦、0.1% 利巴韦林眼药水,合并细菌感染联合使用抗生素眼液。

(3)眼痛、畏光、流泪等症状加重时,注意有无角膜炎发生。

2. 心理护理 向患者解释消毒隔离的重要性,解除患者顾虑,取得患者治疗配合。

3. 健康宣教

(1)病毒性结膜炎是高度接触传染的疾病,为避免交叉感染,尽量不到人多的地方。

(2)去除眼部分泌物且不宜包盖患眼,不用可能污染的滴眼液。

三、沙　　眼

沙眼是由沙眼衣原体引起的一种慢性传染性结膜角膜炎,因在其睑结膜表面形成粗糙不平状似沙粒的外观,故名沙眼。可发生于任何人群,是致盲性眼病之一。

【护理评估】
(一)致病因素
其是由沙眼衣原体感染所形成的慢性传染性结膜、角膜炎症,该病主要通过直接接触眼分泌物或污染物而感染,主要发生在青少年和儿童,潜伏期5~14d,经过1~2个月急性期之后进入慢性期,可迁延数年至数十年不愈。

(二)临床表现
1. 症状 急性期有异物感、干痒感、畏光、流泪及少量黏性分泌物,慢性期症状不明显。
2. 体征 检查可见上睑结膜及上穹窿部结膜充血、血管模糊,乳头增生和滤泡形成,慢性期可见角膜血管翳、结膜瘢痕,病变累及瞳孔区角膜,可严重影响视力,甚至失明(图3-2-1)。结膜刮片可找到沙眼包涵体。
3. 后遗症与并发症 如睑内翻、倒睫、角膜溃疡、睑球粘连、眼干燥症及慢性泪囊炎等。

图3-2-1 不同阶段沙眼外观

(三)心理-社会状况
沙眼早期,患者因症状轻不重视治疗;部分患者因病程长、易反复而丧失治疗信心;晚期因并发症导致视力下降的患者,容易产生悲观失望的心理。

【护理诊断及医护合作性问题】
1. 舒适改变 眼干涩、痒、异物感与长期慢性炎症有关。
2. 感知紊乱 视物模糊与沙眼并发症有关。
3. 知识缺乏 缺乏沙眼相关的防治知识。

【治疗及护理措施】
(一)治疗要点
主要以局部抗感染治疗为主,机械治疗为辅。局部点抗生素眼液,夜间涂抗生素眼膏,症状严重者辅以机械治疗。

(二)护理措施
1. 治疗与用药护理
(1)局部治疗0.1%利福平滴眼液、0.3%氧氟沙星滴眼液,每日4~6次,晚上涂红霉素、四环素眼膏,坚持用药1~3个月,重症需要用药半年以上。
(2)全身治疗急性沙眼或严重的沙眼,可口服阿奇霉素、多西环素(强力霉素)、红霉素和螺旋霉素等。
(3)对滤泡较多者遵医嘱行沙眼滤泡挤压术,乳头较多者行乳头摩擦术。
2. 心理护理 多与患者沟通、交谈,讲解各项治疗的目的,使患者积极配合医生的治疗。
3. 健康宣教
(1)告知患者沙眼的危害性,早治疗、坚持治疗,减少并发症发生。
(2)培养良好的卫生习惯,提倡流水洗脸,不与他人共用毛巾、脸盆,定期对患者使用的脸盆、毛巾用开水烫或煮沸消毒。加强卫生宣传教育,改善生活环境。

四、变应性结膜炎

变应性结膜炎又称变态反应性结膜炎,是结膜对变应原发生的一种超敏反应,常见春季结膜炎及泡性结膜炎两类。

【护理评估】

(一)致病因素

春季结膜炎病因不确定,可能是Ⅰ、Ⅳ型超敏反应共同作用的结果。过敏原可能为花粉、动物羽毛及微生物等,20岁以下青春前期的儿童和青少年男性多见。泡性结膜炎多认为是对微生物蛋白质的变态反应,如结核杆菌、葡萄球菌等,多见于营养不良、体质虚弱的儿童。

(二)临床表现

1. 春季结膜炎 症状为眼部奇痒、异物感、畏光、流泪,分泌物呈黏丝状。检查见:①睑结膜型,上睑结膜见如铺路石样的硬而扁平的肥大乳头;②角膜缘型,角膜缘充血、结节,呈黄褐色胶样增生;③混合型,同时出现上述两种表现。

2. 泡性角结膜炎 症状为异物感,角膜受侵犯时有疼痛、畏光、流泪及眼睑痉挛等。检查可在睑裂部球结膜或角膜缘见一个或多个灰白色结节,周围结膜局限性充血。

(三)心理-社会状况

疾病呈季节性的反复发作而影响患者的学习、工作和生活,患者容易产生焦虑和烦躁心理。

【护理诊断及医护合作性问题】

1. 舒适改变 痒、异物感、灼热感与结膜变态反应有关。
2. 知识缺乏 缺乏变应性结膜炎的相关防治知识。
3. 潜在并发症 青光眼、白内障。

【治疗及护理措施】

(一)治疗要点

主要以病因治疗、局部应用糖皮质激素治疗为主,同时应用抗过敏药物治疗。加强营养,增强体质,适量补充维生素。

(二)护理措施

1. 治疗与用药护理

(1)遵医嘱春季结膜炎患者应用2%~4%色甘酸钠滴眼液,每日3~4次;症状重者可短时间应用0.1%地塞米松滴眼液,症状缓解后逐渐减量至停止应用;泡性角结膜炎患者应用0.5%可的松滴眼液,每日3~4次。

(2)合并感染时联合应用抗生素眼药。

(3)增强体质,加强营养,补充维生素、钙剂。

2. 健康指导

(1)减少与过敏原的接触,保持空气流畅。

(2)患者外出配戴有色眼镜,减少与光线、花粉的接触。

(3)春季结膜炎是自限性疾病,长期应用糖皮质激素应警惕糖皮质激素性青光眼的发生,注意观察眼痛、头痛和眼压变化。

五、翼状胬肉

翼状胬肉是睑裂部的球结膜及结膜下组织慢性炎症性病变,呈三角形,形似翼状。通常双眼患病,多见于鼻侧。

【护理评估】
(一)致病因素
具体病因不清,可能与紫外线照射、烟尘、风沙等刺激有关。
(二)临床表现
1. 症状　小的胬肉无明显症状,胬肉充血时可有异物感。
2. 体征　检查可见睑裂部一尖端指向角膜的呈角形肥厚的球结膜组织,胬肉的尖端称头部,角膜缘处为颈部,球结膜部分称为体部。静止性胬肉头部平坦,前方角膜透明,颈、体部薄而不充血。进行性胬肉头部前方角膜灰色浸润,颈、体部肥厚充血。
(三)心理-社会状况
翼状胬肉若影响视力或容貌,患者可有焦虑心理。
【护理诊断及医护合作性问题】
1. 感知改变　视力障碍与胬肉侵及瞳孔影响视力有关。
2. 焦虑　与胬肉影响容貌有关。
3. 知识缺乏　缺乏翼状胬肉的相关防治知识。
【治疗及护理措施】
(一)治疗要点
小而静止的胬肉一般不需治疗,如有症状可对症治疗;影响视力或有碍美容时行手术治疗,并注意预防术后复发。
(二)护理措施
1. 治疗与用药护理
(1)小而静止的胬肉不需治疗,胬肉充血时,遵医嘱给予抗生素或糖皮质激素眼液点眼。
(2)胬肉侵及瞳孔区影响视力或影响容貌患者要求手术者,可行手术治疗:①翼状胬肉切除术;②胬肉切除合并自体结膜瓣转移术;③胬肉切除联合羊膜移植术。
2. 健康指导
(1)尽量避免风沙、烟尘、阳光等刺激,积极防治慢性结膜炎。
(2)户外活动时应戴防风尘和紫外线的眼镜。

> **讨论与思考**

1. 急性细菌性结膜炎的临床表现及治疗要点有哪些?
2. 病毒性结膜炎的临床表现、治疗要点及护理措施有哪些?
3. 沙眼可能出现的并发症有哪些?

第三节　角膜病患者的护理

角膜炎多由外来各种致病菌感染所致,常因角膜外伤引起,可导致视力损害。角膜炎根据病因分为细菌性、真菌性、病毒性三类。

一、细菌性角膜炎

> **案例分析**
>
> 患者,男性,40岁,左眼痛、畏光、流泪、视物不清5d。到村诊所点红霉素眼药水无效,症状逐渐加重遂来诊。左眼远视力0.2,眼压15mmHg,睑结膜球结膜充血,睫状充血,角膜混浊,染色为溃疡,瞳孔3mm,对光反射良好,眼底未见异常。
>
> 请分析:护理诊断考虑什么?如何护理?

细菌性角膜炎是一种严重的细菌感染性化脓性角膜炎。临床常见的有匍行性角膜溃疡和铜绿假单胞菌性角膜溃疡。

【护理评估】

(一) 致病因素

角膜外伤感染是常见的病因,致病菌有表皮葡萄球菌、金黄色葡萄球菌、铜绿假单胞菌等;眼局部因素和全身抵抗力低下也可诱发感染。

(二) 临床表现

1. 症状　细菌性角膜炎发病急,有不同程度的视力下降及眼痛、畏光、流泪、眼睑痉挛等角膜刺激症状,伴较多的脓性分泌物。

2. 体征　眼睑肿胀,球结膜充血水肿,角膜出现灰白色浸润灶或溃疡,并可见角膜后沉着物、前房积脓等。若为革兰阳性球菌感染,则可见溃疡边缘向周围和深部潜行扩展。若为铜绿假单胞菌所致的角膜炎,则发展迅猛,角膜迅速出现大片浸润及坏死,并有大量黄绿色黏脓性分泌物,如控制不及时,数天内可致角膜穿孔或全眼球炎。

(三) 心理-社会状况

细菌性角膜炎发病急,症状重,视力下降严重影响患者生活,患者易出现紧张、焦虑和恐惧等心理表现。

(四) 实验室及其他检查

1. 角膜溃疡刮片、镜检可发现致病菌。
2. 细胞培养和药物敏感试验,可进一步明确病因学诊断和指导临床用药。

【护理诊断及医护合作性问题】

1. 疼痛　眼痛与角膜炎症刺激有关。
2. 感知改变　视力下降与角膜溃疡有关。
3. 生活自理缺陷　与视力障碍有关。
4. 知识缺乏　缺乏防治细菌性角膜炎的相关知识。
5. 潜在并发症　角膜溃疡穿孔、化脓性眼内炎、全眼球炎,与病变进展严重程度有关。

【治疗及护理措施】

(一) 治疗要点

去除病因,积极抗感染治疗,防止病灶蔓延扩大,并促进其痊愈。增强全身及局部抵抗力,减轻组织反应。

(二)护理措施

1. 治疗与用药护理

(1)保持环境安静,避免光线刺激。加强营养,促进溃疡面愈合。嘱患者不要挤压眼球,不要用力咳嗽、打喷嚏等,预防角膜穿孔。

(2)遵医嘱给予抗生素眼液滴眼,常用的药物有妥布霉素、氧氟沙星、阿米卡星及头孢唑啉滴眼液等,每日4~6次,严重时每小时数次,睡前涂眼药膏。早期用1%阿托品眼液滴眼散瞳,可防止虹膜后粘连及解除瞳孔括约肌和睫状肌痉挛从而减轻疼痛。严重者可行球结膜下注射或全身用药。

(3)遵医嘱局部热敷或清洗眼部分泌物。

(4)有角膜穿孔者,可行结膜瓣遮盖术;有角膜瘢痕影响视力者,可行角膜移植术。

> **重点提示**
>
> 细菌性角膜炎溃疡治疗时禁用激素点眼,以防止溃疡进展。

2. 心理护理 向患者解释眼痛及视力下降的原因,消除其紧张、焦虑心理,主动配合医生进行各种治疗。

3. 健康指导

(1)积极预防角膜外伤,治疗角、结膜炎症。

(2)角膜炎症时,戴有色眼镜保护角膜,避免强光刺激,及时就医。

(3)配戴角膜接触镜者要做好镜片的清洁、消毒。

二、真菌性角膜炎

真菌性角膜炎是由真菌引起的角膜感染。本病发病慢,病程长,发病率逐年增高,致盲率高。

【护理评估】

(一)致病因素

角膜外伤后尤其是农作物外伤后的感染是真菌性角膜炎发病的重要原因,常见致病菌有镰刀菌属、曲霉菌属、青霉菌属等。

(二)临床表现

真菌性角膜炎起病较缓慢,病程较长,眼痛、畏光、流泪等刺激症状较轻。检查可见角膜呈灰白色浸润,典型的溃疡可见"伪足"或"卫星灶",前房积脓稠厚。

(三)心理-社会状况

真菌性角膜炎病程较长,视力下降严重影响患者生活,患者易出现紧张、焦虑等心理表现。

【护理诊断及医护合作性问题】

1. 疼痛 与炎症刺激有关。

2. 感知改变 视力下降与角膜溃疡有关。

3. 焦虑 与视力下降、担心疾病预后有关。

4. 知识缺乏 缺乏真菌性角膜炎的相关预防和治疗知识。

5. 潜在并发症 角膜穿孔、真菌性眼内炎,与病情进展程度有关。

【治疗及护理措施】
(一)治疗要点
选用有效抗真菌药控制感染,散瞳,防止虹膜后粘连。
(二)护理措施
1. 治疗与用药护理
(1)遵医嘱指导患者频滴抗真菌药物,常用药物有 0.25%两性霉素 B 眼液、0.5%咪康唑眼液。
(2)应用 1%阿托品眼液或眼膏散瞳,防止虹膜后粘连。
2. 心理护理 耐心地给患者解释病情,消除其焦虑心理,树立战胜疾病的信心。
3. 健康指导
(1)搞好卫生宣教,预防眼外伤。如有植物性角膜外伤发生,应立即就医。
(2)避免滥用抗生素和激素,以防发生真菌性角膜炎。

三、单纯疱疹性角膜炎

单纯疱疹性角膜炎是由单纯疱疹病毒引起的感染性角膜病。可反复发作,其致盲率居角膜病首位。发病率有逐年上升趋势。
【护理评估】
(一)致病因素
系由单纯疱疹病毒感染引起,常见的为Ⅰ型单纯疱疹病毒,初次感染为原发感染,原发感染后病毒潜伏在三叉神经节内,当抵抗力下降时,如感冒、急性扁桃体炎、疲劳或使用糖皮质激素后,病毒被激活而引起感染复发。
(二)临床表现
该病有视力下降、眼痛、畏光、流泪等症状。荧光素钠染色检查,可见角膜溃疡呈树枝状或地图状。若病变侵及角膜基质层和内皮层,角膜中央形成毛玻璃样混浊,称为盘状角膜炎,严重者可发生角膜基质坏死。
(三)心理-社会状况
因疾病反复发作,病程长,患者对治疗缺乏信心,易产生焦虑心理。
【护理诊断及医护合作性问题】
1. 舒适改变 眼痛、畏光、流泪等与角膜炎症反应有关。
2. 焦虑 与角膜炎症反复发生导致视力下降有关。
3. 潜在并发症 有继发细菌感染、角膜穿孔、角膜瘢痕的可能,糖皮质激素的应用有继发青光眼的可能。
【治疗及护理措施】
(一)治疗要点
抗病毒、扩瞳、清除病灶、防止并发症及混合感染,酌情使用激素。
(二)护理措施
1. 治疗与用药护理
(1)遵医嘱应用抗病毒眼液 0.05%碘苷、0.1%阿昔洛韦(无环鸟苷)等。急性期每 1~2h滴眼 1 次,晚上涂眼药膏。

(2)树枝状和地图状角膜炎应早期使用有效的抗病毒药,禁用糖皮质激素。在清除病灶上皮后,加压包扎,上皮缺损通常72h修复。

(3)盘状角膜炎可在抗病毒药物应用基础上,适量应用糖皮质激素药物,常用局部滴眼、涂眼及球结膜下注射。

(4)有虹膜睫状体炎者,加用散瞳药。

(5)药物治疗无效、反复发作、角膜溃疡面积较大者,有穿孔危险,可行治疗性角膜移植术。

2. **心理护理** 应多与患者沟通,解释病情,消除其悲观心理,树立治疗的信心。

3. **健康指导**

(1)加强锻炼,增强体质,提高自身抵抗力,避免感冒,防止角膜炎的复发。

(2)指导患者合理用药,防止混合感染,防止并发症的发生。

(3)避免滥用糖皮质激素,不能随意增加使用次数和停用,并告知其危害性。

讨论与思考

1. 细菌性角膜炎病因有哪些?其临床表现、治疗要点及护理措施有哪些?
2. 真菌性角膜炎的临床表现及治疗要点有哪些?

第四节　白内障与玻璃体混浊患者的护理

透明的晶状体由于各种因素引起混浊者均称为白内障。白内障是我国首位的致盲性眼病,我国约有50%的盲人是由白内障引起的。临床上根据晶状体混浊的原因,将白内障分为老年性白内障、先天性白内障、代谢性白内障、外伤性白内障、并发性白内障等。

一、老年性白内障

> **案例分析**
>
> 患者,男性,67岁,双眼渐进性视物不清2年,加重3个月。右眼视力0.2、眼压16mmHg,左眼视力0.15、眼压15mmHg,结膜无充血,角膜透明,瞳孔等大等圆、对光反射灵敏,晶状体不均匀混浊。
>
> 请分析:临床诊断和护理诊断考虑什么?如何护理?

老年性白内障又称年龄相关性白内障,随着年龄的增长,中老年人所发生的晶状体混浊,是晶状体老化后的退行性变,多在50岁以后发生,随年龄增长发病率逐年增高。

【护理评估】

(一)致病因素

病因复杂,一般认为是晶状体老化过程中出现的退行性改变,也可能与营养状况、代谢紊乱、辐射线照射、遗传因素、环境因素等有关。

(二)临床表现

老年性白内障常单眼或双眼先后发病。患眼视力下降呈渐进性、无痛性,自觉眼前有固定不动的黑点。随着晶状体混浊的范围增大,最终视力可降至指数或光感。临床上根据白内障开始形成的部位分为皮质性、核性和囊下性三类,其中皮质性白内障最为常见。依其混浊发展的过程分为四期。

1. 初发期　晶状体前后皮质由周边向中央发展的楔形混浊,其基底在赤道部,尖端朝向瞳孔中央(图3-4-1)。可持续数年不影响视力。瞳孔区透明,无视力障碍。

2. 未成熟期(又称膨胀期)　晶状体呈不均匀的灰白色混浊,视力明显下降。此期由于皮质吸收水分肿胀,晶状体体积增大,使前房变浅,房角变窄,有诱发闭角型青光眼的可能。用斜照法检查,光线投照侧的虹膜阴影投照在深层的混浊皮质上,在该侧瞳孔内出现新月形投影,为此期特点。

3. 成熟期　晶状体完全混浊呈乳白色,虹膜投影消失,视力可降至手动或光感,但光定位和色觉正常。

4. 过熟期　成熟的白内障持续时间过长,数年后,晶状体皮质分解融化呈乳白色液化,核下沉、体积缩小、有虹膜震颤。液化的皮质渗漏入房水,可引起晶状体过敏性葡萄膜炎;皮质沉积在前房角可引起晶状体溶解性青光眼。由于晶状体悬韧带发生退行性改变,可引起晶状体脱位。

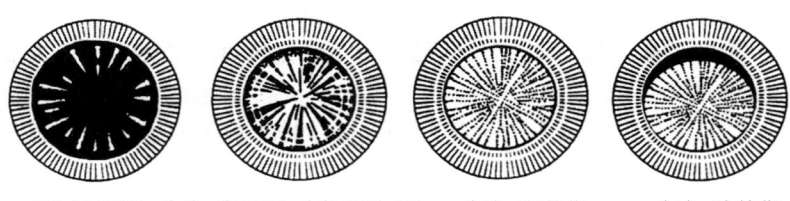

(1)初发期　(2)膨胀期(未成熟期)　(3)成熟期　(4)过熟期

图3-4-1　老年性白内障

(三)心理-社会状况

患者多因视力下降,影响生活、工作、学习,并且因为害怕失明、恐惧手术、担心术后复明效果而焦虑、紧张。

【护理诊断及医护合作性问题】

1. 感知改变　视力障碍,与晶状体混浊有关。
2. 焦虑　与视力障碍有关。
3. 自理缺陷　与视力下降有关。
4. 知识缺乏　缺乏白内障自我保健知识。
5. 有受伤的危险　与视力障碍有关。
6. 潜在并发症　继发性闭角型青光眼、晶状体过敏性葡萄膜炎、晶状体溶解性青光眼等。

【治疗及护理措施】

(一)治疗要点

目前尚无疗效肯定的药物,当视力下降(一般视力低于0.1者)影响工作和生活时,可考虑手术治疗。通常行白内障囊外摘除术(包括白内障超声乳化术)联合人工晶状体植入术。

> **重点提示**
>
> 人工晶状体按材料分为硬质和软性(折叠式)两种,适用于不同手术方式的需要。如超声乳化术植入的人工晶状体是折叠式的。常见人工晶状体类型有:单焦点折叠型、多焦点折叠型、可调节型等。普通单焦点人工晶状体具有一个焦点,缺乏调节力,术后仍需配戴眼镜;多焦点型或可调节型人工晶状体,具备多个焦点及屈光调节力,如同正常眼能看清远、近物象,更适合人眼的视觉生理要求。

(二)护理措施

1. 治疗与用药护理

(1)白内障发病早期,遵医嘱使用吡诺克辛眼液、谷胱甘肽眼液、法可林眼液等。口服维生素 C、维生素 B_2 等药物。

(2)白内障手术患者的护理:①术前护理。协助患者进行全身检查和眼科检查,做好术眼手术野的准备;术前遵医嘱使用抗生素眼液、镇静药、散瞳药等,注意观察瞳孔的变化和药物不良反应。②术后护理。术后遮盖眼罩,避免术眼受伤或感染,并遵医嘱按时点眼,常用药物为含激素消炎眼液、散瞳药等。密切观察伤口敷料有无渗血及术眼胀痛,如渗血量较多、疼痛明显时,应通知医生处理。

2. 心理护理　向患者讲解该手术无痛苦,手术时间短,效果好。使患者保持情绪稳定,避免因情绪激动而导致并发症的发生。

3. 健康指导

(1)宣传防盲治盲知识,介绍老年性白内障的病因及特点,避免紫外线、红外线、放射线等直接、长时间照射眼睛。外出可戴太阳镜保护眼睛。

(2)教会患者正确点眼药水,避免用力揉眼、低头弯腰、突然用力而导致伤口裂开。

(3)术后按时用药、按时复诊,如突然出现视力下降、眼红、眼痛应及时就诊。观察屈光变化,根据需要配戴合适的眼镜。

二、糖尿病性白内障

糖尿病性白内障系由于糖代谢障碍而引起的晶状体混浊。

【护理评估】

(一)致病因素

由于糖尿病患者体内的高血糖浓度,晶状体内葡萄糖增多,渗透压升高,晶状体吸收水分,使晶状体蛋白质变性混浊,导致糖尿病性白内障。临床上分为真性糖尿病性白内障和糖尿病患者合并老年性皮质性白内障。

(二)临床表现

1. 症状　根据晶状体混浊和糖尿病性视网膜病变损害的程度,可有不同程度的视力下降。发生于老年者与老年性白内障相似,只是发病率高,发生较早,进展较快易成熟。此型多见。

2. 体征　真性糖尿病性白内障多发生于严重的青少年糖尿病患者(1型)。多为双眼发病,发展迅速,容易成熟。开始时在前后囊下出现典型的白点状或雪片状混浊,迅速扩展为完全性白内障。可因血糖的高低伴有屈光改变。

(三) 心理-社会状况

糖尿病为终身性疾病,漫长的病程和并发症的出现可能使患者出现焦虑不安或对疾病治疗失去信心,护士应及时疏导,帮助患者树立战胜疾病的信心。

【护理诊断及医护合作性问题】

1. 感知改变　视力严重下降与晶状体混浊和糖尿病性视网膜病变,引起严重视功能障碍有关。

2. 焦虑、恐惧　与视功能完全丧失、失明有关。

3. 自理缺陷　与糖尿病性白内障及糖尿病性视网膜病变所致的视力明显下降有关。

4. 潜在并发症　有发生虹膜红变、新生血管性青光眼、玻璃体大出血及视网膜脱离的可能。

【治疗及护理措施】

(一) 治疗要点

积极治疗糖尿病;白内障早期应用抗白内障药物治疗;视力下降影响工作和生活时,可考虑手术治疗。

(二) 护理措施

1. 治疗与用药护理

(1) 遵医嘱应用降血糖药物,严密观察药物的不良反应及血糖变化,如低血糖反应。

(2) 手术护理见老年性白内障术前、术后护理。

(3) 糖尿病性白内障术后易发生出血及感染,术前应严格掌握手术适应证,术后密切观察病情变化,注意无菌操作。还应嘱患者定期检查眼底,及时治疗糖尿病性视网膜病变,预防玻璃体大出血及视网膜脱离,保护视功能。

2. 心理护理　向患者解释每项治疗的必要性,增强患者治愈疾病的信心,使患者情绪稳定,配合医生治疗。

3. 健康指导

(1) 积极治疗原发病,控制饮食,降低血糖,预防糖尿病性白内障的发生。

(2) 指导患者滴用抗白内障的眼药水,如有病情加重,请患者及时就医。

(3) 加强社区卫生宣教,白内障是当前致盲的主要眼病,积极宣传糖尿病性白内障的发病原因及防治措施、治疗现状与预后,树立防治理念,增强治疗信心。

三、玻璃体混浊

玻璃体混浊是一种体征而不是一种独立的疾病。凡是任何原因所致玻璃体内出现非透明体,均称玻璃体混浊。

【护理评估】

(一) 致病因素

眼内组织炎症渗出物、玻璃体变性、液化及玻璃体内积血和眼内异物等都可形成玻璃体混浊。

(二) 临床表现

眼前有黑影飘动,形态不一,犹如蚊蝇飞舞。玻璃体混浊的性质、部位和程度的不同,对视力影响的程度也不一样。眼底检查：可见黑色飘动的小点或团块。

（三）心理-社会状况

患者因病情发展较快，担心生活质量下降、失明，有焦急、紧张心理。

【护理诊断及医护合作性问题】

1. 感知改变　视力下降，与玻璃体混浊有关。
2. 知识缺乏　缺乏玻璃体浑浊的相关防治知识。

【治疗及护理措施】

（一）治疗要点

积极治疗原发疾病，控制炎症，促进积血吸收。

（二）护理措施

1. 治疗与用药护理

（1）抗生素点眼控制炎症，使用药物，如碘化钾、普罗磺胺（安妥碘）或眼部热敷，促进玻璃体积血吸收。

（2）单纯玻璃体内积血经3~6个月药物治疗仍未吸收者，或合并视网膜脱离者，应尽早行玻璃体切割术。

2. 心理护理　向患者解释每项治疗的必要性，增强患者治愈疾病的信心，使患者情绪稳定，配合医生治疗。

3. 健康指导

（1）平时注意休息，避免过度用眼睛形成近视。

（2）多吃水果特别是柑橘类水果，多吃绿色蔬菜、粮食、鱼和鸡蛋。

（3）嘱患者勿从事剧烈运动，按医嘱用药和定期复查，发现视力异常及时就诊。

讨论与思考

1. 老年性白内障的临床表现、治疗要点及护理措施有哪些？
2. 糖尿病性白内障的临床表现及治疗要点有哪些？

第五节　葡萄膜炎与视网膜疾病患者的护理

一、葡萄膜炎

葡萄膜炎是一类由多种原因引起的葡萄膜炎症的总称。为眼科常见病，可产生一些严重的并发症和后遗症，多见于青壮年，常累及双眼，反复发作。

【护理评估】

（一）致病因素

病因复杂，大致可分为感染性和非感染性两大类。感染性因素主要是病原体通过血行播散，从身体其他感染部位进入眼内。非感染性因素主要由于自身免疫系统反应、过敏以及对变性组织、坏死肿瘤组织的反应所致。免疫反应是葡萄膜炎的重要病因。按解剖部位可分为前葡萄膜炎（虹膜睫状体炎）、后葡萄膜炎（脉络膜炎）及全葡萄膜炎。

（二）临床表现

1. 急性虹膜睫状体炎（前葡萄膜炎）　患眼疼痛、畏光、流泪及视力下降。检查可见球结膜睫状充血或混合性充血,房水闪光,角膜后羊脂状、粉尘状或色素性沉着物,虹膜水肿、纹理不清及后粘连,前房角炎性粘连,瞳孔缩小,对光反射迟钝或消失。可并发继发性青光眼、并发性白内障、低眼压及眼球萎缩。

2. 脉络膜炎(后葡萄膜炎)　临床上患者可无任何自觉症状,仅有眼前闪光、黑影飘动、视物变形及不同程度的中心视力下降。眼底检查可见玻璃体混浊、视网膜水肿、渗出及色素上皮层萎缩。

(三)心理-社会状况

急性虹膜睫状体炎因发病急,症状重,患者易出现紧张、焦虑心理。又因疾病反复发作,容易产生悲观心理。

【护理诊断及医护合作性问题】

1. 疼痛　与炎症刺激睫状神经有关。
2. 感知改变　与视力下降有关。
3. 焦虑、悲观　与视力下降、反复发作及预后欠佳有关。
4. 知识缺乏　缺乏相关的防治知识,不了解糖皮质激素和散瞳药的用药知识。
5. 潜在并发症　有发生眼压升高、晶状体混浊及感染的可能。

【治疗及护理措施】

(一)治疗要点

1. 散瞳治疗。
2. 糖皮质激素治疗。
3. 病因治疗。

(二)护理措施

1. 治疗与用药护理

(1)遵医嘱局部应用1%阿托品眼药水或眼药膏散瞳,解除虹膜后粘连,缓解睫状肌、瞳孔括约肌痉挛,以减轻睫状体充血,抑制炎症反应。散瞳要充分,必要时可球结膜下注射混合散瞳药。滴药后应压迫泪囊2~3min,以防止药液过多吸收引起中毒反应。

(2)遵医嘱应用糖皮质激素,如0.2%醋酸氢化可的松、0.1%地塞米松眼药水等。一般以滴眼液、涂眼膏及球结膜下注射为主,严重者可全身应用糖皮质激素。长期应用者应注意药物的不良反应,如眼压升高、继发感染、胃溃疡穿孔、水钠潴留及低钙血症。

(3)非甾体消炎眼药水滴眼,如双氯酚酸钠眼药水,每日3~5次。可避免眼压升高。

2. 心理护理　向患者讲解本病的病因及防治知识,解释各项治疗的目的,消除患者的焦虑、恐惧心理,增强其治愈疾病的信心,主动配合医生的治疗。

3. 健康指导

(1)指导患者积极寻找病因,治疗原发病,防止复发。定期复查,如有异常应及时就医。

(2)指导家庭医疗护理,指导患者正确用药。治疗期间戴太阳镜,避免强光的刺激。

(3)锻炼身体,增强体质,提高机体抵抗力。

二、视网膜中央动脉阻塞

> **案例分析**
>
> 患者,男性,46岁,因与朋友饮酒时,突然发生左眼无痛性完全失明,立即被朋友紧急送入就近医院。检查:左眼瞳孔直接对光反射消失,而间接对光反射存在,眼底检查可见左眼视网膜静脉粗大、纡曲,血管呈暗红色,大量的火焰状出血,视网膜水肿。
>
> 请分析:临床诊断和护理诊断考虑什么?如何护理?

视网膜中央动脉阻塞是指各种原因造成的视网膜急性缺血。由于视网膜中央动脉是终末血管,动脉栓塞使患者视力严重下降,是导致失明的急症之一。

【护理评估】

(一) 致病因素

视网膜中央动脉或分支动脉血管痉挛、硬化或血管内栓子栓塞可致此病。多见于动脉硬化、高血压病、糖尿病及心内膜炎等患者。

(二) 临床表现

1. 症状　视力突然无痛性丧失。部分患者可有阵发性黑矇的先兆症状,为一过性。

2. 体征　①瞳孔散大,直接对光反射消失,间接对光反射存在;②眼底检查:全眼底贫血貌,视盘水肿、边界模糊;视网膜动脉狭窄;视网膜呈灰白色水肿,与黄斑区透见的其深面脉络膜红色背景,形成鲜明的对比,称"樱桃红斑"。主干阻塞者晚期视盘苍白萎缩,视功能完全丧失。分支动脉阻塞者,阻塞血管远端变细,视网膜呈灰白色水肿混浊。

(三) 心理-社会状况

本病发病急,视力丧失突然且不易恢复,患者有严重的焦虑、紧张心理。

【护理诊断及医护合作性问题】

1. 感知改变　视力突然丧失或缺损,与视网膜动脉阻塞有关。

2. 焦虑或恐惧　与突然发生无痛性失明有关。

3. 自理缺陷　与视功能障碍有关。

【治疗及护理措施】

(一) 治疗要点

治疗应争分夺秒,积极抢救视功能。扩张血管、吸氧、降低眼压以改善视网膜循环和保存视功能。同时积极治疗原发疾病,预防另一眼发病。

(二) 护理措施

1. 治疗与用药护理

(1) 血管扩张药:遵医嘱立即应用速效药物,如亚硝酸异戊酯 0.2ml 吸入或硝酸甘油 0.5mg 舌下含化;妥拉唑啉 25mg,口服、肌内注射或球后注射。

(2) 吸氧:每小时吸入 10min 的 95%氧及 5%二氧化碳混合气体。

(3) 降低眼压:①协助或指导患者按摩眼球。患者轻闭双眼,手指压迫患眼数秒,即松开数秒再压迫。如此重复,一般按摩 10~15min 并教会患者自行按摩。其目的是降低眼压,使视网膜血管扩张。②配合医生进行前房穿刺或使用降眼压药物来降压。

2. 心理护理　解释按摩眼球、前房穿刺等治疗方法的目的和操作方法,消除患者的紧张心理,正确面对现实,积极配合医生的各项治疗。

3. 健康指导

(1)向患者及其家属介绍本病的病因、特点及防治知识。

(2)积极治疗高血压病、动脉硬化等原发病。

(3)老年人应定期进行眼底检查,如有异常,及时治疗。

三、视网膜中央静脉阻塞

视网膜中央静脉阻塞是常见的可致盲性视网膜血管病,多发生在中老年人。

【护理评估】

(一)致病因素

因血管壁改变,血液淤滞,血液黏滞度增高和血流动力学异常所致。常见于高血压病、高血脂动脉硬化或视网膜炎等疾病。

(二)临床表现

1. 症状 起病急,病程长,视力多有明显下降。

2. 体征

(1)非缺血型:患眼视网膜静脉粗大、迂曲,血管呈暗红色,可见视盘及黄斑囊样水肿。视网膜中央静脉阻塞多见于颞上支。

(2)缺血型:静脉显著扩张、纡曲,呈腊肠样改变;视网膜水肿,有大片火焰状出血,状似晚霞;严重者视网膜渗出,黄斑囊样水肿,黄白色硬性渗出,大量玻璃体积血,眼底窥视不清。

(三)心理-社会状况

视网膜中央静脉阻塞病程长,视力多有明显下降,患者易产生焦虑心理。

【护理诊断及医护合作性问题】

1. 感觉紊乱 视力下降与视网膜出血、渗出有关。

2. 焦虑 与视力下降、生活不能自理有关。

3. 知识缺乏 缺乏对视网膜中央静脉阻塞正确防治的知识。

4. 潜在并发症 黄斑水肿、新生血管性青光眼、视网膜脱离等。

【治疗及护理措施】

(一)治疗要点

目前,治疗视网膜中央静脉阻塞没有特殊的有效药物,应积极治疗原发病。非缺血型静脉阻塞可使用糖皮质激素治疗;缺血型静脉阻塞,对出现黄斑水肿或新生血管性青光眼者采取激光光凝。

(二)护理措施

1. 治疗与用药护理

(1)遵医嘱给予药物治疗,并向患者解释用药的目的和方法。应用抗凝药如肝素或双香豆素,每日须查凝血酶原时间;溶解血栓可用尿激酶或纤维蛋白溶酶;降低血液黏稠度可用右旋糖酐或枸橼酸钠;非缺血型视网膜中央静脉阻塞应用糖皮质激素治疗,告知患者应逐渐减量后停药。

(2)对分支静脉阻塞或新生血管形成者,遵医嘱用激光治疗。光凝治疗后,勿提重物,如玻璃体有出血宜高枕卧位。

> **重点提示**
>
> 激光治疗前应向患者及家属解释激光光凝的目的、流程和注意事项,介绍激光声音及光亮。指导患者做注视训练,嘱其激光治疗时应注意力集中,密切配合,不要紧张。

2. 心理护理 消除患者的紧张心理,增强患者战胜疾病的信心,积极配合医生的各项治疗。

3. 健康指导

(1)向患者及其家属介绍本病的发病原因、预后及防治措施。

(2)定期复查,积极治疗高血压病、动脉硬化、糖尿病及视网膜血管炎等原发病。

(3)视力明显下降者,应及时就医,明确诊断,及时治疗。

讨论与思考

1. 虹膜睫状体炎的病因、治疗要点及护理措施有哪些?
2. 视网膜中央动脉阻塞的临床表现及急救措施有哪些?

第六节 青光眼患者的护理

一、概 述

青光眼是一组以视神经萎缩和视功能障碍为共同特征的眼病,病理性眼压增高是其主要的危险因素,是常见的致盲眼病,在我国排在致盲眼病的第四位。正常眼压 10～21mmHg,双眼眼压差应小于 5mmHg,24h 眼压波动范围应小于 8mmHg。正常而又稳定的眼压对维持视功能起着重要的作用。正常情况下,房水生成率和排出率处于动态平衡状态。若房水循环中任何一个环节发生阻碍,房水不能顺利排出,即可致眼压升高。一般来讲,高眼压可引起视神经的损害,但视神经对眼压的耐受程度有很大的个体差异。在临床上,部分患者的眼压超过正常上限,长期随访观察并未出现视神经损害及视野缺损,称为高眼压症;也有部分患者眼压在正常范围内,但却发生了典型的青光眼视神经萎缩与视野缺损,称为正常眼压性青光眼。

青光眼根据前房角形态、发病机制和发病年龄分为原发性青光眼、继发性青光眼和先天性青光眼三大类。原发性青光眼分为急性闭角型青光眼、慢性闭角型青光眼及开角型青光眼。

二、急性闭角型青光眼

> **案例分析**
>
> 病例:患者,女性,45 岁,系公司职员,来诊诉 3d 前突发左眼胀痛,流泪,虹视,视力明显下降,查体:视力右眼 1.0,左眼 0.1,眼压右眼 14mmHg,左眼 26mmHg,体温 36℃,脉搏 68 次/分,呼吸 18 次/分,血压 90/50mmHg。
>
> 请分析:护理诊断考虑什么?如何护理?

急性闭角型青光眼是一种以眼压急剧升高并伴有相应症状和眼前段组织改变为特征的青光眼。多见于50岁以上人群,女性更常见,男女发病比约为1:2。

【护理评估】

(一) 致病因素

可有家族史,与小眼球、小角膜、浅前房、房角狭窄及晶状体较厚而位置靠前等解剖因素有关。情绪激动、精神创伤、过度劳累、气候突变、暴饮暴食、散瞳后或暗室内停留时间太长、局部或全身抗胆碱类药的应用等是本病常见的诱发因素。这些诱因造成房角机械性阻滞,房水排出受阻而急速蓄积,从而导致眼压急剧升高。

(二) 临床表现

急性闭角型青光眼临床过程分为六期,不同的时期各有其特征。

1. 临床前期 急性闭角型青光眼为双侧性眼病,当一眼已确诊为本病后,另一眼即为急性闭角型青光眼临床前期。患者可以没有临床症状,但多具有前房浅、虹膜膨隆、房角狭窄等解剖特点。

2. 先兆期 有一过性或反复的小发作,表现为一过性虹视、雾视,患侧鼻根部酸胀或额部疼痛。休息后自行缓解或消失。

3. 急性发作期 眼球胀痛伴同侧头痛、恶心、呕吐、虹视及视力急剧下降,视力常降至指数或手动。眼部检查可见眼球混合性充血,角膜雾状水肿,角膜后色素颗粒沉着;前房极浅,房角关闭;虹膜节段性萎缩;瞳孔呈椭圆形散大、对光反射消失;晶状体前囊下有斑点状灰白色混浊(称青光眼斑)。眼压升高多在50mmHg以上,指测眼压时眼球坚硬如石。此期如不及时控制,将发生严重视功能障碍,甚至导致永久性失明。

4. 间歇期 发作后自然缓解或经药物治疗后得以控制,症状和体征部分消失,眼压恢复正常,房角重新开放。

5. 慢性期 急性发作或反复小发作后,房角发生广泛粘连,小梁功能严重损害,临床表现为眼压中等度增高,视力进行性下降,瞳孔中等度散大,眼底可见青光眼性视盘凹陷,并有相应的视野缺损。

6. 绝对期 持续的高眼压导致视功能完全丧失,无光感,顽固性眼痛、头痛,瞳孔极度散大强直,角膜上皮水肿、知觉减退。部分患者因长期高眼压已能耐受,有时症状较轻。

> **重点提示**
>
> 青光眼急性发作期的恶心、呕吐症状易被误诊为消化系统疾病,若误用阿托品解痉,则可导致严重的后果。

(三) 心理-社会状况

视力障碍、眼痛、头痛,造成自理缺陷,患者焦虑不安,同时担心手术效果,害怕失明而恐惧。

【护理诊断及医护合作性问题】

1. 疼痛 与眼压升高有关。

2. 感知改变 视力障碍,与角膜水肿、晶状体混浊、视神经萎缩有关。

3. 睡眠型态紊乱 与眼压升高导致眼痛、头痛有关。

4. 焦虑　与缺乏急性闭角型青光眼的防护知识，对青光眼预后信心不足有关。

5. 有受伤的危险　与视功能障碍有关。

【治疗及护理措施】

(一) 治疗要点

本病的治疗原则是应用药物迅速降低眼压，再行手术治疗。常用的降眼压药有缩瞳药、β肾上腺素能受体阻滞药、碳酸酐酶抑制药、高渗脱水药。常用的手术方法有：周边虹膜切除术和小梁切除术。

(二) 护理措施

1. 治疗与用药护理

(1) 用药护理

①缩瞳药：缩小瞳孔，解除周边虹膜对房角的阻塞，使房角重新开放，降低眼压。用1%毛果芸香碱滴眼液，每日3~5次；急性发作期3~5次/小时。注意缩瞳药的中毒反应，中毒反应有恶心、呕吐、流涎、腹痛、出汗、肌肉抽搐等。若出现上述反应立即停药。预防中毒可每次滴眼后用棉球压迫泪囊区数分钟。点眼药时要特别注意区别缩瞳药与散瞳药。

②β拟肾上腺素能受体阻滞药：常用0.25%噻吗洛尔、0.25%贝特舒等，前者有减慢心率的不良反应，有心动过缓的患者慎用。

③碳酸酐酶抑制药：减少房水生成而降低眼压。滴眼药有2%派立明。口服药常用乙酰唑胺，首次量为500mg，以后每次250mg，每日2次口服。该药久服可引起口周及四肢麻木、低血钾、尿路结石、血尿等不良反应，患者要多次少量饮水。

④高渗脱水药：减少眼内容积，快速降眼压。常用20%甘露醇250ml在30min内快速滴完。对年老体弱或有心血管疾病者，注意呼吸及脉搏变化，以防意外发生。用药后因颅压降低，少数患者可出现头痛、恶心等症状，宜平卧休息。

(2) 手术护理：当眼压降至正常水平时，协助医生进行抗青光眼手术。常用的手术有周边虹膜切除术、小梁切除术等。遵医嘱术前使用缩瞳药。术后24h绝对卧床休息，对有前房积血的患者应取半卧位或头部高枕位，减少头部活动，避免眼压升高。患者术眼加盖眼罩，防止误碰伤术眼，禁止用手、毛巾及衣物等搓揉术眼。术后1周内不应过度弯腰低头、用力擤鼻、用力咳嗽等，以防眼内出血。

2. 心理护理　向患者讲解青光眼的病因、防治及预后，解除患者的紧张、焦虑心情，使患者积极配合医生的各项治疗。

3. 健康指导

(1) 向患者讲解青光眼的相关知识，说明急性发作与紧张、情绪波动的密切关系，要求患者加强自控能力，消除焦虑心理，减少对预后的恐惧感，配合医师治疗。

(2) 指导患者及家属进行青光眼相关症状的自我监测，以便及时诊治。

(3) 指导40岁以上有青光眼家族史的可疑人群进行检查，做到早发现、早诊断、早治疗，以减少青光眼致盲的发生。对于急性闭角型青光眼的易感人群，生活要规律，保持充足睡眠，切忌情绪激动，以免青光眼急性发作。

(4) 绝对期青光眼的患者应指导其多用听觉、触觉和残余视力；训练患者判断方向、距离及防止受伤的方法；告知家属给患者提供安全的生活环境。

三、开角型青光眼

开角型青光眼是指前房角开放,小梁网病变使房水外流受阻导致眼压升高,伴有视功能障碍、视盘萎缩及凹陷。原发性开角型青光眼又称慢性单纯性青光眼。

【护理评估】

(一)致病因素

某些不明原因使小梁内皮细胞发生变性、增生或脱落,小梁条索增厚,网眼变窄或闭塞等病理改变,造成房水外流受阻,导致眼压升高。青光眼家族史、近视、糖尿病、高血压等是原发性开角型青光眼发病的危险因素。

(二)临床表现

1. 症状 开角型青光眼发病隐蔽,大多数患者无任何自觉症状,直到晚期视功能遭受严重损害时才发现。少数患者在眼压升高时出现眼胀、雾视。

2. 体征 眼压升高,昼夜波动范围大。视乳头盘沿面积减少和凹陷扩大,即杯/盘(C/D)比值增大(杯/盘比大于0.6),视野缺损呈旁中心暗点、鼻侧阶梯状暗点、弓形暗点、环形暗点及晚期管状视野(图3-6-1)。

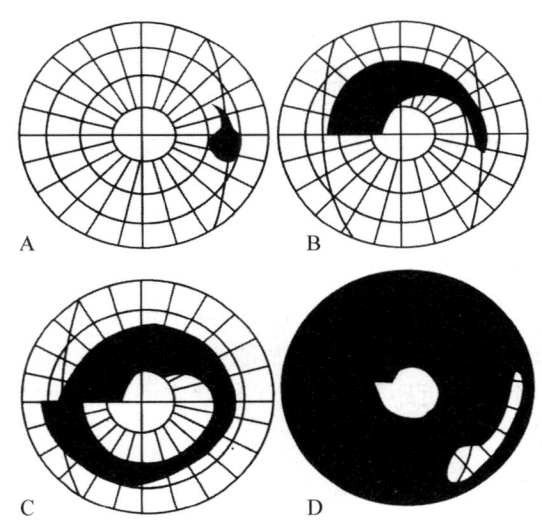

图3-6-1 青光眼视野缺损
A. 牛角形暗点;B. 弓形暗点;C. 环形暗点;D. 管状视野及视野岛

(三)心理-社会状况

因本病发病隐匿,患者及家属发现较晚,往往就诊时已经有明显的视功能损害,且很难恢复,严重影响患者的工作和生活,患者常常表现焦虑和悲伤。

【护理诊断及医护合作性问题】

1. 焦虑 与担心疾病预后有关。
2. 自理缺陷 与高眼压损害视功能,导致视力下降有关。
3. 社交障碍 与视功能障碍导致性格改变有关。

(一)治疗要点

原发性开角型青光眼的治疗原则是控制眼压,保护视功能。主要的治疗方法包括药物治疗、激光治疗和手术治疗。

(二)护理措施

1. 治疗与用药护理

(1)遵医嘱指导患者滴用1%毛果云香碱(匹罗卡品)眼药水和0.25%噻吗洛尔眼药水,口服乙酰唑胺(醋氮酰胺),以降低房水外流阻力及减少房水生成,并根据眼压高低调整用药量。

(2)对药物不能控制的开角型青光眼患者,协助医生进行手术治疗,常用的手术有小梁切除术、非穿透性小梁切除术、激光小梁成形术等。

2. 心理护理　协助患者树立战胜疾病的信心。告知患者稳定的情绪有利于疾病的恢复,使其保持良好的精神状态,配合医生的各项治疗。

3. 健康指导

(1)对有开角型青光眼家族史者,定期检查,早期发现,早期诊断。

(2)出院后定期复查,遵医嘱用药。

> **讨论与思考**
>
> 1. 急性闭角型青光眼的病因有哪些?其临床表现、治疗要点及护理措施有哪些?
> 2. 开角型青光眼的临床表现及治疗要点有哪些?

第七节　屈光不正及斜视与弱视患者的护理

当眼处于调节静止状态下,5m以外的物体发出的平行光线入眼,通过屈光系统聚焦于视网膜上,即屈光度(用"D"表示)等于零,这种屈光状态称为正视。屈光不正是指眼在不使用调节时,平行光线通过眼的屈光作用后,不能在视网膜上形成清晰的物像,而在视网膜前或后方成像的屈光状态。屈光不正包括近视、远视及散光,不包括老视。老视又称老花,是指随年龄增长,眼的调节功能日趋减退,近距离阅读或工作感觉困难的现象,这是一种由于年龄所致的生理性调节力减弱现象。

一、近　视

近视是指在眼的调节静止状态下,平行光线经过眼的屈光系统屈折后,聚焦在视网膜之前的一种屈光状态。根据近视程度分三类:低于-3.00D为轻度近视;-6.00~-3.00D为中度近视;高于-6.00D为高度近视。选择以获得最佳视力的最低度数凹透镜矫正。

【护理评估】

(一)致病因素

近视眼的发生目前尚未完全了解,可能与多种因素有关。高度近视眼家族中多有遗传史。轻、中度近视与后天用眼卫生习惯有关,如阅读距离过近、照明不足、阅读时间过久、字体不清或过小、阅读姿势不良等。这些因素单独影响或共同作用,引起眼轴过长而形成轴性近视;眼的屈光力增强,形成屈光性近视。

(二)临床表现

1. 视力　远视力下降,近视力正常。

2. 视疲劳　患者常有眼胀痛、头痛及视物重影等视疲劳症状,适当休息后可缓解。

3. 外斜视　斜视眼为近视度数较高的眼,表现为外隐斜或外斜视。

4. 眼球改变　高度近视眼球前后径变长,眼球向前突出。

5. 眼底改变　高度近视一般为病理性近视,常有玻璃体异常(液化、混浊、后脱离)、豹纹状眼底,视盘大且色淡,视盘颞侧弧形斑或环行斑,可发生黄斑出血、视网膜脱离(图3-7-1)。

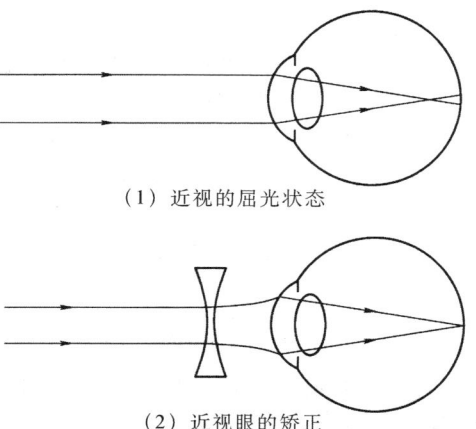

(1) 近视的屈光状态

(2) 近视眼的矫正

图3-7-1　近视

(三) 心理-社会状况

患者诊疗时因睫状肌麻痹致畏光、视物模糊及对屈光手术效果的期待等,易产生焦虑心理。

【护理诊断及医护合作性问题】

1. 感觉紊乱　远视力下降与屈光力过强或眼轴偏长有关。

2. 舒适改变　眼胀痛、头痛等与近视引起的视疲劳有关。

3. 知识缺乏　缺乏近视相关防治知识。

4. 潜在并发症　外斜视、视网膜脱离等。

【治疗及护理措施】

(一) 治疗要点

1. 纠正不良用眼习惯,配戴雾视镜,针灸理疗,使用睫状肌麻痹药等。

2. 验光、配镜,矫正视力。

3. 准分子激光手术治疗。

> **重点提示**
>
> 准分子激光角膜屈光手术是在角膜上按近视、散光度数,用波长193nm氟化氩(ArF)准分子激光进行精确切削。相当于在角膜上切削出一个眼镜片,使光线聚焦在视网膜上,视力变得清晰。

(二) 护理措施

1. 治疗与用药护理

(1) 散瞳验光时,遵医嘱使用睫状肌麻痹药,如1%阿托品眼液或眼膏、0.5%~1%托吡卡胺眼液等。点眼后指压泪囊区3~5min,以免引起不良反应。

(2) 矫正近视用凹透镜,近视眼配镜原则是获得最佳视力的最低度数镜片。帮助患者选择合适度数的镜片。定期复查,以便及时更换合适度数的镜片。

(3) 准分子激光角膜屈光手术时,术前1周以上,停戴软性角膜接触镜;术前3d,停用眼部化妆品。指导术前固视训练,嘱术中始终注视激光机正上方固视灯,避免用力挤眼和眼球移动;术后遵医嘱点抗生素滴眼液、非甾体消炎药滴眼液、糖皮质激素滴眼液等。

2. 心理护理　向患者讲解近视发生的原因,解释配戴眼镜与近视度数的加深无关;讲解屈光手术相关知识,以及术中可能感觉到、看到、听到的情况,使患者情绪稳定,配合手术。

3. 健康指导

（1）注意用眼卫生。读写时距离应保持在30cm左右,光亮度、反衬度要适宜,不要在动荡的汽车上或行走时看书,用眼1h后应休息10min并看远处。

（2）做好眼保健工作,定期查视力,注意营养,加强锻炼,常做眼保健操。

（3）高度近视要避免剧烈运动、外伤,以免引起眼底出血、视网膜脱离。

（4）屈光手术后要遵医嘱使用眼药,避免污水溅眼,不要揉眼和游泳,外出时可戴太阳镜以减少强光刺激,定期随访。

二、远　视

远视是指在眼的调节静止状态下,平行光线经过眼的屈光系统屈折后,聚焦在视网膜之后的一种屈光状态。根据远视程度分三类:低于+3.00D为轻度远视;+3.00~+6.00D为中度远视;高于+6.00D为高度远视。

【护理评估】

(一) 致病因素

1. 轴性远视　婴幼儿眼球小,眼轴短,存在生理性远视。随着眼球的不断发育,眼轴延长,至学龄前生理性远视逐渐变为正视。如因眼球发育不良,眼轴较短则成为轴性远视。

2. 屈光性远视　由于先天或后天原因使角膜扁平、晶状体全脱位或无晶状体眼等,导致眼的屈光力较弱而表现为屈光性远视。

(二) 临床表现

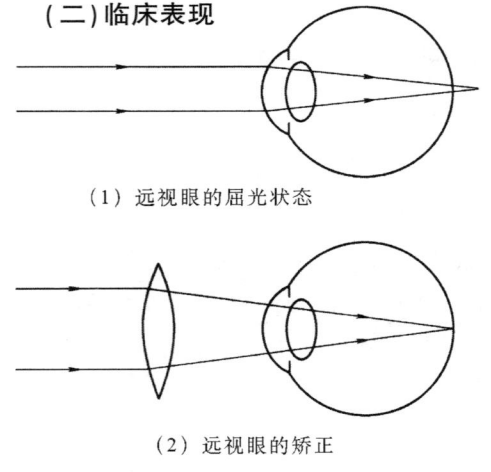

（1）远视眼的屈光状态

（2）远视眼的矫正

图 3-7-2　远视

1. 视疲劳　是远视患者的重要症状,表现为眼球酸胀、视物模糊、头痛,甚至恶心、呕吐等。闭目休息后症状减轻或消失。

2. 视力下降　青少年眼的调节作用强,轻度远视眼远、近视力均正常;中高度远视眼近视力下降或远、近视力不同程度下降。

3. 眼位偏斜　远视程度较高的幼儿,常因过度调节伴过度集合引发内隐斜或内斜视。

4. 眼底变化　度数较高的远视眼底呈假性视盘炎样,即视盘较小、色红、边界不清,但视力可矫正,视野正常(图3-7-2)。

(三) 心理-社会状况

由于经常有视物模糊、眼胀痛、头痛等视疲劳表现,使个人的生活、工作、学习受到影响,患者易产生悲观、焦虑心理。

【护理诊断及医护合作性问题】

1. 感觉紊乱　视力下降与屈光力过弱或眼轴偏短有关。

2. 舒适改变　眼胀痛、头痛等与远视引起的视疲劳有关。

3. 知识缺乏　缺乏远视防治相关知识。

【治疗及护理措施】
(一)治疗要点
散瞳验光,配戴凸透镜,矫正视力。
(二)护理措施
1. 治疗与用药护理
(1)遵医嘱对需要散瞳验光的远视眼患者散瞳,常用 0.5%~1% 阿托品眼药水,每日 1~2 次,连用 3~4d;或 0.5%~1% 托吡卡胺眼药水,每 10~15min 滴 1 次,共 4~6 次。注意滴药时压迫泪囊区,避免药液过多吸收,引起中毒反应。
(2)指导患者正确配镜,远视眼用合适凸透镜矫正,选用获得最佳视力的最高度数眼镜。学龄前儿童轻度远视多为生理性,不需配镜;学龄期青少年正处于用眼较多阶段,即使是低度远视也应配镜。
2. 心理护理　解释视疲劳表现及滴睫状肌麻痹药可有暂时的畏光、视物模糊或面潮红、口干等症状,消除患者的焦虑、紧张心理。
3. 健康指导
(1)定期检查视力,注意用眼卫生,避免用眼过度导致视疲劳。
(2)需要配镜的患者应坚持戴镜,并定期验光复查,及时更换合适度数的镜片。

三、散　　光

散光是指由于眼球各径线的屈光力不同,平行光线经过眼屈光系统屈折后不能在视网膜上形成焦点,而形成焦线的一种屈光状态。临床上分规则散光和不规则散光两类。
【护理评估】
(一)致病因素
常见的原因是角膜和晶状体因先天发育异常导致各径线的曲率半径大小不一致,通常是相互垂直的两个主径线的差别最大,引起规则散光。一些后天性角膜疾病(如角膜溃疡、瘢痕)或圆锥角膜等导致角膜屈光面凹凸不平,导致不规则散光。
(二)临床表现
1. 视力减退　看远或看近都不清楚,似有重影。
2. 视疲劳　眼胀、头痛、流泪、恶心、呕吐。
3. 眯眼、斜颈　为了达到针孔或裂隙作用,以减少散光,增进视力,患者常常表现为眯眼。高度不对称或斜轴散光患者习惯头部倾斜视物,以此自我矫正。
4. 弱视　幼年时期的高度散光易引起弱视。
5. 眼底改变　有时可见盘头呈垂直椭圆形、边界清晰度不等,用检眼镜不能很清晰地看清眼底。
(三)心理-社会状况
因反复发生视疲劳症状,使个人的生活、工作、学习受到影响,易产生悲观、焦虑心理。
【护理诊断及医护合作性问题】
1. 感觉紊乱　视物模糊与散光导致光线不能聚焦有关。
2. 知识缺乏　缺乏配戴眼镜相关知识。

【治疗及护理措施】
(一)治疗要点
1. 规则散光配戴合适度数柱镜矫正。
2. 不规则散光选择角膜接触镜矫正。
(二)护理措施
1. 治疗与用药护理
(1)轻度规则散光而无明显症状者可不予以矫正。有症状者应验光配戴圆柱镜片,并要经常配戴。
(2)不规则散光可试用角膜接触镜矫正。
2. 健康指导
(1)部分患者配镜后需适应一段时间,要坚持戴镜。
(2)注意用眼卫生,防治角膜疾患。

四、斜　视

斜视指双眼视轴不能同时注视同一目标,一眼视轴注视目标,而另一眼视轴偏离目标的现象。斜视根据病因分为共同性斜视和麻痹性斜视两大类。
【护理评估】
(一)致病因素
共同性斜视眼位偏斜而眼外肌及其神经支配无器质性病变。主要是调节与集合不协调(如远视、近视)、双眼屈光参差致融合功能障碍、眼外肌力量不平衡、遗传和解剖等因素所致。麻痹性斜视由于炎症、肿瘤、外伤、感染等因素,使眼外肌或支配眼外肌运动的神经核或神经发生病变,引起眼外肌麻痹而发生的眼位偏斜。
(二)临床表现
1. 共同性斜视　①单眼或双眼交替性眼位偏斜,常伴有屈光不正或弱视而有视力下降;②眼球运动正常,无复视及代偿头位;③第一斜视角(健眼固视时斜视眼偏斜的角度)等于第二斜视角(斜视眼固视时健眼的偏斜角度)。
2. 麻痹性斜视　①多为单眼眼位偏斜,可伴有头痛、眩晕、恶心、呕吐、步态不稳等症状。遮盖一眼,症状可消失。②眼球运动障碍,眼位向麻痹肌作用相反方向偏斜,有复视及代偿头位。③第二斜视角大于第一斜视角。
(三)心理-社会状况
因眼位偏斜影响个人外观形象,患者易产生自卑、焦虑心理。
【护理诊断及医护合作性问题】
1. 自我形象紊乱　与眼位偏斜有关。
2. 舒适改变　复视、眩晕等与眼外肌麻痹有关。
3. 知识缺乏　缺乏斜视相关防治知识。
【治疗及护理措施】
(一)治疗要点
1. 共同性斜视针对不同病因采取矫正屈光不正、弱视治疗或手术矫正等措施。
2. 麻痹性斜视病因及辅助治疗、对症处理等。

(二)护理措施

1. 治疗与用药护理

(1)散瞳验光时,遵医嘱使用睫状肌麻痹药。

(2)遵医嘱指导患儿及家属坚持弱视治疗,当弱视眼的视力已提高到 0.6 以上或双眼视力相等,仍无双眼单视者,可做正位视训练,消除抑制,加强融合功能,以建立立体视觉。

(3)需全身麻醉手术的患儿,按外科全身麻醉手术进行护理;局部麻醉手术的患者,按外眼手术常规护理。术后双眼包扎,使术眼充分休息,避免因眼球转动撕脱肌肉缝线。

2. 心理护理 对有心理压力的患者进行心理疏导,取得他们的信任和配合,树立战胜疾病的信心。

3. 健康指导

(1)斜视的治疗时间长,应坚持下去,以便观察疗效,及时调整治疗方案,巩固疗效及预防并发症的发生。

(2)强调定期检查视力的重要性,尤其是儿童。及时矫正屈光不正对防治斜视和弱视的发生有着重要的临床意义。

五、弱 视

弱视是指在视觉发育期间,由于各种原因造成视觉细胞的有效刺激不足,从而造成矫正视力低于同龄正常儿童,通常矫正视力不超过 0.8,是儿童较为常见的眼病。

【护理评估】

(一)致病因素

1. 斜视性弱视 中枢抑制斜视眼传入的视觉冲动,使斜视眼黄斑功能长期被抑制,从而形成弱视。

2. 屈光性弱视 当两眼屈光参差大于 2.5D 时,视中枢抑制模糊的像。久之视力差的一眼黄斑功能长期被抑制而发生弱视。

3. 形觉剥夺性弱视 婴幼儿时期,多由于婴幼儿期白内障、角膜混浊、上睑下垂等因素,剥夺了眼黄斑接受正常的光刺激,而不能参与视功能的正常发育,而造成弱视。

(二)临床表现

1. 视力不良 矫正视力低于 0.6~0.8 者为轻度弱视,0.2~0.5 者为中度弱视,≤0.1 者为重度弱视。

2. 拥挤现象对排列成行的视标分辨能力较单个视标的分辨能力差。

3. 眼位偏斜或眼球震颤。

(三)心理-社会状况

由于视力差,治疗时间长,患者及家属担心视力不能恢复,易产生焦虑心理。

【护理诊断及医护合作性问题】

1. 感知改变 与视力差、立体视觉不良有关。

2. 知识缺乏 对弱视的危害认识不足,不积极接受治疗。

【治疗及护理措施】

(一)治疗要点

主要而有效的治疗方法是:及时矫正屈光不正,治疗斜视,消除形觉剥夺性因素和遮盖疗法。

(二)护理措施

1. 治疗与用药护理

(1)协助医生对屈光不正患儿散瞳、检影验光及配镜,以矫正屈光不正。

(2)指导视功能训练。遵医嘱指导患儿进行遮盖疗法、视刺激疗法等。遮盖疗法是完全遮盖健眼,强迫患眼注视,鼓励患儿用弱视眼做写字、穿珠子等精细目力的活动。不同年龄遮盖时间各异。遮盖治疗时须注意被遮盖眼的情况,避免发生遮盖引起的形觉剥夺性弱视。

2. 心理护理　向患儿及家属讲解弱视的相关防治知识,告之弱视治疗的疗程较长及注意事项,取得其信任与合作。

3. 健康指导

(1)弱视治疗疗程长,方法复杂,影响疗效因素多,家长要有信心,坚持接受治疗。临床治愈者应随访观察3年为宜。

(2)宣传眼保健知识,定期检查视力,使弱视早期发现、早期治疗(3岁左右)。

讨论与思考

1. 近视手术有哪些注意事项?预防近视方法有哪些?
2. 弱视有哪些治疗方法?

第八节　眼外伤患者的护理

眼外伤是指机械性、物理性及化学性等因素直接作用于眼部,引起眼的结构和功能的损害。眼外伤往往造成视功能障碍甚至眼球丧失,是单眼失明的最主要原因。根据致伤因素,眼外伤可分为机械性和非机械性两大类。前者包括眼钝挫伤、眼球穿孔伤、眼异物伤等;后者包括酸碱化学伤、热烧伤、辐射伤等。

一、机械性眼外伤

机械性眼外伤包括眼表面异物、眼钝挫伤、眼球穿孔伤及眼内异物。

【护理评估】

(一)致病因素

1. 眼表面异物　为金属异物铁、铜、铅,细小颗粒如沙石、飞虫、谷物等黏附或嵌顿在角膜、结膜表面所致。

2. 眼钝挫伤　是由机械钝力造成眼附属器或眼球的损伤,可引起眼内多种结构和组织的损害。飞溅的石块、铁块、球类打击、跌撞、木棍及拳头、交通事故等直接作用于眼球是眼钝挫伤的致伤因素,钝力也可经眼内组织传导,产生间接损伤。

3. 眼球穿孔伤及眼内异物　眼球被锐器刺破或被异物碎片击穿如刀剪、树枝、枪弹等可导致眼球穿孔伤;如击穿眼球的异物存留在眼球内,则并发眼内异物。

(二)临床表现

1. 眼表面异物

(1)症状:明显的异物感、刺痛、畏光、流泪、眼睑痉挛、视力下降等。

(2)体征:眼表面有异物存留,伴结膜充血或混合充血。结膜异物好发于睑板下沟、穹窿部结膜及半月皱襞处;角膜异物轻者黏附在角膜表层,重者嵌入角膜实质层,铁屑异物周围可见铁锈环。

2. 眼钝挫伤

(1)症状:视物不清或模糊,可有眼部肿痛、淤血或出血等。

(2)体征:视力正常或下降,并依不同挫伤部位及程度呈相应表现。①眼睑挫伤:眼睑肿胀、皮下淤血、眼睑裂伤、泪小管断裂、眶壁与鼻窦骨折伴发皮下气肿;②结膜挫伤:结膜水肿、淤血及结膜裂伤;③角膜挫伤:角膜上皮擦伤、角膜基质层水肿或角膜层间裂伤伴视力下降;④巩膜挫伤:可有巩膜层间或全层裂伤,常位于角巩膜缘或赤道部裂伤;⑤虹膜睫状体挫伤:前房积血、虹膜根部断离、瞳孔呈"D"字形、瞳孔外伤性散大、外伤性虹膜睫状体炎、继发性青光眼;⑥晶状体挫伤:晶状体脱位或半脱位、外伤性白内障;⑦其他:如玻璃体积血、脉络膜裂伤和出血、视网膜出血、震荡或脱离、视神经挫伤等,可导致不同程度的视力下降。

3. 眼球穿孔伤及眼内异物

(1)症状:突然的视力下降及眼痛、出血。眼房水外流时,常有"热泪"涌出的感觉。

(2)体征:有穿孔伤口及穿孔伤痕迹,可伴有眼内异物存留和眼内组织嵌顿于创口。小于3mm 的角膜伤口常自行闭合,仅见角膜上点状或线状混浊。大于 3mm 的角膜伤口常有虹膜脱出并嵌顿于伤口之中,前房变浅部分有积血,瞳孔变形,眼压偏低;若晶状体损伤,可见晶状体混浊或破裂;若葡萄膜组织损伤,可引起交感性眼炎,即受伤眼(诱发眼)发生非化脓性葡萄膜炎,经一段潜伏期后,另一眼也可发生葡萄膜炎,一般多见于伤后 2~8 周;巩膜穿孔伤时,小伤口极易忽略,穿孔处可能仅见结膜下出血;大的伤口常伴睫状体、脉络膜、玻璃体和视网膜损伤及玻璃体积血。

(3)疑有眼内异物,可行 X 线片、超声波、CT 或磁共振成像,可查出不同性质的异物。X 线异物定位摄片,可测定异物的径线位置、距角巩膜缘后距离、距眼球水平轴与矢状轴距离。

(三)心理-社会状况

由于患者及家属一时难于接受外伤所致的视功能损害或面部形象受损,常有悲观、焦虑心理。

【护理诊断及医护合作性问题】

1. 感觉紊乱　视力障碍与角膜损伤、眼内积血、眼内异物及眼内组织损伤有关。
2. 舒适改变　眼疼痛、畏光、流泪、异物感与眼表面异物存留引起刺激有关。
3. 有感染的危险　与眼组织的擦伤、裂伤、眼球穿孔伤及眼内异物等有关。
4. 潜在并发症　继发性青光眼、视网膜脱离、玻璃体积血等。

【治疗及护理措施】

(一)治疗要点

1. 眼表面异物　取出异物、防治感染。
2. 眼钝挫伤　根据病情给予对症治疗、止血、抗感染、手术清创缝合及治疗眼内组织病变等。
3. 眼球穿孔伤及眼内异物　属眼科急症,治疗原则是手术缝合伤口、恢复眼球壁的完整性、防治感染和并发症。如有眼内异物,可行异物取出术;如眼球损伤严重,眼球外形和视功能恢复无望,应行眼球摘除术。

(二)护理措施

1. 治疗与用药护理

(1)结膜异物可用棉签拭去;角膜异物在表面麻醉下用异物刀或针尖剔除;眼表面大量异物可先行眼部冲洗后再取出;眼表面异物取出后,涂抗生素眼膏并包眼。

(2)眼睑挫伤、水肿、皮下淤血患者,24h内冷敷,24h后热敷,以减轻水肿反应,促进淤血吸收。

(3)眼球穿孔伤患者切忌冲洗、挤压眼球,手术前禁忌剪睫毛,避免增加眼球压力和感染概率。小于3mm的角膜穿孔伤伤口可自行闭合,不必缝合。大于3mm的伤口,应在显微镜下严密缝合,恢复前房。玻璃体积血伤后3个月以上未吸收或伴有视网膜脱离者,应行玻璃体切割手术治疗。对行眼球摘除术的患者,应详细向患者介绍手术的必要性及术式,术后安装义眼等相关事宜,取得患者及家属的配合。

(4)全身应用抗生素或镇静药等;角膜上皮擦伤涂抗生素眼膏防治感染;角膜基质层水肿应用糖皮质激素眼药水或眼膏,以减轻水肿;外伤性虹膜睫状体炎应用散瞳药、糖皮质激素眼药水或眼膏;视网膜震荡应用血管扩张药、糖皮质激素及维生素类药物。

2. 心理护理 与患者多交流,解释病情与预后。尤其是需行眼球摘除术者,应安慰和开导患者,使其正确面对现实,消除或减轻患者的悲观、焦虑心理,主动配合医生治疗。

3. 健康指导

(1)眼外伤重在预防。生活中要远离危险物品,儿童不要玩弹弓、刀棍、投掷石子等,燃放鞭炮须注意安全;工作时须搞好安全防护,必要时配戴防护眼镜。

(2)眼表面异物忌用力揉眼。眼钝挫伤瞳孔散大的患者,外出时可戴太阳镜以减少强光刺激。

(3)如眼内异物未取出或择期取出,应注意眼部情况变化,定期随访。

(4)发生眼外伤应及时就诊,以免延误病情。

二、非机械性眼外伤

非机械性眼外伤包括眼化学伤、辐射性眼外伤等。辐射性眼外伤包括电磁波谱中各类辐射线造成的损害,如紫外线、X线、γ线等。

【护理评估】

(一)致病因素

1. 眼化学伤 常见的有无机酸(盐酸、硫酸、硝酸等)和碱(生石灰、氢氧化钠、氨液等)。强酸能使组织蛋白发生凝固性坏死,阻止酸继续向深层渗透,损伤相对较轻。碱能使组织中的脂肪和蛋白质溶解,与组织接触后发生皂化反应,很快渗透到组织深层和眼内,使细胞分解坏死,因此碱性烧伤的后果更为严重。

2. 电光性眼炎 也称雪盲。常见于电焊、紫外线消毒、高原、雪地及水面反光等引起的紫外线损伤。

(二)身体状况

1. 眼化学伤

(1)症状:视力下降,伴有眼痛、异物感、畏光、流泪、眼睑痉挛等。

(2)体征:①轻度。眼睑皮肤潮红,结膜轻度充血水肿,角膜上皮点状脱落或轻度混浊。

愈合后不留瘢痕,不影响视力。②中度。眼睑皮肤可有水疱或糜烂;结膜水肿,出现小片缺血坏死;角膜有明显混浊、水肿,上皮层完全脱落。治愈后遗留角膜斑翳,影响视力。③重度。多为强碱引起。结膜出现广泛缺血坏死,呈灰白色;角膜全层混浊或瓷白色,角膜基质层溶解,导致角膜溃疡、穿孔,碱渗入前房常引起葡萄膜炎、继发性青光眼及白内障。晚期可致眼睑畸形、睑外翻、睑球粘连等,最终可导致视功能或眼球丧失。

2. 电光性眼炎

(1)症状:双眼强烈的刺激症状。眼痛、畏光、流泪、眼睑痉挛。一般24h后缓解或痊愈。

(2)体征:双眼角膜上皮细胞坏死呈点状脱落,混合充血。一般潜伏期为3~8h。

(三)心理-社会状况

由于严重眼组织损害、剧烈疼痛或容貌受损,同时因对治疗效果的担心,患者常有焦虑、恐惧心理。

【护理诊断及医护合作性问题】

1. 感觉紊乱　视力下降,与化学物品、紫外线引起眼组织结构损伤有关。

2. 急性疼痛　与化学物品、紫外线刺激眼部组织有关。

3. 恐惧　与担心视力继续下降甚至丧失,或担心预后有关。

4. 知识缺乏　缺乏眼化学伤及紫外线伤相关防治知识。

5. 潜在并发症　角膜溃疡、继发性青光眼、并发性白内障、眼睑畸形、睑球粘连、眼球萎缩等。

【治疗及护理措施】

(一)治疗要点

1. 眼化学伤　①现场急救,立即冲洗;②中和药物治疗;③给予抗感染、对症或手术治疗,防治并发症及后遗症。

2. 电光性眼炎　以镇痛、预防感染为治疗原则。

(二)护理措施

1. 急救护理　眼化学伤强调争分夺秒、就地取材、彻底冲洗的现场急救原则。立即用大量生理盐水反复冲洗伤眼,冲洗时要翻转上、下眼睑,一边冲洗,一边令患者转动眼球,尽快清除存留在结膜囊内的固体颗粒,充分暴露上、下穹窿部结膜反复冲洗,至少30min。并迅速将伤者送往医院。

2. 治疗与用药护理

(1)对症护理:①为防止睑球粘连,每次换药应以玻璃棒分离粘连的睑球或安放隔膜,并涂大量抗生素眼膏。如球结膜或角膜上皮有坏死组织,应早期去除。②对于电光性眼炎,遵医嘱滴用0.5%丁卡因和抗生素滴眼液镇痛及预防感染。

(2)用药护理:遵医嘱给予中和药物于致伤后1h内使用。酸性眼化学伤可用2%碳酸氢钠溶液冲洗,球结膜下注射磺胺嘧啶钠;碱性眼化学伤可用3%硼酸溶液冲洗,球结膜下注射维生素C。对酸性和碱性眼化学伤者同时用抗生素药液行结膜囊冲洗和结膜下注射,并用1%阿托品眼药水散瞳,以防止瞳孔粘连。

3. 心理护理　治疗中应加强心理护理,多与患者交谈,讲解各项治疗目的,以增强患者治愈疾病的信心,消除焦虑和紧张。

4. 健康指导

(1)重视安全教育,加强劳动防护,以预防为主。对有化学品或辐射源的工作场所,须严格遵守操作规程；在特殊电磁环境下工作,应配戴防护眼镜。

（2）一旦发生眼化学伤,应争分夺秒,就地用自来水、清水或饮用矿泉水等充分冲洗伤眼。或将面部浸入盛水的面盆中,经30min充分冲洗后,再到医院做进一步治疗。

（3）指导患者及时治疗眼化学伤的后遗症如眼睑畸形、睑球粘连、角膜斑翳或白斑、并发性白内障等。

讨论与思考

1. 眼化学伤的急救措施有哪些？
2. 眼穿孔伤的急救措施有哪些？

第九节 盲与低视力患者的康复与护理

根据世界卫生组织(WHO)1973年制定的低视力与盲的分级标准,低视力指双眼最佳矫正视力(指配戴适当度数的眼镜矫正后所能达到的最好视力)小于0.3而大于(或等于)0.05；盲指双眼中好眼最佳矫正视力<0.05至无光感。盲分为可避免盲和不可避免盲两大类。WHO1999年对盲人的定义是：因视力损伤不能独自行走的人,通常需要社会的扶持和帮助。

在实际工作中为能全面地反映盲和视力损伤情况,又将盲和低视力分为双眼盲、单眼盲、双眼低视力和单眼低视力。如果一个人双眼最好矫正视力都<0.05,则为双眼盲；如果一个人双眼最好矫正视力都<0.3但≥0.05时,则为双眼低视力。这与WHO标准是一致的；如果一个人只有一眼最好矫正视力<0.05,另一只眼≥0.05时,则称为单眼盲。如果一个人只有一眼最好矫正视力<0.3但≥0.05时,另一只眼≥0.3时,则称为单眼低视力。我国每年会出现新盲人大约45万,低视力135万,即约每分钟就会出现一个盲人,三个低视力患者。

【护理评估】

（一）致病因素

1. 导致盲与低视力的眼病主要有白内障、角膜病、沙眼、屈光不正(弱视)、青光眼、先天遗传性眼病等。其中,白内障是视力损伤的主要原因,约占致盲性眼病的47%,青光眼约占12%,沙眼约占12.5%。

2. 约80%致盲性眼病是能预防、控制或恢复的,为可避免盲,如沙眼、白内障等。反之为不可避免盲,约占20%,如视网膜色素变性、老年性黄斑变性等。

3. 盲与低视力患者随年龄的增长而增加,患病率女性高于男性,农村高于城市。

（二）临床表现

1. 症状　患者视力低下甚至不能独自行走,工作、生活自理能力下降,甚至丧失。

2. 体征

（1）盲与低视力的分类标准：分为5级。1至2级属于低视力,3至5级属于盲(表3-9-1)。

表 3-9-1　视力损伤的分类（WHO,1973）

视力损伤		最佳矫正视力	
类别	级别	较好眼	较差眼
低视力	1级	<0.3	≥0.1
	2级	<0.1	≥0.05（指数/3m）
	3级	<0.05	≥0.02（指数/1m）
盲	4级	<0.02	光感
	5级	无光感	

（2）低视力患者常有视觉对比敏感度降低。

（3）患者视力损伤可伴有听力障碍。

（三）心理-社会状况

患者可有震惊、否认、怨恨、消极、试图改变结果、接受等心理。一般后期阶段患者情绪稳定，为低视力康复的最佳阶段。同时视力残疾人常因社交障碍，易产生个性心理反应，如偏执、敏感、孤僻、怯懦、情绪不稳定等。

【护理诊断及医护合作性问题】

1. 自理缺陷　与严重视力障碍有关。
2. 有受伤的危险　与视功能障碍，不能识别危险环境因素有关。
3. 知识缺乏　缺乏视力残疾相关康复知识。
4. 功能障碍性悲哀　与盲或视力严重低下，长期不能恢复有关。

【治疗及护理措施】

（一）治疗要点

1. 临床治疗针对不同致盲眼病，采取相应药物或手术方法，阻止或延缓眼病的发展，恢复眼组织的完整性及视功能。

2. 向视力残疾患者提供合适的助视器，并通过适当的训练，使其能熟练掌握助视器的使用，能最大限度地利用其残存的视力，提高生活自理的能力。

（二）护理措施

1. 治疗与用药护理

（1）指导低视力患者学会日常生活技巧，生活用品放置要固定，取放要方便，以提高生活自理能力；低视力残疾人的生活、居住环境应安全和无障碍物，以免受伤。

（2）手术治疗。白内障、角膜瘢痕、视网膜脱离等眼科疾病均可通过手术方式治愈，恢复视力。应根据患者的具体情况和手术方式，做好术前准备及术后护理。

2. 康复护理

（1）助视器的种类有光学助视器和非光学助视器。前者包括眼镜助视器、望远镜、放大镜等；后者包括电子放大系统、专用照明灯等。其中，眼镜助视器最常用。需给患者讲解助视器的使用方法及注意事项，指导患者进行远、近距离视觉功能性训练，使患者学会用助视器认识、注视、辨认、追踪、搜寻、记忆目标等。

（2）减少眩光，提高视觉对比敏感度。①低视力患者对照明的要求因人而异，应注意调整光线的强弱，避免光线照射眼部引起眩光和光线阴影降低视觉对比度；②低视力患者读写时用黑色粗横格线条纸或黑底白字,可减少眩光,提高视觉对比度;③低视力患者外出时戴浅灰色太阳镜、宽边眼镜、宽檐帽可防止眩光;④老年低视力患者戴用抗反射的镀膜眼镜,可降低对眩光的敏感;⑤视神经萎缩、视网膜色素变性和青光眼患者戴用黄色滤光镜,可改善视觉对比敏感度。

(3)视觉及其他感觉训练。指导患者进行残余视觉训练,以及依靠其他感觉如听觉、触觉和嗅觉方面的训练,以弥补视觉之不足,帮助盲童获取外界信息。

3. 心理护理　视力丧失是情感上最难以接受的躯体障碍之一,对视力丧失者、整个家庭及其他相关人员都有影响。应和患者及家属多交流,耐心解释病情及治疗情况,倾听其心理感受,安慰和开导患者接受视力残疾现实,提供有效的康复帮助,使其坚持进行低视力康复,树立生活自信心。

4. 健康指导
(1)通过卫生宣教,使视力残疾人得到社会、家庭的理解、关心和帮助。
(2)约80%致盲性眼病是能预防、控制或恢复的,应积极防治,避免发生视力损伤。
(3)低视力儿童应尽早使用助视器,以便在成长的过程中获得生活和学习的重要机会。
(4)指导低视力患者学会日常生活技巧,生活用品放置要固定,取放要方便,以提高生活自理能力;低视力残疾人的生活、居住环境应安全和无障碍物,以免受伤。

讨论与思考

简述盲与低视力的分类标准、治疗要点。

(任　冬)

第二篇

耳鼻咽喉科护理

Part 2

第4章

耳鼻咽喉的应用解剖与生理

学习要点
1. 鼻、咽、喉、耳的解剖及生理功能。
2. 气管、支气管及食管的应用解剖与生理。

第一节 鼻的应用解剖与生理

一、鼻的解剖

(一)外鼻

外鼻位于面部正中央,形如三棱形锥体,易受到外伤(图4-1-1)。外鼻由骨和软骨构成,鼻骨上端窄厚,下端宽薄,受到外伤易骨折。软骨部皮肤富有皮脂腺、汗腺,是鼻疖、痤疮、酒渣鼻的好发部位。

外鼻的静脉经内眦静脉和面静脉汇入颈内静脉,内眦静脉又经眼上、眼下静脉与颅内海绵窦相通。由于面部静脉无瓣膜,血液可反流,当挤压鼻或上唇疖肿时,有引起海绵窦血栓性静脉炎的危险。临床上将鼻根部与上唇三角形区域称为"危险三角区"。

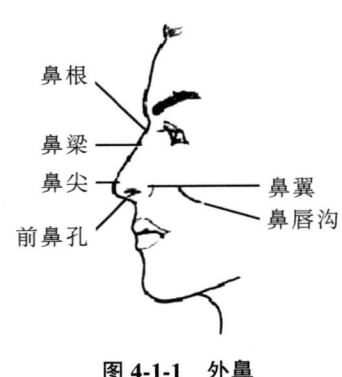

图 4-1-1 外鼻

(二)鼻腔

鼻腔被鼻中隔分成左右两侧,前起前鼻孔,后至后鼻孔与鼻咽部相通。每侧鼻腔被鼻阈分为鼻前庭和固有鼻腔。鼻前庭皮肤与鼻腔黏膜移行处称鼻阈。

1. 鼻前庭 起于前鼻孔,止于鼻阈,由皮肤覆盖,长有鼻毛,富含皮脂腺和汗腺,故易患疖肿。由于皮肤与软骨膜紧密连接,患疖肿时疼痛剧烈。

2. 固有鼻腔 简称鼻腔,起于鼻阈,止于后鼻孔。鼻腔分为内、外、顶、底四壁。

(1)内侧壁:即鼻中隔,由鼻中隔软骨、筛骨垂直板和犁骨构成,表面覆有黏膜。鼻中隔前下部黏膜内动脉血管丰富,汇集成网,此处称为利特尔区,是鼻出血的好发部位,又称易出血区。

(2)外侧壁：由上颌骨的内侧壁及筛骨组成。由三个呈阶梯状排列的长条突起骨片，从下向上依次称为下、中、上鼻甲。各鼻甲的外下方均有一裂隙样空间，对应地称为下、中、上鼻道（4-1-2）。

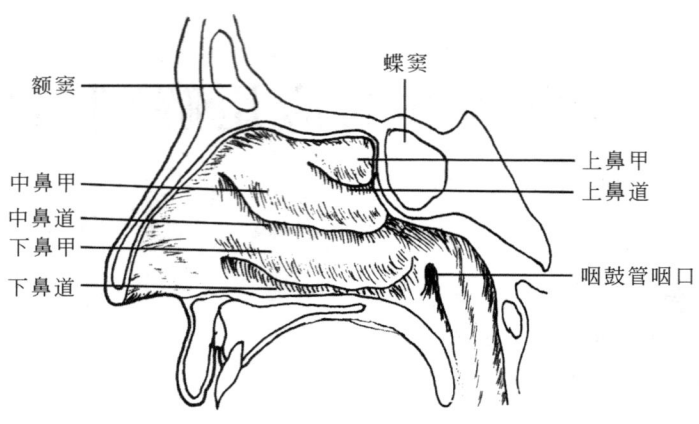

图 4-1-2　鼻腔外侧壁

①下鼻甲及下鼻道。下鼻甲是位置最靠前、最大的鼻甲，其前端接近鼻阈，后端距咽鼓管咽口 1~1.5cm。下鼻甲肿胀或肥厚时可引起鼻塞、耳聋、耳鸣等症状。下鼻道的前上方有鼻泪管开口。外侧壁下鼻道前端距离下鼻甲附着处骨质最薄，是上颌窦穿刺冲洗的最佳部位。后端靠近鼻咽部有扩张的静脉血管丛，叫鼻-鼻咽静脉丛，是鼻腔后部出血的好发部位。②中鼻甲及中鼻道。中鼻甲属筛骨的一部分，是筛窦内侧壁的标志，附着于筛窦顶壁和筛骨水平板连接处。中鼻道有两个隆起，前下者称钩突，后上者称筛泡，两个突起之间为半月裂孔，此孔向前下和外上扩大呈漏斗状，上颌窦、额窦、前组筛窦均开口于此处。中鼻甲、中鼻道及其附近的区域统称为窦口鼻道复合体，是筛窦手术内镜的手术标志和进路。③上鼻甲和上鼻道。上鼻甲是最小的一个鼻甲，位于鼻腔外侧壁上后部位，被中鼻甲挡住，前鼻镜检查时，一般窥不到。后组筛窦开口于上鼻道，上鼻甲的后上方有蝶筛隐窝，是蝶窦的开口。

(3)顶壁：主要是筛骨的筛板，与颅前窝相隔。由于筛板菲薄而脆，外伤或手术损伤易导致脑脊液鼻漏或颅内感染。

(4)底壁：是硬腭的鼻腔面，与口腔相隔。

(三)鼻窦

鼻窦是鼻腔周围颅骨内的含气空腔，左右成对，共 4 对。依照其所在的颅骨命名，分别为上颌窦、筛窦、额窦和蝶窦。根据窦口所在的位置，将鼻窦分为前后两组。前组鼻窦包括上颌窦、前组筛窦和额窦，开口于中鼻道；后组鼻窦包括后组筛窦和蝶窦，前者开口于上鼻道，后者开口于蝶筛隐窝。

1. 上颌窦　位于上颌骨体内，是鼻窦中最大的一对，平均容积约 13ml，由 5 个壁构成。

(1)前壁的中央薄而凹陷，称尖牙窝，是上颌窦手术进路处；眶下缘下方有眶下孔，眶下神经及血管通过此孔。

(2)后外壁与翼腭窝和颞下窝毗邻，近翼内肌，上颌窦恶性肿瘤破坏此壁可致张口困难。

(3)上壁构成眼眶底壁内侧部，上颌窦病变和眶内疾病常相互影响。

(4)底壁即上颌骨牙槽突,低于鼻腔底,与上颌第二前磨牙和第一、二磨牙相邻,故牙根感染时可引起牙源性上颌窦炎。

(5)内侧壁即鼻腔外侧壁下部,上颌窦窦口开口于中鼻道,因窦口位置较高,不易引流,故上颌窦易感染。

2. 筛窦　位于筛骨内,呈蜂窝状结构,筛窦气房发育程度不同,从4~17个到18~30个。被中鼻甲基板分为前组和后组筛窦,前组筛窦开口于中鼻道,后组筛窦开口于上鼻道、外伤和手术可破坏此壁引起眶内或颅内并发症。

3. 额窦　位于额骨的内、外板之间。前壁为额骨外骨板,含骨髓,炎症或外伤可致骨髓炎。后壁较薄,与颅前窝毗邻,故额窦感染可侵入颅内。底壁甚薄,位于眼眶内上角,炎症时有明显压痛。

4. 蝶窦　位于蝶骨体内。外侧壁与海绵窦、颅中窝、颈内动脉和视神经管毗邻,此壁菲薄容易缺损,使上述结构暴露于窦腔内,手术不慎将引起失明和大出血;顶壁上方为蝶鞍;下壁为鼻咽顶。

二、鼻的生理

(一)鼻腔的生理功能

1. 呼吸功能

(1)清洁和过滤:鼻毛运动方向可以过滤吸入气流中的大颗粒状物,使异物难进易出。黏膜表面的黏液毯能黏附小的尘埃和微生物,借纤毛运动送入咽部吐出或咽下。鼻腔分泌的酸性黏液及溶菌酶可抑制和溶解微生物。

(2)温度调节:吸入的空气通过鼻腔时,依赖鼻腔黏膜血管的舒缩作用,可调节鼻腔的气流保持相对恒定的温度。经过鼻腔到达咽部的空气,可调节至32~34℃。

(3)湿度调节:鼻黏膜腺体每昼夜分泌1000ml左右的渗出液,可以提高吸入空气的湿度。

2. 嗅觉功能　吸入鼻腔内的气体到达嗅区黏膜,刺激嗅细胞产生神经冲动,经过嗅神经传到嗅觉中枢,产生嗅觉。嗅觉有识别、报警、增进食欲等作用。

3. 共鸣作用　鼻腔在发音时起共鸣作用,使发出的声音更加洪亮、悦耳。鼻塞时可出现闭塞性鼻音,腭裂或软腭麻痹时,可出现开放性鼻音。

4. 反射功能　鼻腔内神经分布丰富,当鼻黏膜受到刺激时,可引起呼吸和循环的反应。鼻腔最重要的反射有鼻肺反射和喷嚏反射。

(二)鼻窦的生理功能

对鼻腔的共鸣有辅助作用,另外可以减轻头颅重量,缓冲外来冲击力,对颅脑有保护的作用。

第二节　咽的应用解剖与生理

一、咽的解剖

咽位于颈椎的前方,是呼吸道和消化道的共同通道,上起颅底,下达第6颈椎下缘,成年人全长约12cm。分别与鼻腔、口腔、喉腔相通(图4-2-1)。

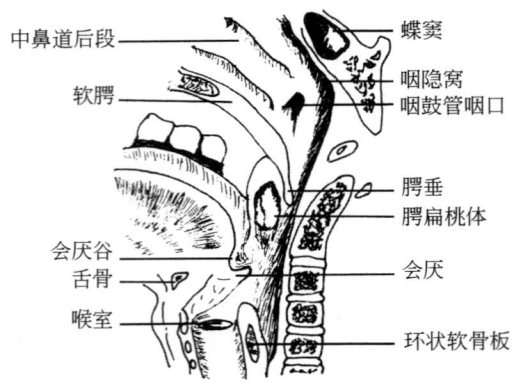

图 4-2-1 咽的分部

(一) 鼻咽部

颅底至软腭游离缘水平面以上的咽部称为鼻咽部。鼻咽的前方经后鼻孔与鼻腔相通。顶部由蝶骨体和枕骨底所构成。在顶壁与后壁交界处聚集的淋巴组织称腺样体，又称增殖体。后壁与第一、二颈椎平。下鼻甲后端 1~1.5cm 处左右各有一开口，称为咽鼓管咽口，此口后上方有一唇状隆起称咽鼓管圆枕。咽鼓管圆枕后上方有一凹陷称咽隐窝，是鼻咽癌的好发部位，咽隐窝紧邻颅底破裂孔，故鼻咽癌常沿此侵入颅内。咽鼓管咽口周围有散在的淋巴组织称咽鼓管扁桃体。

(二) 口咽部

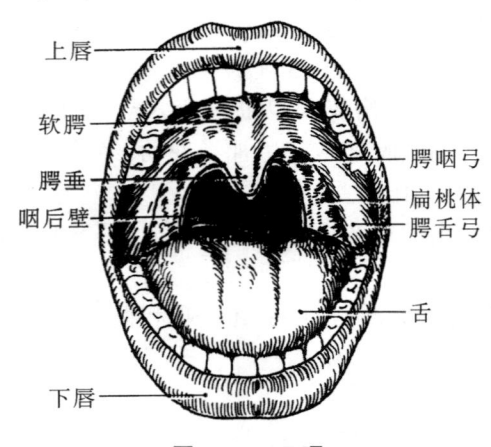

图 4-2-2 口咽

介于软腭与会厌上缘平面之间。前方借咽峡与口腔相通，后壁相当于第 3 颈椎的前面，向下连通喉咽部。咽峡系腭垂、软腭的游离缘、两侧由腭舌弓及腭咽弓、下由舌背构成的环形狭窄区(图 4-2-2)。腭舌弓和腭咽弓之间的深窝称扁桃体隐窝，内有腭扁桃体；舌根上有舌扁桃体；咽后壁黏膜处有散在的淋巴滤泡；在腭咽弓的后方，有纵行条索状淋巴组织称咽侧索。

(三) 喉咽部

会厌软骨上缘以下至环状软骨下缘平面。下通食管，前方为喉，在喉入口的外下方各有一深窝为梨状隐窝，是异物停留之处。在舌根与会厌软骨之间的正中有舌会厌韧带，韧带两侧各有一浅窝为会厌谷，常为异物存留的部位。

(四) 咽淋巴环

咽部有丰富的淋巴组织，主要有腺样体、咽鼓管扁桃体、咽侧索、咽后壁淋巴滤泡、腭扁桃体及舌扁桃体，这些淋巴组织由淋巴管相联系构成咽淋巴的内环，内环输出的淋巴管与颈部淋巴结互相联系则称为外环，内环和外环统称为咽淋巴环。

1. **腺样体** 又称增殖体，位于鼻咽部顶壁与后壁交界处。形如橘瓣，表面有 5~6 条纵行沟裂，细菌易存留。幼儿时期发达，6~7 岁最显著，10 岁以后逐渐退化萎缩。腺样体肥大可引起鼻塞、打鼾等,严重者影响小孩的发育。

2. **腭扁桃体** 简称扁桃体,位于腭舌弓与腭咽弓之间的扁桃体隐窝内,左右各一,是咽部最大的淋巴组织。扁桃体表面有 6~20 个内陷的盲管称扁桃体隐窝。隐窝深浅不一,常有细菌、食物残渣停留而形成感染"病灶"。

（五）咽筋膜间隙

在咽筋膜与邻近筋膜之间有疏松的组织间隙,主要有咽后间隙和咽旁间隙。

1. **咽后间隙** 位于椎前筋膜与颊咽筋膜之间,上起颅底枕骨部,下达纵隔,咽缝将咽后间隙分为左右各一。婴幼儿时期间隙内有数个淋巴结,3 岁以后逐渐萎缩。鼻、鼻窦、口腔、扁桃体、咽鼓管等部位的淋巴都引流于此,因此,这些部位的炎症可引起咽后脓肿,临床上 3 岁以下的婴幼儿多见。

2. **咽旁间隙** 位于咽后间隙两侧,左右各一,上界为颅底,下至舌骨大角处,后壁为椎前筋膜,内壁为颊咽筋膜、咽上缩肌。茎突将此间隙分为前隙和后隙两部,前隙较小,内侧与扁桃体陷窝相邻,故扁桃体炎常扩散至此间隙；后隙较大,内有颈内动脉、静脉,舌咽神经,迷走神经,舌下神经,副神经及交感神经等穿过,内有颈深淋巴结上群,当咽部感染时,可以向此隙蔓延。

二、咽 的 生 理

（一）呼吸功能

咽腔是呼吸道的通道。咽黏膜内有丰富的腺体,对吸入的空气仍然有清洁、加温和湿润的作用,但是比鼻腔黏膜功能差。

（二）吞咽功能

吞咽的食团到咽腔时软腭上举,关闭鼻咽,咽缩肌收缩,压迫食团向下移动,会厌关闭喉的入口,呼吸发生暂停的同时,声门紧闭,喉上提,梨状隐窝开放,食团通过会厌进入食管。

（三）保护和防御功能

通过咽反射完成,在吞咽和呕吐时,咽肌收缩可暂时关闭鼻咽和喉腔,使食物不致流入鼻腔或吸入气管。如有异物进入咽部,咽肌收缩可阻止下行,产生呕吐,吐出异物。

（四）免疫功能

咽部有丰富的淋巴组织,扁桃体能产生 B 细胞、T 细胞,以及多种免疫球蛋白,可以抵抗经口、鼻进入的病原体。所以在儿童时期不能轻易摘除扁桃体。

（五）共鸣作用

在发音时咽腔和口腔改变形状而产生共鸣,使声音清晰、悦耳。

第三节 喉的应用解剖与生理

一、喉 的 解 剖

喉是呼吸和发音的器官。由软骨、韧带、肌肉及黏膜构成的锥形状器官。位于颈前正中,上通喉咽,下接气管,在成年人相当于第 3~6 颈椎平面,女性和儿童的位置稍高。

(一) 喉软骨

喉的支架由软骨构成,由单个的甲状软骨、环状软骨和会厌软骨,成对的杓状软骨、小角软骨和楔状软骨构成(图4-3-1)。

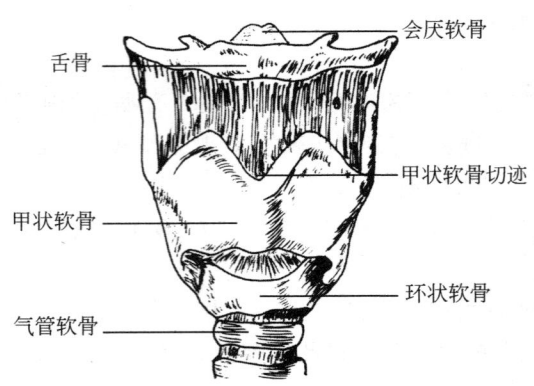

图 4-3-1 喉前面观

1. 会厌软骨扁平如叶状,上缘游离呈弧形,茎在下端附着于甲状软骨切迹的内侧面。会厌分舌面和喉面,舌面黏膜下组织疏松,感染时易肿胀引起呼吸困难。婴幼儿会厌呈卷叶状,质较软。

2. 甲状软骨是喉部最大的一块软骨,由两块对称的甲状软骨板在颈前正中线融合成一定的角度,男性夹角为直角或锐角,称为喉结;女性呈钝角,喉结不明显。甲状软骨上缘正中有一"V"形凹陷,称甲状软骨切迹,是识别颈部正中线的标志。甲状软骨板后缘向上、下两端延伸,分别称上角和下角,上角较长,下角较短。

3. 环状软骨是喉部中唯一完整的环形软骨,对保持喉腔通畅甚为重要。软骨缺损或骨折,常导致喉狭窄。环状软骨位于甲状软骨之下,前部较窄,称环状软骨弓部,后部向上延展较宽阔,称环状软骨板部。

4. 杓状软骨位于环状软骨板部后上缘,呈三角锥形,左右各一,底部和环状软骨连接成环杓关节。底部前角名声带突,底的外侧角名肌突,为环杓侧肌和环杓后肌附着之处,运动时使声带张开或闭合。

(二) 喉腔

上起喉入口,下达环状软骨下缘并接气管。由声带为界分为声门上区、声门区和声门下区(图4-3-2)。

1. 声门上区位于声带以上的喉腔。喉入口与室带之间称喉前庭。声带上方与之平行的皱襞为室带,又称假声带,左右各一,由室韧带、肌肉及黏膜组成,呈淡红色。声带与室带之间的椭圆形腔隙称为喉室,内有黏液腺分泌黏液,润滑声带。

2. 声门区位于两侧声带之间。声带位于室带下方,左右各一,由声韧带、肌肉及黏膜组成,在间接喉镜下呈白色带状,边缘薄而锐利。两声带张开的空隙称声门裂,简称声门,是喉腔中最狭窄部分。

3. 声门下区声带平面以下至环状软骨缘以上的喉腔。幼儿期该区黏膜下组织疏松,炎症时易发生水肿引起喉阻塞。

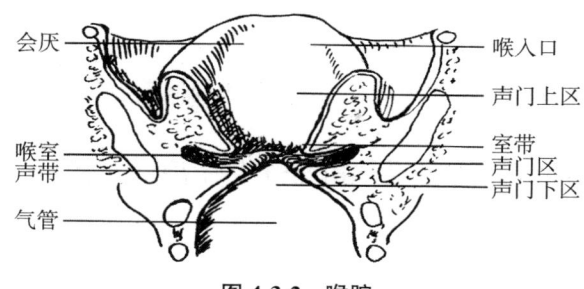

图 4-3-2 喉腔

(三) 喉肌

分为喉外肌和喉内肌两组。喉外肌包括下颌舌骨肌、二腹肌、茎突舌骨肌及颏舌骨肌,使喉随舌骨上升而上提;胸骨舌骨肌、肩胛舌骨肌使喉随舌骨下降而将喉向下拉。

喉内肌依其作用分为如下几类。

1. **声带外展肌** 环杓后肌,收缩时使声带后端分开,声门开大。
2. **声带内收肌** 环杓侧肌收缩时使声带突转向内而关闭声门。杓肌组成杓横肌和杓斜肌,收缩时两侧杓状软骨向中线接近,使声带内收声门关闭。
3. **声带紧张肌及松弛肌** 环甲肌增加声带张力,调节声带紧张度,甲杓肌使声带松弛,使声门关闭。
4. **会厌活动肌** 杓会厌肌收缩使会厌软骨拉向后下方使喉入口关闭,甲状会厌肌收缩时会厌软骨拉向前下方使喉入口打开。

(四) 神经

喉的神经均为迷走神经分支,有喉上神经和喉返神经两支。

1. 喉上神经分为内外两支。内支为感觉神经,分布于声带以上区域的黏膜。外支属运动神经,支配环甲肌。
2. 喉返神经是喉的主要运动神经,支配除环甲肌以外的喉内诸肌,感觉支分布于声门下区黏膜。左侧喉返神经在主动脉弓前由迷走神经分出,由前向后绕主动脉弓下方,沿气管食管间沟上行到达喉部。右侧喉返神经由前向后绕右锁骨下动脉,沿气管食管间沟上行到达喉部。由于左侧喉返神经径路比右侧长,故临床上左侧声带麻痹较多。

二、喉 的 生 理

(一) 呼吸功能

喉是呼吸的重要通道,声带的内收和外展,可调节声门裂的大小,平静呼吸时声带略内收,深吸气时声带极度外展,声门扩大,以增加进入肺内的气体,而维持正常的呼吸。

(二) 发音功能

喉是发音器官,发音时声带向中线移动,声门闭合,肺内呼出的气流震动声带而产生声波,经口、咽、鼻等共鸣而成悦耳的声音,声调高低、强弱取决于声带振动的频率和幅度。

(三) 保护功能

喉对下呼吸道起保护作用,吞咽时喉体上提,会厌向后下盖住喉上口,声带关闭,食物沿梨状隐窝进入食管,而不误入下呼吸道。而误入下呼吸道的异物,通过反射性剧烈咳嗽,可阻挡或使异物排出。

(四) 屏气功能

为了完成咳嗽、分娩、排便、负重等动作,声门紧闭,呼吸暂停,膈向下运动,腹内压增加。

第四节 耳的应用解剖与生理

一、耳的解剖

耳分外耳、中耳和内耳三部分(图4-4-1)。

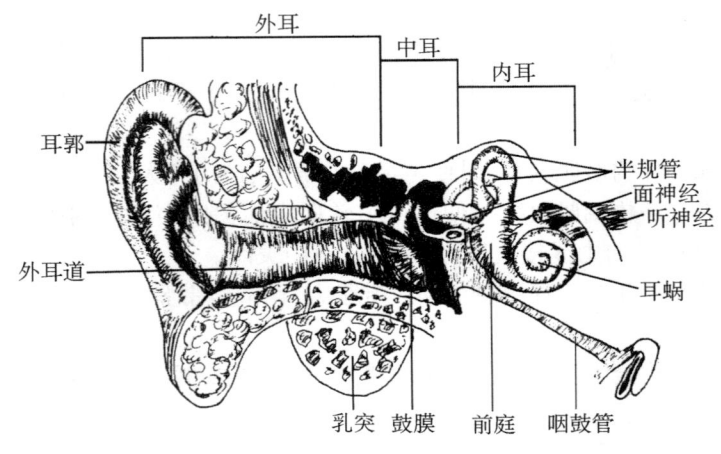

图4-4-1 耳的解剖

(一) 外耳

1. 耳郭 除耳垂由脂肪和结缔组织构成外,其余由弹性软骨构成支架,外覆皮肤和软骨膜。耳郭借韧带和肌肉附着于头颅的两侧。耳郭分前、后两面,后面较平面微凸,前面凹凸不平。耳郭皮肤菲薄,血管表浅,易冻伤。

2. 外耳道 起于外耳道口,止于鼓膜,略呈"S"形,成年人平均长2.5~3.5cm。外1/3为软骨部,内2/3为骨部,软骨部前下壁有2~3个裂隙,与腮腺相通。外耳道软骨部和骨部交界处较窄称外耳道峡部,异物多停留于此。婴幼儿的外耳道因骨部和软骨部尚未发育完全,故较狭窄。外耳道覆盖皮肤,软骨部皮肤有毛囊、皮脂腺及耵聍腺,故易感染而患耳疖。

(二) 中耳

中耳包括鼓室、咽鼓管、鼓窦和乳突四部分。

1. 鼓室 位于鼓膜和内耳外侧壁之间的空腔。鼓室前借咽鼓管鼓室口与鼻咽部相通,向后借鼓窦的入口与乳突相通,内有听小骨、肌肉、韧带和神经等。鼓室以鼓膜为界分为上鼓室、中鼓室和下鼓室。

(1) 鼓室壁:有上、下、内、外、前、后六个壁。①上壁亦称鼓室盖,是一层薄骨板,与颅中窝分隔。幼儿时期此壁有裂缝,鼓室炎症可经此引起颅内感染。②下壁为一薄骨板和颈静脉球分隔。③前壁有两个开口,上为鼓膜张肌管,下为咽鼓管鼓室口,下部借一薄骨板与颈内动脉分隔。④后壁上部有鼓窦入口,自上鼓室与鼓窦、乳突相通,是鼓室炎症向乳突扩散感染的通道,另外面神经垂直段通过此壁。⑤内壁即内耳的外侧壁,在中央有一隆起名鼓岬,鼓岬的后上方有前庭窗(又称卵圆窗),为镫骨底板将其封闭,鼓岬的后下方有蜗窗(亦称圆窗),为圆窗膜封闭,又称第二鼓膜;前庭窗上方有面神经水平段通过;⑥外壁大部分为鼓膜(图 4-4-2),鼓膜为 8mm×9mm、灰白色、半透明、椭圆形薄膜,厚 0.1mm,呈浅漏斗状,凹面向内。

(2)鼓室内有听小骨、肌肉、韧带和神经。①听小骨:听小骨有三块,即锤骨、钻骨和镫骨构成听骨链,锤骨柄连接鼓膜,镫骨足板封闭前庭窗。②肌肉:镫骨肌收缩时牵拉镫骨头,以减低内耳的压力,鼓膜张肌是牵拉锤骨柄向内,增加鼓膜的张力,减少振幅,避免鼓膜震破。③鼓室神经:面神经分支镫骨肌神经,支配镫骨肌,鼓索神经在距茎乳孔 6mm 处分出,与舌神经连合,分布于舌前 2/3,司味觉。

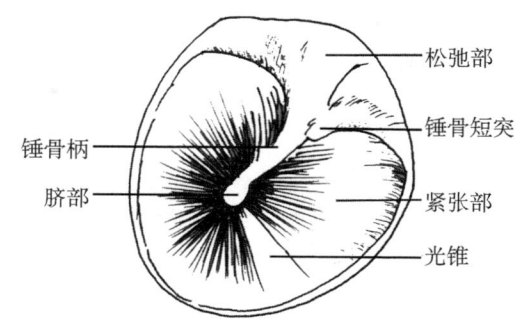

图 4-4-2　鼓膜(右耳)

2. 咽鼓管　是沟通鼻咽部和鼓室的唯一通道。一端开口于鼓室前壁,另一端开口于鼻咽部侧壁,成年人全长约 35mm,内 1/3 为骨部,外 2/3 为软骨部,咽鼓管黏膜为纤毛柱状上皮,纤毛运动的方向是鼻咽部,使鼓室内的分泌物排除。咽鼓管咽口在静止状态时是闭合的,当张口、吞咽、歌唱或打呵欠等动作时开放,空气进入鼓室,保持鼓室内外的压力平衡。咽鼓管咽口黏膜呈皱襞,可防止鼻咽部液体进入。婴幼儿的咽鼓管较成年人短、宽、平,当鼻及鼻咽部感染时易患中耳炎。

3. 鼓窦　是鼓室后上方的一个含气空腔,是鼓室和乳突之间的通道。鼓窦上壁为鼓窦盖与颅中窝相隔;外壁为乳突的外板,其骨面有许多小孔,称筛区,相当于外耳道上棘后上方三角区,是乳突手术凿开鼓窦的重要标志。

4. 乳突　根据乳突气房的发育程度将乳突分为气化型、硬化型、板障型、混合型,以气化型多见。

(三) 内耳

内耳又称迷路,位于颞骨岩部,分为骨迷路和膜迷路,膜迷路与骨迷路间含外淋巴液,膜迷路内含内淋巴液,内、外淋巴液互不相通。

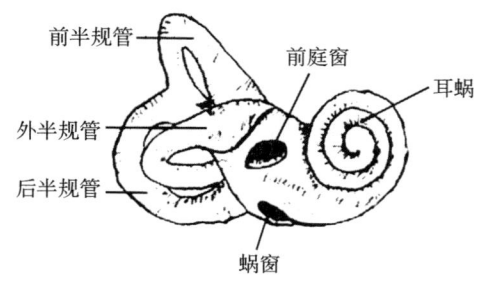

图 4-4-3　骨迷路

1. 骨迷路　由耳蜗、前庭和半规管所组成(图 4-4-3)。

(1)耳蜗:形似蜗牛,耳蜗中央有蜗轴,从蜗轴有螺旋板由耳蜗底盘旋上升 $2\frac{1}{2} \sim 2\frac{3}{4}$ 周,到达蜗顶。从骨螺旋板外缘有两薄膜连接骨蜗管外壁,骨蜗管被前庭膜和基底膜分隔成前庭阶、鼓阶和蜗管。蜗管为一盲管,充满内淋巴液,前庭阶和鼓阶内储外淋巴液。

(2)前庭:前接耳蜗,后接半规管,呈椭圆形,前庭外侧壁为鼓室内侧壁的一部分,有前庭窗和蜗窗,内壁构成内耳道底。

(3)骨半规管:为3个互成直角骨管,根据所在的位置分外半规管、前半规管和后半规管。每个半规管的一端膨大为壶腹,另一端为单脚,前半规管和后半规管的单脚融合成总脚连接前庭,共有5个开孔于前庭。

2. 膜迷路　形状与骨迷路相同,借纤维束固定于骨迷路壁上,悬浮于外淋巴液中。由膜蜗管、椭圆囊、球囊膜和膜半规管组成。位于基底膜的螺旋器,又称柯蒂器,是耳蜗神经末梢感受器。位于椭圆囊和球囊上的椭圆囊斑和球囊斑,以及膜半规管内的壶腹嵴,是前庭神经的末梢感受器。

3. 内耳血管和神经　内耳的血管大部分由基底动脉的内听动脉供给。前庭蜗神经在内耳道内分为两支,耳蜗支终止于螺旋器,前庭支终止于球囊斑、椭圆囊斑和壶腹嵴。

二、耳的生理

耳的功能主要是听觉和平衡。

(一)听觉功能

人的听觉感觉范围为20~20 000Hz,对500~3000Hz声波最敏感。声音传入内耳有空气传导和骨传导。在正常情况下,以空气传导为主。

1. 空气传导　传导途径简示如下(图4-4-4):

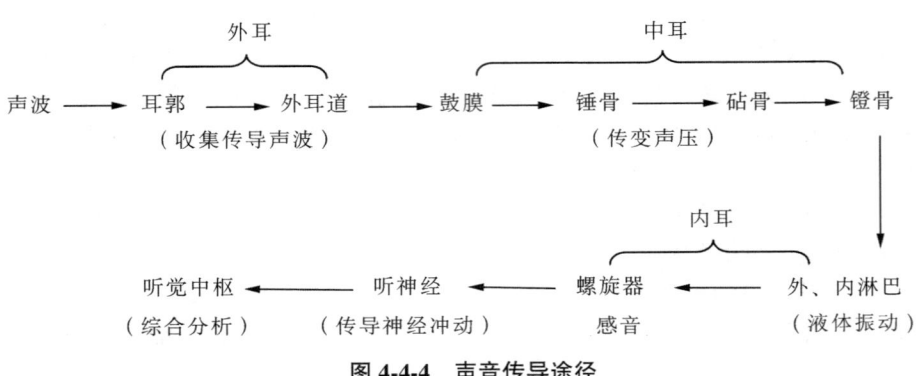

图4-4-4　声音传导途径

2. 骨传导　声音从颅骨传入内耳,使淋巴液振动,刺激螺旋器产生听觉。临床工作中用骨传导鉴别传音性耳聋和神经性耳聋。

(二)平衡功能

人依靠前庭、视觉和本体感觉器协调作用来维持身体的平衡,其中以前庭功能最为重要。椭圆囊斑和球囊斑是直线运动加速或减速的外周感受器,维持身体静态平衡。壶腹嵴是旋转运动加速或减速的外周感受器,维持身体动态平衡。

第五节 气管及食管的应用解剖与生理

一、气管和支气管的解剖与生理

气管位于颈前正中,食管的前方,由 16~20 个马蹄形的软骨环和气管环韧带连接而成。上端起自环状软骨下缘,下端在第 5 胸椎处分成左右主支气管。右支气管较短而粗,与气管纵轴约成 20°,向下分为 3 个肺叶支气管,左支气管细而长,与气管纵轴约成 40°,向下分为 2 个肺叶支气管。所以临床上气管异物容易进入右侧主支气管。气管、支气管是呼吸的通道,对进入的空气有调节、清洁的作用,还具有防御性咳嗽和免疫功能。

二、食管的解剖与生理

食管是连接咽和胃的通道,上接喉咽,下止于贲门,长约 25cm。食管自上而下有 4 个狭窄的部位:第一狭窄是食管入口处,在环状软骨的下缘,是食管最狭窄处;第二狭窄是主动脉弓横过处,相当于第 4 胸椎平面;第三狭窄是左支气管横过食管之处,相当于第 5 胸椎平面;第四狭窄是穿过横膈食管裂孔处,相当于第 10 胸椎平面。食管的功能是将食物蠕动送入胃。食管能分泌黏液,对食管黏膜有保护的作用。

讨论与思考

1. 何为窦口鼻道复合体?
2. 鼻窦分为哪四组,前组、后组各包括哪些,各开口于何处?
3. 何为咽淋巴内环、外环,关系及临床意义如何?
4. 中耳炎发生时可能引起的并发症有哪些?
5. 小儿喉腔的解剖特点有哪些?

(王德霞)

第5章

耳鼻咽喉科护理概述

> **学习要点**
> 1. 耳鼻咽喉科患者的常见症状及体征。
> 2. 耳鼻咽喉科常用护理诊断。
> 3. 耳鼻咽喉科患者常规检查项目及方法。
> 4. 耳鼻咽喉科手术患者常规护理。

第一节 耳鼻咽喉科护理评估与常用护理诊断

一、护理评估

通过护理评估，了解患者患病的过程，主要的症状、程度如何，怎样缓解，有无明显的诱因，患病后的诊断及治疗过程；了解患者既往史，有无高血压病、血液系统疾病、传染病史等，有无家族史、外伤史、手术史、过敏史等；女性患者了解月经史和生育史，以利于做出护理诊断，制订护理计划。

（一）常见症状

1. 鼻塞　指鼻腔通气不畅。因鼻腔内分泌物增多，鼻腔黏膜充血、增生、肥厚，鼻腔内新生物等引起。常见于鼻炎、鼻窦炎、鼻息肉及肿瘤等。表现为单侧或双侧鼻塞，持续性、间歇性、交替性或持续性加重。

2. 鼻漏　指鼻内分泌物过多从鼻腔流出。鼻漏多为水样、黏液性、脓性或血性等。水样鼻漏多见于急性鼻炎早期和变应性鼻炎；黏液性鼻漏见于慢性鼻炎；脓性鼻漏多由化脓性鼻窦炎和鼻腔异物；血性鼻漏见于鼻腔异物、鼻腔肿瘤、鼻外伤等。对鼻漏的患者要询问发生的时间、诱因、量、持续时间、性状及伴随症状等。

3. 鼻出血　指血液从鼻腔流出。问诊时要注意问血液是从哪侧鼻腔流出，流的量多少，有无异常气味等。

4. 嗅觉障碍　常见的有嗅觉下降、嗅觉丧失。分为呼吸性嗅觉减退和感受性嗅觉减退。呼吸性嗅觉减退是因为呼吸气流不能达到嗅区黏膜导致，与鼻甲肥大、黏膜肿胀、肿瘤等有关。感受性嗅觉减退是由嗅觉神经、嗅觉中枢病变导致，与萎缩性鼻炎、颅脑病变等有关。

5. **咽痛** 是咽部最常见的症状。与急性咽炎、急性扁桃体炎、急性会厌炎、咽部异物或邻近器官病变等有关。

6. **咽异常感觉** 患者自觉咽部有异物感、堵塞、瘙痒、干燥等。常见于慢性扁桃体炎、咽角化症、扁桃体肥大等。

7. **吞咽困难** 指难以吞咽或不能吞咽。分为梗阻性、神经性和功能性。梗阻性多见于咽部肿瘤或异物,神经性多见于咽肌麻痹,功能性多由咽痛引起,与急性咽炎、急性扁桃体炎、急性会厌炎等有关。

8. **打鼾** 指睡眠时软腭、腭垂、舌根等处的软组织随呼吸气流颤动而产生节律性的声音。多由上呼吸道狭窄引起,如肥胖、内分泌紊乱等。

9. **声音嘶哑** 是喉部常见的症状,表示病变累及声带。常见于急、慢性喉炎,声带新生物、喉神经麻痹等。

10. **喉痛** 是喉部疾病常见的症状之一。多见于急性会厌炎、喉外伤、急性喉炎、喉癌等。

11. **吸气性呼吸困难** 表现为吸气时费力,吸气时间延长。常见于喉部炎症、外伤、水肿、异物、肿瘤等。

12. **耳痛** 是耳内或耳周疼痛。分为原发性耳痛和继发性耳痛。原发性耳痛常见于耳部炎症、外伤、肿瘤等;继发性耳痛常见于牙源性疾病、急性扁桃体炎、颞颌关节病变等。

13. **耳漏** 经外耳道流出的异常分泌物。常见于黏液性、脓性和水样耳漏。黏液性或脓性耳漏,多见于急、慢性化脓性中耳炎;水样耳漏见于颅脑外伤或手术等。

14. **耳聋** 临床上将听力下降称为耳聋。分为传导性耳聋、感音神经性耳聋和混合性耳聋。传导性耳聋的病变在外耳和中耳部位,常见于外耳道炎、外耳道异物、中耳炎等;感音神经性耳聋的病变在内耳的部位,见于梅尼埃病、听神经瘤等;混合性耳聋兼有传导性耳聋和感音神经性耳聋。

15. **耳鸣** 指患者感觉耳内有响声,周围环境并无相应的声音。分为低音调和高音调耳鸣,见于中耳炎、高血压、药物耳毒性反应等。

16. **眩晕** 是自身与周围物体的位置关系发生的主观上的错觉,表现在睁眼时周围物体旋转,闭眼时自身旋转,伴有恶心、呕吐、出冷汗等。多见于外周前庭病变,如梅尼埃病、迷路炎等。

(二) 常见体征

1. **鼻部常见体征** ①鼻黏膜充血、肿胀、鼻甲肥大,多见于急、慢性鼻炎,鼻窦炎、变应性鼻炎。②鼻黏膜干燥,鼻甲缩小,见于萎缩性鼻炎。③鼻窦面部红肿和压痛,见于急性鼻窦炎。

2. **咽喉部常见体征** ①咽、喉黏膜充血肿胀,咽后壁淋巴滤泡增生,见于咽炎、扁桃体炎、喉炎、扁桃体脓肿、咽后脓肿等;②扁桃体肥大,见于扁桃体炎、扁桃体生理性肥大、扁桃体肿瘤;③腺样体肿大,见于腺样体炎、腺样体肥大等;④鼻咽部新生物,见于鼻咽纤维血管瘤、鼻咽癌等;⑤声带充血,见于喉炎等。

3. **耳部常见体征** ①鼓膜充血,多见于大疱性鼓膜炎、急性化脓性中耳炎、急性乳突炎等;②鼓膜穿孔,见于鼓膜外伤、急慢性化脓性中耳炎等;③鼓室积液,见于分泌性中耳炎。

二、常用护理诊断

1. **急性疼痛** 与耳鼻咽喉各器官的急慢性炎症、外伤、手术、异物、肿瘤等有关。

2. 舒适改变　鼻塞、鼻痒、流涕、喷嚏、咽干、咽痒、耳鸣、眩晕等与耳鼻咽喉相关部位的炎症、过敏、组织肿胀、分泌物潴留、鼻腔填塞等有关。

3. 有感染的危险　与鼻腔通气、鼻窦引流障碍、慢性病灶、异物、外伤等危险因素有关。

4. 体温过高　与耳鼻咽喉科各种急性炎症有关。

5. 体液不足　与鼻出血、手术出血,以及各种原因引起的呕吐、摄入量不足等有关。

6. 清理呼吸道无效　与鼻腔、鼻窦、咽、喉、气管炎症引起分泌物增多,不易排除,或气管切开、喉部术后气道分泌物增多,患者咳嗽困难等因素引起。

7. 有窒息的危险　与上呼吸道急性炎症、喉外伤、气管异物、气管脱管等有关。

8. 吞咽障碍　与炎症导致疼痛、双侧扁桃体Ⅲ度肥大、肿瘤、异物及鼻饲或气管插管等因素有关。

9. 语言沟通障碍　与听力障碍、闭塞性鼻音、开放性鼻音、咽痛、声嘶、失音等有关。

10. 自我形象紊乱　与耳部、鼻部先天畸形,炎症引起的分泌物过多,破坏性手术等有关。

11. 感知改变　嗅觉减退或听力下降与嗅觉、听力功能异常有关。

12. 皮肤完整性受损　与外伤、手术切口有关。

13. 焦虑　与缺乏耳鼻咽喉科疾病的知识有关,对病情的严重程度、疾病的预后、手术并发症、住院环境不熟悉及其他社会因素如影响工作、学习,经济负担等因素有关。

14. 知识缺乏　缺乏耳鼻咽喉科疾病预防、保健、治疗、并发症等方面的知识和技能。

第二节　耳鼻咽喉科患者常规检查

(一) 常用检查器械

耳鼻咽喉科器官位置深而且隐蔽,需要特殊的器械、额镜和良好的照明设备才能检查。有条件的配备综合治疗台。

1. 常用检查器械及用品　检查室必须备有额镜、检查灯、转椅、检查椅、酒精灯、常用检查消毒器械和用后器械盛具、纱布、棉签、棉球、1%丁卡因、1%麻黄碱生理盐水、3%过氧化氢溶液等。

2. 光源和额镜的使用　常用的光源为100W的灯泡,额镜为中央有一小孔的凹面聚光镜,焦距为25cm,借额带固定于头部前额处。检查者头戴额镜,将额镜置于右眼或左眼前,置于受检者头部后上方15cm左右的同侧光源,利用额镜的反光将检查目标照明,保持瞳孔、镜孔和受检者部位处于同一直线上,两眼同时睁开检查。

3. 检查体位　检查者与被检查者相对而坐,被检查者上身稍前倾。检查不合作的儿童时,由家属或医务人员抱持,用双腿夹住其下肢,右手将头部固定于胸前,左手环抱其双臂和上身,防止乱动。

(二) 鼻部检查

1. 外鼻检查法　观察外鼻的形态,有无畸形、溃疡、缺损、新生物等。用示指和拇指触诊,检查鼻部皮肤有无触痛、增厚、变硬、鼻骨有无移位和骨摩擦音。

2. 鼻腔检查法

(1)鼻前庭的检查:受检者头稍后仰,检查者用拇指将鼻尖抬起,观察鼻前庭皮肤有无充血、肿胀、溃疡、皲裂、新生物、鼻毛有无脱落等。

(2)鼻腔检查:检查者左手持鼻镜,将鼻镜两叶合拢,与鼻底平行,轻轻放入鼻前庭,然后张开鼻镜两叶扩张前鼻孔,先使受检者头稍低,观察鼻腔底部;而后头稍后仰,检查鼻腔中部;再使受检者后仰,检查鼻腔顶部。检查完毕,使鼻镜的两叶呈半开张状态退出,避免夹住鼻毛引起疼痛。如鼻腔黏膜肿胀或下鼻甲肿大妨碍检查,用1%麻黄碱溶液收缩后再进行检查。检查时应观察鼻甲有无充血、肿胀、水肿、肥大、干燥、萎缩、息肉样变、有无分泌物,鼻中隔有无偏曲、穿孔、糜烂,鼻腔有无息肉、异物、肿瘤等。

3. 鼻窦检查法

(1)一般检查:注意观察面颊部、内眦、眼眶内上角的皮肤有无红肿、压痛、隆起,眼球有无移位、运动障碍等。

(2)鼻镜的检查:观察中鼻道及嗅裂处有无脓性分泌物,中鼻甲有无红肿、息肉样变、息肉及新生物等。

(3)X线检查:摄片体位为鼻颏位和鼻额位,观察窦腔和窦壁透光度的变化,判断鼻窦疾病。也可用CT扫描或MRI检查。

4. 鼻内镜检查 鼻内镜检查可以清楚地观察到鼻腔、鼻咽及鼻窦开口,可钻进窦腔内,检查窦内病变,在直视下取活组织检查及凝固止血。

5. 嗅觉检查法 一般用醋、乙醇(酒精)、香水、煤油等做嗅觉检查剂,与水作为对照剂,分别装入颜色、形状相同的有色小瓶内。检查时令受检者闭目,用手指堵塞一侧鼻孔,检查者将上述小瓶盖打开,分别放于受检者另一侧鼻孔下方使其嗅之。再用同法检查对侧。全部嗅出者为良好,仅能嗅出其中数种为嗅觉减退,全部不能嗅出者为嗅觉丧失。

(三)咽喉部的检查法

1. 口咽检查法 受检者放松端坐,自然张口,平静呼吸。检查者用压舌板轻压舌前2/3处,观察腭垂、腭咽弓、腭舌弓、扁桃体、咽后壁、咽侧索等,嘱受检者发"啊",观察软腭的运动。

2. 鼻咽检查法 用间接鼻咽镜检查,受检者端坐,张口呼吸,检查者左手持压舌板,压下舌前2/3,右手持加温后的鼻咽镜,置于软腭和咽后壁之间,镜面向上,不要触及咽后壁,通过镜面观察软腭的背面、鼻中隔后缘、后鼻孔、咽鼓管咽口、咽鼓管圆枕、咽隐窝、鼻咽顶壁和腺样体等。

3. 喉咽和喉部检查

(1)间接喉镜检查:受检者端坐,张口伸舌,身体放松,用左手拇指和中指将消毒纱布包裹的舌尖轻轻外拉,右手持加温后的间接喉镜,用镜背将腭垂推向后上方,镜面朝前下方,通过镜面观察舌根、会厌舌面、会厌谷、梨状隐窝等,然后嘱受检者发"衣"音,观察喉腔黏膜有无充血,声带有无息肉及新生物,声带运动是否对称等。

(2)直接纤维喉镜检查:用于间接喉镜检查不合作者或间接喉镜检查不能查明病变。

(3)光导纤维喉镜检查:由于光导纤维喉镜镜体精细、可自由弯曲,操作简便、安全、痛苦少、物象清晰、适应证广。

(4)X线、CT或MRI检查:对于喉部肿瘤、异物、咽后脓肿、淋巴结有无转移等有重要价值。

(四)气管、支气管及食管的检查

1. 支气管镜检查主要用于取出气管、支气管异物,吸出下呼吸道分泌物,诊断不明原因咯血、肺气肿、肺不张或反复发作的肺炎,在紧急情况下插入支气管镜,缓解呼吸困难。

2. 食管镜主要用于食管异物的诊断和取出,食管瘢痕狭窄的扩张、原因不明吞咽困难和呕血的诊断。

3. 光导纤维支气管镜和光导纤维食管镜,由于光导纤维支气管镜和光导纤维食管镜镜体较细、可自由弯曲,操作简便、安全、痛苦少,已取代了硬质气管镜和食管镜的常规检查。

（五）耳部的检查法

1. 耳郭和耳周检查法　观察耳郭大小、位置是否对称,有无畸形、瘘管、红肿、压痛,耳周淋巴结有无肿大,耳郭有无牵拉痛,压耳屏有无疼痛,乳突部有无肿胀、压痛等。

2. 外耳道和鼓膜检查法　受检者侧坐,受检耳朝向检查者。将额镜反光焦点对准外耳道口,一手将耳郭向外后上方（婴幼儿向后下方）牵拉,一手示指向前推压耳屏,使外耳道变直。若看不清楚时,可用大小合适的耳镜轻轻旋转插入。检查时注意观察鼓膜的颜色及正常标志,有无充血、膨隆、内陷、混浊、增厚、瘢痕、钙斑、液平面、穿孔与分泌物等。

3. 咽鼓管检查法　咽鼓管检查法是将空气经咽鼓管吹入中耳,检查咽鼓管的通畅、有无狭窄和阻塞、鼓室外有无液体潴留,并进行治疗的方法。

（1）吞咽法:将听诊管两端的橄榄头置于受检者和检查者的外耳道口,嘱受检者做捏鼻吞咽的动作,咽鼓管功能正常者,检查者可听到轻柔的声音。

（2）捏鼻鼓气法:让受检者闭口、捏鼻、用力鼓气,呼出的气体经咽鼓管进入鼓室内,检查者经听诊管可以听到鼓膜振动。

（3）波氏球吹张法:嘱受检者含一口水,将波氏球的橄榄头塞入一侧前鼻孔,压紧另一侧前鼻孔,让检查者迅速吞咽,在咽水的同时,检查者迅速挤压波氏球,使空气经咽鼓管进入鼓室,正常者感到耳内有响声。

（4）导管吹张法:先用1%麻黄碱液和1%丁卡因收缩、麻醉鼻腔黏膜。选择大小合适的咽鼓管导管弯头向下,沿受检侧鼻底向后轻轻放入鼻咽部抵达后壁,将导管向外转90°,轻轻向外拉,导管进入咽鼓管咽口,固定后用橡皮球吹气,使气体进入鼓室。

4. 听力检查法　听力检查的目的是了解听力损失的程度、性质及病变的部位。检查法如下。

（1）语音试验:在长于6m以上的安静环境中进行,患者立于距检查者6m处,受检耳朝向检查者,另一耳用棉球或手指堵塞并闭眼,检查者利用肺内残留气体发出1~2个音节的词汇,嘱患者重复说出听到的词汇,不能复诵者,重复1~2次,还是不能重复者,检查者向受检者移动,直到受检者能复诵。记录时以6m为分母,测得结果为分子,如记录为6/6、3/6、2/6等。

（2）音叉检查:是鉴别耳聋性质和程度最常用的方法。常用C调倍频程五支一组音叉,其振动频率分别为128Hz、256Hz、512Hz、1024Hz和2048Hz。常用的是128Hz、256Hz、512Hz。常用的检查方法如下。①林纳试验（RT）又称气骨导比较试验,是比较同侧的气导和骨导。将C256音叉振动后置于受检者乳突部测其骨导听力,待听不到声音时,立即将音叉移到同侧外耳道口外侧1cm外,测其气导听力。如能听到声音,说明气导比骨导时间长（AC>BC）,称林纳试验阳性,记录为RT(+),提示正常或感音性聋。反之骨导比气导时间长（BC>AC）,称林纳试验阴性,记录为RT(-),提示传导性聋。②韦伯试验（WT）又称骨导偏向试验,比较两耳骨导的听力。取C512音叉振动的柄底置于前额正中,让患者比较哪一侧耳听到的声音较响。声音不偏向者,记录为"=" "→"表示所偏向侧,结果判断:偏向健侧示患耳为感音神经性聋,偏患侧则示患耳为传导性聋。③施瓦巴赫试验（ST）又称骨导对比试验，是比较正常人与患者骨导的时间长短，将振动的 C256 音叉柄底置于患者的鼓窦区，听不到声音后，置于检查者的鼓窦区。若患者听到的声音较长，为施瓦巴赫试验延长，记录为 ST(+)，为传导性聋；如果患者听到的声音缩短，则为 ST 试验缩短，记录为 ST(-)，为感音神经性聋。ST(±) 表示两者相似为正常。

用以上方法测定，其结果结合临床进行分析，才能判断耳聋的性质（表 5-2-1）。

表 5-2-1　音叉检查结果的判断

试验方法	听力正常	传导性聋	感音神经性聋	混合性聋
林纳试验（RT）	(+)	(-)(±)	(+)	(+)(-)或(±)
韦伯试验（WT）	(=)	患耳或较重耳	健耳或较轻耳	不定
施瓦巴赫试验（ST）	（相等）(±)	(+)	(-)	(-)

（3）纯音听力计检查法：是听觉功能检查中测定耳聋性质及程度常用的方法。纯音听阈测试包括气导和骨导测试。气导测试从 1kHz 开始，当患者听到声音后，5dB 一档地逐档下降，直到听不到为止，然后逐渐 5dB 一档增加声强，如此反复测试，直至测到听阈为止。再用同样的方法依次测试其他频率的听阈。骨导测试操作方法与气导测试相同。将测试的阈值按规定的符号记录在表中，汇成听力曲线图。根据听力曲线图，判断患者耳聋的性质和程度。

（4）声导抗测试法：声导抗测试法是测试中耳传音系统和脑干听觉通路功能的方法。临床上用于诊断中耳病变、咽鼓管功能的检查、耳聋的鉴别、面瘫的定位、耳蜗病变的鉴别等。

5. 前庭功能检查法　前庭功能试验是根据观察前庭病变诱发的眼震、平衡失调、眩晕和自主神经系统反应，以查明病变的性质、程度和部位。常用的平衡功能和眼震检查方法如下。

（1）自发现象检查：①自发性眼球震颤。在无诱因的情况下，眼球出现一种持续、不随意、节律性的往返运动，称自发性眼球震颤，简称眼震。根据眼震的方向可分为水平、旋转、垂直、斜向性等。检查时固定患者头部，两眼注视眼前 60cm 处检查者的手指，随手指的移动，注意观察受检者眼震的特点。②闭目直立试验。嘱受检者直立，两足并拢，双上肢下垂，闭目直立，维持 30s，或两手于胸前相扣，并向两侧牵拉，观察受检者有无倾倒。前庭病变时，躯干会倾倒，正常者不会倾倒。③过指试验。患者与检查者相对而坐，两人上肢向前平伸，示指相互接触数次，连续 3 次偏斜为异常。正常人无过指现象，前庭周围性病变和小脑病变时会出现过指现象。

（2）诱发现象检查：①旋转试验。受检者坐于旋转椅上，头向前倾 30°，以每圈 2s 的速度做顺时针或逆时针方向旋转 10 圈后突然停止，嘱患者两眼向前凝视，观察眼震的特点、方向、强度等。正常者眼震持续时间平均为 24~30s。②冷热试验。通过温度刺激半规管来诱发前庭反应的检查方法。适用于鼓膜完整者，将检查用 30℃ 冷水和 44℃ 热水分别灌注双侧外耳道，以诱发前庭反应，注水时间为 40s，然后观察并记录眼震的性质、方向、强度、潜伏期和持续时间。正常结果：冷试验时间为 2min，热试验时间为 100s。

第三节　耳鼻咽喉科手术患者常规护理

(一)鼻部手术前后的常规护理

鼻手术包括鼻内镜手术、鼻甲部分切除术、鼻息肉摘除术、鼻中隔矫正术及上颌骨切除术等。常规护理如下。

1. 术前护理

(1)患者术前一般均有焦虑、紧张的心理,耐心疏导,细心地解释手术的目的、方式及注意事项等,让患者愉快地接受并积极配合手术。对过度紧张者可适量给予镇静药。

(2)了解患者术前的各项检查结果,遵医嘱术前用药,做药物过敏试验。

(3)术前一日按手术要求备皮、剪鼻毛、剃须、剪指(趾)甲等。必要时术前冲洗鼻腔,上颌窦术前一日行上颌窦穿刺冲洗。

(4)手术前晚注意观察体温、脉搏、呼吸,有异常报告医师。

(5)局部麻醉者按局部麻醉术前准备,全身麻醉者按全身麻醉术前准备。

(6)嘱患者入手术室前排空大、小便;取下眼镜、义齿及贵重物品。

(7)有上呼吸道感染或月经来潮者暂缓手术。

2. 术后护理

(1)局部麻醉者一般采取半卧位,全身麻醉者取平卧侧头位。术后根据患者的情况给予流质或半流质食物。

(2)由于手术刺激、术后鼻腔填塞等原因,使患者鼻面部胀痛,影响其呼吸、睡眠,常出现焦虑。应多关心患者,鼓励患者说出不适的原因及严重程度,耐心细致地和患者及家属交谈,使他们树立战胜疾病的信心,积极配合治疗,争取早日康复。

(3)了解手术情况,按时巡视患者,密切观察患者的体温、脉搏、呼吸及血压等。如出现呕吐、出血、呼吸困难等不适应报告医师并协助处理。

(4)遵医嘱给予镇痛、止血、抗感染治疗等。

(5)注意术后局部护理,如给予滴鼻药、抗生素软膏等,并教会患者或家属使用方法。术后鼻腔填塞,用口呼吸者,应加强口腔护理,保持口腔清洁。

(6)嘱患者尽量避免打喷嚏,以免鼻腔内填塞物松动、脱出,导致出血。教会患者避免打喷嚏的方法,可张口深呼吸,或用下切牙咬住上唇以抑制。

(7)取出鼻腔填塞物后,应观察鼻腔内有无出血。嘱患者不要用力擤鼻,鼻腔内有少量出血者,遵医嘱给予1%的麻黄碱生理盐水滴鼻液。

(二)咽喉部手术前后的护理常规

咽喉部手术常见的有扁桃体摘除术、腺样体刮除术、声带息肉摘除术、喉癌者全喉或半喉切除术、气管切开术等。常规护理如下。

1. 术前护理

(1)给患者介绍手术的目的、方式及注意事项等,说明术中可能出现的情况及配合方法,可能暂时或永久失去说话的能力。给予心理护理,以消除其恐惧、焦虑的心理,让患者接受并积极配合手术。对过度紧张者可适量给予镇静药。

(2)了解患者术前的各项检查结果,遵医嘱术前用药,做药物过敏试验。

(3) 术前一日按手术要求备皮、剃须、剪指(趾)甲等。术前 1~2d 给予复方硼砂溶液漱口,呼吸困难明显者应吸氧。

(4) 手术前晚注意观察体温、脉搏、呼吸,有异常报告医师。

(5) 局部麻醉者按局部麻醉术前准备,全身麻醉者按全身麻醉术前准备。

(6) 嘱患者入手术室前排空大、小便;取下眼镜、义齿及贵重物品等。

(7) 有上呼吸道感染或月经来潮者暂缓手术。

2. 术后护理

(1) 局部麻醉者一般采取半卧位,全身麻醉者取平卧侧头位。术后根据患者的情况给予流质或半流质食物。咽后脓肿切开排脓术或做了全喉或半喉切除术者,不能经口进食,应鼻饲流食。

(2) 由于手术影响患者呼吸、睡眠和发音,常出现焦虑。应多关心患者,耐心细致地和患者及家属交谈,消除其不安情绪,使他们树立战胜疾病的信心,积极配合治疗,争取早日康复。

(3) 密切观察患者的体温、脉搏、呼吸及血压等。咽部手术的患者,嘱其将分泌物轻轻吐出,切勿咽下,以利于观察有无出血情况。如呼吸困难者应吸氧。气管切开术患者请按气管切开术术后常规护理。

(4) 遵医嘱给予镇痛、止血、雾化吸入、抗感染治疗等。伤口有出血、感染者,应及时报告医生处理。

(5) 术后加强口腔护理,保持口腔的清洁。

(三) 耳部手术前后的常规护理

耳部手术常见的有鼓膜修补术、鼓室成形术、乳突根治术、电子耳蜗植入术等。

1. 术前护理

(1) 给患者介绍手术的目的、方式及注意事项等,说明术中可能出现的疼痛、面瘫、听力恢复不理想等,做好充分的心理准备,争取患者理解、配合。

(2) 了解患者术前的各项检查结果,有无禁忌证,遵医嘱术前用药,做药物过敏试验。

(3) 术前一日淋浴,剃除患侧耳郭附近头发,一般距发际 5~6cm,清洁耳郭及耳周皮肤,女性患者还应将头发梳理至健侧,用发夹、橡皮筋扎好。如果是慢性化脓性中耳炎耳内有脓的患者,应根据医嘱给予 3% 过氧化氢溶液清洗外耳道,并滴入抗生素滴耳液,每日 3 次。

(4) 手术前晚注意观察体温、脉搏、呼吸,有异常报告医师。

(5) 局部麻醉者按局部麻醉术前准备,全身麻醉者按全身麻醉术前准备。

(6) 嘱患者入手术室前排空大、小便;取下眼镜、义齿及贵重物品等。

(7) 有上呼吸道感染或月经来潮者暂缓手术。

2. 术后护理

(1) 局部麻醉者一般采取半卧位,全身麻醉者取平卧侧头位,偏向健侧。

(2) 患者术后无恶心、呕吐,全身麻醉清醒后 6h 可进流质或半流质食物,3~5d 后根据情况可改普通饮食。

(3) 密切观察患者的体温、脉搏、呼吸及血压等。有无面瘫、恶心呕吐、眩晕、平衡失调等,进颅手术注意观察有无高热、嗜睡、神志不清、瞳孔异常变化、脑脊液耳漏等并发症发生。

(4) 观察敷料的渗血情况以及是否松动,如渗血较多,及时报告医生,更换外面的敷料并重新加压包扎。

（5）遵医嘱给予镇痛、止血、雾化吸入、抗感染治疗等。伤口有出血、感染者,应及时报告医生处理。

（6）术后 6~7d 拆线,2 周内逐渐抽出纱条,拆线后外耳道口应放置挤干的酒精棉球,保持耳内清洁并能够吸收耳内渗出液。

（7）嘱患者防止受凉感冒,教会患者正确的擤鼻方法,切勿用力擤鼻。洗头、洗澡时避免污水进入到外耳道。

讨论与思考

1. 怎样对扁桃体炎患者进行护理评估?
2. 总结音叉试验检查法及对结果的分析。

（王德霞）

第 6 章

耳鼻咽喉科常见疾病患者的护理

学习要点
1. 耳鼻科常见疾病的护理。
2. 耳鼻咽喉及气管、食管疾病常用护理诊断及医护合作性问题。
3. 咽喉科常见代表性疾病患者的护理措施。
4. 喉、气管、支气管及食管异物的护理要点及健康指导。

第一节　鼻部疾病患者的护理

一、慢性鼻炎

案例分析

患者,男性,43岁,2年前出现鼻塞、流涕现象,天气寒冷时加重。近1年来呈持续性鼻塞,流脓涕并不易擤出,伴有头痛、耳鸣、听力减退、嗅觉减退。鼻腔检查:鼻黏膜肿胀,下鼻甲表面不平呈结节状,1%麻黄碱滴鼻后,反应不明显。鼻腔内有黏稠脓性分泌物。
请分析:该患者护理诊断是什么？如何护理？

鼻腔黏膜或黏膜下组织的炎症持续数月以上或反复发作,间歇期内仍存在慢性炎症,且无明确的致病微生物感染者,称慢性鼻炎。临床上可分为单纯性鼻炎和肥厚性鼻炎两种。

【护理评估】

(一) 致病因素

较多,但病因未明,可能与下列因素有关。

1. 局部因素　急性鼻炎反复发作或治疗不彻底;鼻中隔严重偏曲影响通气引流;慢性化脓性鼻窦炎,鼻黏膜受脓液长期刺激;长期使用如萘甲唑啉(滴鼻净)减充血药等,使血管舒缩功能失调,黏膜肿胀;邻近感染病灶的影响,如慢性扁桃体炎、腺体样肥大等。

2. 全身因素　全身性疾病如营养不良、内分泌失调、贫血、糖尿病及免疫功能障碍等均可引起鼻黏膜血管反射性充血或长期淤血、黏膜水肿而发病。

3. 生活习惯不良　如长期烟、酒不良嗜好。

4. 职业及环境因素　长期或反复吸入有害化学气体,温、湿度急剧变化,以及通风不良等均可诱发本病。

(二) 病理生理

单纯性鼻炎的病变主要为鼻黏膜血管慢性扩张,通透性增高,血管、腺体周围有浆细胞及淋巴细胞浸润,腺体分泌活跃,故鼻甲肿胀,分泌增多。肥厚性鼻炎时,上述病理改变继续发展,黏膜下纤维组织增生,甚至累及骨膜及骨质,如增生组织压迫影响血供,则黏膜呈苍白色。这种增生肥厚的现象尤以下鼻甲最为明显,表现为结节状或桑椹样。

> **重点提示**
>
> 询问有无诱发本病的有关局部或全身疾病,并了解患者从事的职业,工作和居住环境。

(三) 临床表现

单纯性鼻炎及肥厚性鼻炎临床多表现不同,治疗也有区别,其鉴别要点见表6-1-1。

表 6-1-1　单纯性鼻炎及肥厚性鼻炎鉴别要点

	单纯性鼻炎	肥厚性鼻炎
鼻塞	间歇性或交替性	持续性
鼻涕	黏液性,易擤出	黏脓性,不易擤出
耳鸣、听力下降	无或不明显	可有
前鼻镜检查	下鼻甲黏膜肿胀,表面光滑	下鼻甲黏膜肥厚,表面不平,呈结节状、桑葚样或分叶状,鼻甲骨可肥大
下鼻甲触诊	柔软,有弹性	硬实坚韧,无弹性
对麻黄碱的反应	敏感	不敏感
治疗	非手术治疗	一般宜手术治疗

(四) 心理-社会状况

1. 多数患者对慢性鼻炎重视不够,治疗不彻底而迁延不愈影响日常生活及工作、学习。
2. 因慢性鼻炎长期求医,手术治疗等,担心疗效不佳,可致心理问题,产生种种忧虑。
3. 有害环境是导致鼻炎的重要因素之一。

【护理诊断及医护合作性问题】

1. 清理呼吸道无效　与鼻腔分泌物增多有关。
2. 感知改变　嗅觉减退或消失,与鼻塞或嗅觉神经末梢变性有关。
3. 焦虑　与慢性炎症久治不愈影响日常生活及工作有关。
4. 潜在并发症　可并发鼻窦炎、中耳炎,因妨碍鼻窦及中耳通气引流引起。

【治疗及护理措施】

(一) 治疗要点

1. 病因治疗　针对全身和局部病因,及时治疗全身性慢性疾病,邻近感染病灶和鼻中隔偏曲等疾病。

2. 局部及全身药物治疗　首选鼻内用糖皮质激素以消炎减充血,疗效安全性好。其次选用鼻内减充血药,如0.5%~1%呋喃西林麻黄碱,一般不宜超过10d以免引起药物性鼻炎。全身使用有效抗生素及中医中药治疗等。

3. 手术治疗　肥厚性鼻炎可行中、下鼻甲部分切除术或中、下鼻甲黏膜下骨质部分切除术。

(二)护理措施

1. 心理护理　慢性鼻炎患者由于疾病迁延影响日常工作及生活可产生焦虑情绪,护士应向患者介绍本病的有关知识,同时鼓励患者说出苦恼的原因,关爱患者,促进其与社会交往,积极配合治疗和护理。

2. 根据患者不同情况提供护理

(1)单纯性:遵医嘱给予治疗护理。①血管收缩药滴鼻及鼻内喷剂的使用。用0.5%~1%麻黄碱滴鼻液滴鼻或喷鼻,每日3次。儿童宜用0.5%的麻黄碱滴鼻液,禁用萘甲唑啉(滴鼻净),如中药萃取活性成分制成的鼻炎水喷剂等;介绍正确的滴、喷鼻方法,并了解用药后鼻腔通气情况。长期用药者,注意有无严重的反跳性鼻塞。②针刺疗法。鼻通、迎香穴,每日或隔日1次,7次为1个疗程。③中成药治疗护理。如遵医嘱用霍胆丸、鼻炎片等。

(2)肥厚性:可采用下鼻甲黏膜下硬化剂(如50%葡萄糖或80%甘油)注射法(图6-1-1)、激光及冷冻疗法、低温等离子消融术等。如治疗无效者可行下、中鼻甲部分切除术及下鼻甲黏膜骨膜下鼻甲骨部分切除术(图6-1-2)。并应做好围术期护理。

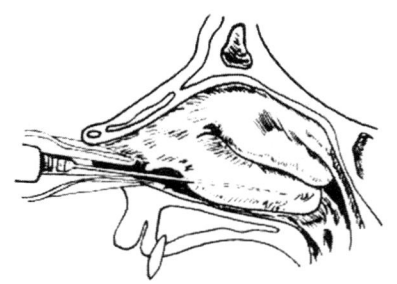
图6-1-1　下鼻甲硬化剂注射法

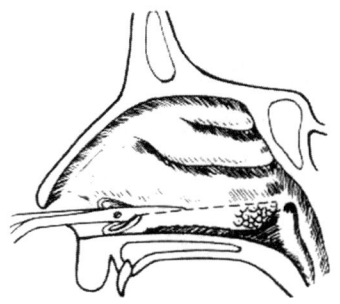
图6-1-2　下鼻甲部分切除术

3. 并发症的预防护理

(1)帮助患者、配合医生找出致病的因素,配合治疗护理。

(2)指导患者正确地擤鼻:紧压一侧鼻翼,轻轻擤出对侧鼻腔的鼻涕;或将鼻涕吸入咽部后吐出。切忌紧捏两侧鼻孔,用力擤鼻,以防引起鼻窦炎或中耳炎的发生。

(3)密切观察病情,及时向医生报告新的评估发现,以便配合医生及时处理。

4. 健康指导　向患者及家属介绍本病的预防措施,如戒除烟酒;提倡正确的擤鼻方法;锻炼身体,提高机体抵抗力;在有粉尘的工作环境中应戴口罩,气温急剧变化应注意降温或保暖;同时全社会都要重视环境保护与治理。

二、变应性鼻炎

> **案例分析**
>
> 患者,男性,25岁,频繁发作打喷嚏,流清涕,鼻塞2年余。伴有鼻痒鼻塞,每天发作多次,尤其以晨起时明显。既往有过敏性皮炎及血管神经性水肿病史。鼻腔检查:鼻腔黏膜苍白水肿,尤双侧下鼻甲较明显并可见大量水样鼻涕。
>
> 请分析:护理诊断考虑什么?如何护理?

变应性鼻炎是易感个体接触变应原后,主要由免疫球蛋白E(IgE)介导的发生于鼻黏膜的变态反应性疾病。一般又常称过敏性鼻炎,但不能简单地将变应性鼻炎就理解为过敏性鼻炎,过敏性鼻炎则泛指包括IgE和非IgE介导在内的鼻黏膜高反应性鼻病。变应性鼻炎临床上常分为常年性和季节性两种类型。

【护理评估】

(一)致病因素

1. 过敏性体质 患者有变态反应性疾病病史或家族史,如哮喘、荨麻疹、血管神经性水肿等。

2. 变应原刺激 常见变应原主要为吸入性变应原。引起季节性变应性鼻炎的变应原主要是植物花粉,如树木、野草和农作物花粉,故又称花粉症。引起常年性变应性鼻炎的变应原主要是与人起居密切相关的常年性变应原,如屋内外灰尘、螨虫、真菌、羽毛、棉絮及动物皮屑等。

> **重点提示**
>
> 应询问有无变态反应性疾病病史或家族史。主要病理变化表现为鼻黏膜水肿和嗜酸性粒细胞浸润,腺体分泌旺盛。反复发作可发展为息肉样变,甚至鼻息肉。

(二)临床表现

主要表现为阵发性连续性喷嚏,大量清水样鼻涕,伴有鼻塞、鼻痒,部分患者尚有嗅觉减退。前鼻镜检查见鼻黏膜水肿,呈苍白或浅蓝色。

(三)并发症

可并发变应性鼻窦炎、支气管哮喘、分泌性中耳炎、过敏性咽喉炎等。

(四)心理-社会状况

大气污染、空气中SO_2浓度增高,高浓度的SO_2可使某些颗粒产生较强的变应原性。患者缺乏有关变应性疾病的知识,心理紧张,情绪波动,影响工作和社交。

(五)辅助(实验室)检查

1. 皮肤试验:如使用标准变应原皮试液行皮内注射试验观察局部反应结果等。
2. 黏膜激发试验,如结膜、鼻腔黏膜激发试验等。
3. 鼻分泌物涂片发现大量嗜酸粒细胞。
4. 血清总IgE或变应原特异性IgE测定。

【护理诊断及医护合作性问题】

1. 清理呼吸道无效 与鼻黏膜水肿,分泌物增多有关。

2. 自我形象紊乱　与喷嚏、鼻分泌物过多有关。
3. 知识缺乏　缺乏有关防治变应性鼻炎的知识。
4. 潜在并发症　可引起变应性鼻窦炎、支气管哮喘、分泌性中耳炎、过敏性咽喉炎等。

【治疗及护理措施】
(一) 治疗要点
根据变应性鼻炎分类和程度,采取阶梯式治疗方法。
1. 非特异性治疗　包括使用减充血药、抗组胺药、肥大细胞稳定剂、糖皮质激素药物及中药治疗以及非特异性组胺脱敏治疗。
2. 特异性治疗
(1) 避免与变应原接触:此为最有效的治疗方法,花粉症患者在致敏花粉播散季节应避免外出或离开该区,但常年性变应性鼻炎的致敏物大多为常年存在的吸入性致敏原,常难以避免,故特异性治疗至关重要。
(2) 变应原特异性免疫治疗:通过注射特异性变应原纯化标准液,按逐渐递增剂量和浓度的方法,提高患者对致敏变应原的耐受能力,达到再次接触致敏原后症状明显减轻或不再发病的目的。
3. 手术治疗　非首选治疗,非手术治疗无效的反复发作患者可酌情考虑鼻内低温等离子消融术、鼻炎电疗仪、激光等治疗,必要时翼管神经切断术或蝶腭神经节封闭术等。

(二) 护理措施
1. 心理护理　患者情绪波动,心理紧张,影响工作和社交时,护士应向患者介绍有关变应性疾病的知识,做好解释和安慰,使患者情绪稳定。
2. 寻找变应原　帮助患者及家属分析产生变应性反应的原因,协助进行变应原皮肤试验,寻找变应原。明确后避免接触致敏原。
3. 按医嘱协助进行免疫疗法
(1) 特异性免疫疗法:用皮试阳性的相应变应原标准化浸液进行皮下注射,以适宜低浓度少量开始,逐渐增加浓度和剂量,经数月治疗后改为维持剂量,达到控制症状及体征。
(2) 非特异性组胺脱敏疗法。
4. 给药护理　根据医嘱给予合适药物,如抗组胺药氯苯那敏、氯雷他定等;膜细胞稳定剂如色甘酸钠;糖皮质激素多主张局部使用,常用制剂有丙酸倍氯米松气雾剂、布地奈德鼻喷剂、曲安奈德喷鼻剂,并密切观察药物的疗效。此外,中医中药如鼻炎水喷剂、中成药辛芩颗粒冲剂等也有一定疗效。
5. 密切观察　及时向医生报告新的评估发现,预防并发症的发生。
6. 健康指导
(1) 保持家庭的墙壁和家具清洁干燥;慎用地毯、羽毛被褥等;经常晒洗衣物被褥;搞卫生时宜戴口罩。
(2) 花粉症患者尽可能不接触致敏花草,避免花粉播散季节外出或远离播散区域。锄草时宜戴口罩。
(3) 加强锻炼,增强体质,适当使用免疫调节剂改善特应性体质,发现并避免接触已知变应原。

三、鼻 出 血

鼻出血为非独立的疾病,而是鼻腔、鼻窦及全身性疾病都可能出现的一个症状,是鼻科常见的急症。

【护理评估】

(一)致病因素

1. 局部病因　常见的局部病因有外伤、鼻中隔病变、鼻腔、鼻窦和鼻咽部炎症、肿瘤及鼻腔异物等。

2. 全身病因　如急性发热性传染病,心血管疾病,血液病,营养障碍或维生素缺乏,内分泌失调等。凡可引起动、静脉压增高,出、凝血功能障碍,血液成分或性质发生改变或血管脆性改变的全身性疾病均可能引起鼻出血。小儿及青少年鼻出血大多发生在利特尔区,易受外伤及干燥空气刺激,当黏膜损伤时易发生出血。中老年患者多见于下鼻道外侧壁后部鼻-鼻咽静脉丛出血,鼻中隔后部动脉性出血亦可见于老年人。

> **重点提示**
>
> 询问有无引起该病的有关局部、全身性疾病病史或家族史,有无遇到风沙或气候干燥时鼻出血史等。

(二)临床表现

局部原因引起者多为单侧出血,全身性疾病引起者可双侧或交替性出血。可因出血部位、程度及出血次数等伴有不同症状及体征;短时间内失血量达 500ml 时,可出现头晕、口渴、乏力、面色苍白;失血量在 500~1000ml 时,可出现出汗或无汗、血压下降、脉速而无力;若收缩压低于 80mmHg(10.7kPa),提示血容量已损失约 1/4,出现休克及重要脏器衰竭可能。长期反复出血或急性失血可导致贫血。

(三)心理-社会状况

患者及家属多紧张焦虑,尤其是反复大量出血者可有恐惧感。

(四)实验室检查

实验室检查包括血液分析及查血型,出、凝血时间,凝血酶原时间及其他相关检查。

【护理诊断及医护合作性问题】

1. 疼痛　由鼻腔填塞纱条所致。

2. 恐惧　与鼻腔大量出血有关。

3. 部分生活自理缺陷　与医嘱卧床有关。

4. 有体液不足的危险　与反复出血、出血量较多有关。

5. 有感染的危险　与鼻腔鼻窦外伤、纱条填塞时间较长有关。

6. 潜在并发症　与反复出血、出血量较多有关如失血性贫血或休克等。

【治疗及护理措施】

(一)治疗要点

1. 局部治疗

(1)简易方法:适合出血部位明确而量少者。包括指压法、前额颈部冷敷法、浸以1%麻黄碱或 0.1% 肾上腺素棉片局部填压暂时止血法。

(2) 烧灼止血法：适合反复少量出血且出血点明确者。化学或电烧灼方法、激光、微波、射频等凝固出血点组织，使血管封闭而达到止血目的。临床常用化学药物 30%~50% 硝酸银或 30% 三氯醋酸。

(3) 填塞法：适合出血部位较明确、出血较剧、渗血面积较大者。包括前鼻孔填塞法、后鼻孔填塞法；临床常用材料有明胶海绵、凡士林纱条、碘仿纱条等。

(4) 血管结扎法：适合于上述方法无效反复出血者。如颈外动脉结扎术或筛前动脉结扎术等。

(5) 鼻内镜下止血方法：该方法目前已广泛应用于临床，成熟有效，微创、痛苦少。

2. 全身治疗　酌情使用镇静药、止血药、抗生素、维生素等药物，必要时补液、输血、静脉输营养素等，应积极治疗原发病。

(二) 护理措施

护理原则：积极配合止血，查找病因，防治并发症。

1. 操作护理

(1) 少量出血者可行简易止血法，冷敷前额和后颈；用手指紧捏两侧鼻翼 10~15min；或用减充血药棉片塞入鼻腔暂时止血。

(2) 反复少量且能找到出血点者，可用化学药物烧灼法或电烧灼法及 YAG 激光等处理出血点组织达到止血目的。

(3) 对出血较剧、渗血面较大或出血部位不明者，迅速建立静脉通道，给予止血药、补液，并协助医师做好填塞止血如前、后鼻孔填塞法等。

(4) 必要时协助血管结扎术止血及做好围术期护理。

2. 心理护理　因患者情绪紧张和恐惧，故首先应予安慰和疏导，如说明紧张和恐惧可使血压升高，加重出血；指导患者使用放松技巧等，必要时遵医嘱使用镇静药。

3. 一般护理　患者一般取坐位或半卧位，疑有休克者应取平卧位。嘱患者勿将血液咽下，以免刺激胃肠道引起呕吐等不适。活动性出血的患者应绝对卧床休息。

4. 密切观察防治并发症护理　严密观察鼻腔填塞后或取出填塞物后是否仍有出血情况，监测体温及鼻漏性状；密切观察生命体征、神志、大便颜色及尿量，如发现面色苍白、四肢厥冷、心率加快、血压下降等现象，及时通知医生并协助处理。

5. 健康指导

(1) 饮食：给以高热量、营养丰富、易消化的饮食，治疗期间鼓励患者进冷食或温食，以半流食为主。

(2) 保持口腔清洁卫生，加强口腔护理。

(3) 避免鼻出血局部或全身致病因素，教会患者及家属简单预防及止血方法。

四、化脓性鼻窦炎

> **案例分析**
>
> 病例 1：患者，男性，16 岁，受凉后出现发热头痛、鼻塞、流脓涕 2 周余，早晨起床后逐渐加重，伴有嗅觉减退、疲倦。鼻腔检查：双侧鼻腔黏膜急性充血肿胀，以中鼻甲最为明显，中鼻

道有脓性分泌物,CT摄片示双上颌窦窦壁黏膜增厚,双侧窦腔内见液平面。

请分析:护理诊断考虑什么?如何护理?

病例2:患者,男性,12岁,长期头闷痛、鼻塞、多脓涕1年余,伴疲倦乏力、嗅觉减退,天气变化时极易感冒。检查:双侧鼻腔黏膜慢性充血肿胀,呈紫红色,以下鼻甲、中鼻甲最明显,中鼻道内有黄绿色脓性分泌物,两侧面颊尖牙窝有压痛。

请分析:该患者护理诊断是什么?进一步进行哪些检查?如何护理?

化脓性鼻窦炎是鼻窦黏膜的急性或慢性化脓性炎症,为鼻窦常见病、多发病之一,严重者可累及骨质,并可引起周围组织及邻近器官的并发症。常为多窦同时受累,凡双侧各鼻窦均受累者称为全鼻窦炎。可分为急性和慢性鼻窦炎。一般症状持续时间在12周以内,多与鼻炎同时存在,也常称急性鼻-鼻窦炎。

【护理评估】

(一)致病因素

急性化脓性鼻窦炎的病因主要包括局部病因和全身病因两大类。

1. 局部病因

(1)鼻腔疾病,如急、慢性鼻炎,变应性鼻炎,鼻中隔偏曲,鼻息肉,鼻腔肿瘤等可阻塞鼻道,妨碍鼻窦通气引流。

(2)邻近器官的感染病灶,如扁桃体炎、腺样体肥大、牙根尖感染等。

(3)直接感染,如鼻窦外伤骨折、游泳跳水不当或游泳后用力擤鼻不当。

(4)气压创伤,因高空跳伞飞行等不当引起窦腔负压急剧变化所致。

2. 全身病因　多因全身系统性疾病导致全身抵抗力下降所致,如上呼吸道感染、变态反应疾病、内分泌疾病、急性传染病等。

慢性化脓性鼻窦炎多因急性鼻窦炎反复发作迁延不愈,窦口引流不畅所致。牙源性上颌窦炎和部分筛窦炎可呈慢性起病。此外,特应性体质及变应性鼻炎与本病关系密切,其他病因同急性鼻窦炎。

临床上以上颌窦发病率最高,因其窦口高、窦底低、窦腔最大,一旦发炎化脓,引流不畅,易于积脓。其次为筛窦,再次为额窦,蝶窦发病率最低。

重点提示

询问有无引起急、慢性化脓性鼻窦炎的局部或全身病史,急性鼻窦炎反复发作史,全身慢性疾病史及变应性因素等。一般症状持续时间在12周以上,并伴有鼻炎者,为慢性鼻-鼻窦炎。

(二)临床表现

1. 急性化脓性鼻窦炎症状　全身症状与急性鼻炎相似或加重,表现为畏寒、发热、食欲缺乏、便秘、全身不适等。小儿症状较成年人重,可出现高热、咳嗽,甚至出现呕吐、抽搐等。局部症状以鼻塞、多脓涕和头痛为主。

(1)鼻塞:多为持续性,由于鼻黏膜充血肿胀及分泌物积蓄所致。鼻塞可致嗅觉暂时性减退或丧失,尤以筛窦炎或蝶窦炎明显。

（2）多脓涕：大量黏脓性或脓性鼻涕，难以擤尽，或觉"多痰"，也可伴有少许血性脓涕。牙源性上颌窦炎者脓涕恶臭。

（3）头痛：为急性鼻窦炎最常见的症状。各组鼻窦炎的头痛各有特点。①急性上颌窦炎：可伴有同侧面颊部胀痛或上列磨牙痛。晨起轻，午后加重。②急性额窦炎：前额部剧痛，具有明显的周期性，晨起时即感头痛，逐渐加重，中午最烈，午后减轻，晚间消失。炎症未愈，每日则以同样规律周而复始地持续。③急性筛窦炎：一般头痛较轻，局限于内眦或鼻根部，可放射至头顶部，有时可为眼球后方疼痛，转动眼球或按压眼球时疼痛加重。一般晨起渐重，午后转轻。前组疼痛特点及时间规律如急性额窦炎，后组与急性蝶窦炎相似。④急性蝶窦炎：颅底或眼球深部钝痛，可放射至头顶及耳后或枕部疼痛。早晨轻，午后加重。

2. 慢性化脓性鼻窦炎症状　全身症状一般较轻，可表现为精神不振，头晕易倦，注意力不集中及记忆力减退等。局部症状与急性化脓性鼻窦炎相似，主要表现为鼻塞、流脓涕，亦可有头痛和嗅觉障碍等。头痛一般较轻，表现为钝痛、闷痛，且随鼻部症状加重或减轻。嗅觉障碍表现为嗅觉减退，甚至失嗅，多属暂时性。

3. 急性化脓性鼻窦炎体征　急性上颌窦炎患侧颌面红肿、压痛；急性筛窦炎鼻根部及内眦红肿压痛；急性额窦炎则表现为前额部红肿，眶内上角压痛及额窦前壁叩痛。前鼻镜检查见鼻腔黏膜肿胀，大量黏脓或脓性分泌物，可见中鼻道或嗅裂沟上鼻道积脓。

4. 慢性化脓性鼻窦炎体征　鼻黏膜慢性充血、肿胀或肥厚，中鼻甲或筛泡肥大及息肉样变，可伴发鼻息肉。前组鼻窦炎患者中鼻道可见脓性分泌物，后组鼻窦炎可在嗅沟、后鼻孔或鼻咽部有脓性分泌物。鼻窦内镜检查可观察窦口鼻道复合体区域的各种病理改变。

（三）并发症

急、慢性鼻窦炎可引起咽和扁桃体炎症；致病菌直接蔓延，或经淋巴循环侵入可引起喉炎、气管炎和支气管炎；反复发作的鼻窦炎常可引起中耳炎，还可引起眶内和颅内感染。由于诊断技术的进步和抗生素类药物的广泛应用，近年来并发症已较少见。

（四）辅助检查

1. 血液检查　急性者白细胞总数升高，中性粒细胞增多。

2. 鼻窦影像学检查　X线片、CT、MRI提示鼻窦黏膜增厚，窦腔密度增高。急性上颌窦炎偶可见液平面。慢性上颌窦炎者X线平片可显示窦内黏膜增厚，窦腔密度增高，液平面或息肉阴影等。鼻窦冠状位或轴位CT扫描，可清楚显示窦口鼻道复合体及各鼻窦的病变。

（五）心理-社会状况

生活与工作环境污染严重也是诱发本病的因素。慢性病者可导致学习成绩下降，工作效率降低，心理抑郁，社交欠活跃等。

【护理诊断及医护合作性问题】

1. 急性、慢性疼痛　由鼻窦黏膜炎症、分泌物潴留及窦口引流不畅引起。与细菌毒素吸收引起的脓毒性头痛或窦口阻塞引起的真空性头痛有关。

2. 清理呼吸道无效　与鼻黏膜充血肿大鼻塞、多脓涕有关。

3. 感知改变　嗅觉减退或消失，因鼻黏膜肿胀、肥厚或嗅器变性所致。

4. 潜在并发症　咽和扁桃体炎、喉炎、气管炎和支气管炎、中耳炎，与机体抵抗力降低及鼻窦炎症扩散有关。也与上颌窦穿刺、鼻窦内镜手术后伤口出血或损伤周围组织和器官有关。

5. 焦虑　由鼻窦手术可能损伤邻近器官或组织引起。

【治疗及护理措施】

(一) 急性患者

1. 治疗要点

(1) 局部治疗

1) 鼻内用减充血药和糖皮质激素。

2) 体位引流:视各组鼻窦而定。

3) 物理治疗:局部热敷、超短波透热或红外线照射等。

4) 鼻腔冲洗:参考护理相关实训操作。

(2) 全身治疗

1) 使用足量有效抗生素控制感染。

2) 特应性体质患者如变应性鼻炎、哮喘者使用抗变态反应药物。

3) 全身慢性疾病或邻近感染病变如牙源性上颌窦炎等,宜针对性治疗如甲硝唑和替硝唑协同抗感染。

2. 护理措施

(1) 按医嘱给药:及时足量全身使用有效抗生素,并密切观察抗感染效果。局部用药基本同急性鼻炎。

(2) 疼痛护理:评估患者疼痛的程度,给予支持与安慰;教会患者及家属有关减轻疼痛的方法,如皮肤刺激法、松弛法、自我暗示法、呼吸控制法、音乐疗法、注意力分散法、引导想象法等。

(3) 一般护理:嘱患者多饮水,注意休息,吃易消化食物,保持大便通畅。

(4) 操作护理:重点提示上颌窦穿刺冲洗术既可用于诊断,又可用于治疗。应在全身症状消退及抗生素控制下进行。若有脓液应做细菌培养和药敏试验,以便进一步治疗。冲洗结束后可向窦内注入抗生素和糖皮质激素混合液。

(5) 物理疗法:局部热敷,超短波透热或红外线照射,促进炎症消退,改善局部症状。

(6) 健康指导:指导患者正确擤鼻,预防并发症。积极锻炼,增强体质,预防感冒。

(二) 慢性患者

1. 治疗要点

(1) 局部治疗

1) 鼻内用减充血药和糖皮质激素以改善鼻腔通气和鼻道引流。

2) 鼻腔冲洗或上颌窦穿刺冲洗。

3) 负压置换疗法参考有关护理实训操作。适合额窦、筛窦、蝶窦炎,也最适宜于慢性全鼻窦炎者。

(2) 全身治疗:酌情选用抗生素及抗变态反应药。

(3) 手术治疗:包括鼻腔手术和鼻窦手术。前者如中隔偏曲、中鼻甲息肉样变、鼻息肉、肥厚性鼻炎等是窦口鼻道复合体阻塞的原因,应手术矫正或切除。后者包括传统手术如上颌窦根治术和筛窦开放术以及现代功能性鼻内镜鼻窦手术,已成为慢性鼻窦炎治疗的主要手术方式。

2. 护理措施

(1) 心理护理:患者常担心鼻窦手术可能损伤邻近组织或器官而心情焦虑。护士应勤巡视病房,体贴患者,鼓励说出心中不安,给予安慰和解释;耐心给患者讲解关于鼻窦疾病的知识及鼻内镜手术前后的注意事项,以解除其思想负担。

(2)鼻部滴药护理:按医嘱给予减充血药,如1%麻黄碱。可加入适当的糖皮质激素和恢复鼻黏膜活性的药物如三磷腺苷、溶菌酶等。

(3)根据患者不同情况提供护理:①慢性上颌窦炎患者可行上颌窦穿刺冲洗。②额窦炎、筛窦炎和蝶窦炎患者可行鼻窦负压置换疗法(图6-1-3),具体方法见有关护理实训章节。③对拟行手术治疗者(如经典鼻窦手术、现代鼻内镜手术等),做好围术期护理,减轻患者焦虑,减少手术引起的不适,避免手术并发症。

> **重点提示**
>
> 诊断化脓性上颌窦炎最有价值的是上颌窦穿刺冲洗有脓。化脓性上颌窦炎属于渗出性炎症,上颌窦穿刺冲洗抽出脓液是反映上颌窦炎渗出性病变的直接证据。

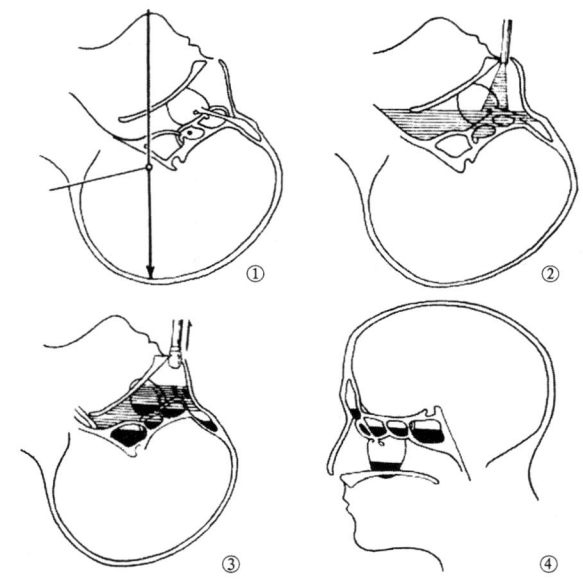

图6-1-3 鼻窦负压置换疗法
①头位;②滴药;③封闭鼻咽,负压吸引;④患者起立,药液留鼻窦内

(4)健康指导:对患者及其家属、社区相关人群进行专病知识宣讲,积极预防和根治急慢性鼻窦炎。

讨论与思考

1. 慢性鼻炎的分型及鉴别要点有哪些?
2. 何谓变应性鼻炎?护理要点有哪些?
3. 急性鼻窦炎各组头痛特点及时间规律怎样?
4. 鼻出血如何进行护理及健康指导?

第二节 咽部疾病患者的护理

一、慢性咽炎

慢性咽炎是咽部黏膜、黏膜下组织及淋巴组织的慢性弥漫性炎症,常为上呼吸道慢性炎症的一部分。有时病程很长,症状顽固,久治不愈。

【护理评估】

(一)致病因素

1. 局部因素

(1)急性咽炎反复发作而转为慢性。

(2)患有鼻腔疾病,导致长期张口呼吸及鼻涕后流,经常刺激咽部;或受慢性扁桃体炎、龋齿等影响。

(3)长期烟酒过度或受粉尘和有害气体的刺激等。

2. 全身因素　各种慢性疾病,如贫血、便秘、下呼吸道慢性炎症(如慢性气管支气管炎、肺源性心脏病等)可继发本病。

> **重点提示**
>
> 有无急性鼻炎反复发作史,有无烟酒等不良嗜好,有无理化因素的反复长期刺激,有无咽部邻近组织器官的慢性炎症病灶,需特别注意性格特征,应详细询问患者有无严重情绪波动的病史。

(二)临床表现

1. 症状　咽部可有各种不适感受,如异物感、干燥、发痒、灼热、微痛等。分泌物或多或少,但黏稠,常附于咽后壁。因分泌物的刺激,可引起刺激性咳嗽。晨起用力咳出分泌物时,甚或恶心、呕吐。全身症状多不明显。

2. 体征　①单纯性咽炎:咽黏膜呈慢性充血,血管扩张,色暗红,有时附有少量黏稠分泌物,淋巴组织肿胀或轻度增生,黏液腺肥大,分泌亢进。②肥厚性咽炎:咽黏膜肥厚,慢性充血,咽后壁淋巴滤泡显著增生,呈丘状隆起或融合成块,咽侧索呈条索状增厚。

(三)心理-社会状况

慢性咽炎患者会因为咽部不适、异物感久治不愈而产生焦虑、烦躁,甚至产生恐癌心理,常表现为求医心切、失眠、多疑、到处诊治。

【护理诊断及医护合作性问题】

1. 疼痛　咽部轻微灼痛,因慢性咽炎所致。

2. 焦虑　与长期不愈的咽部异物感有关。

3. 知识缺乏　与缺乏咽部炎症防治常识和迫切希望治愈的烦躁情绪有关。

【治疗与护理措施】

(一)治疗要点

1. 病因治疗　戒烟酒,改善生活和工作环境,积极治疗急性咽炎、急慢性扁桃体炎、牙周炎、呼吸道慢性炎症及其他全身性疾病。

2. 局部治疗　①单纯性咽炎:漱口液复方硼砂溶液含漱或使用银黄含片、薄荷含片等。②肥厚性咽炎:除上述方法外,还可使用 YAG 激光、冷冻或微波等方法治疗。

3. 中医中药　中医认为该病属脏腑阴虚、虚火上扰,治疗宜滋阴清热,常用中成药草珊瑚含片,西瓜霜含片及牛黄解毒片、六神丸、咽速康喷剂等。

(二) 护理措施

1. 心理护理　耐心向患者解释病情,告诉其疾病的发生发展以及转归过程,尽快解除其焦虑、烦躁或恐惧心理,以利于康复。

2. 对症护理　按医嘱嘱患者进清淡饮食,避免烟酒及辛辣食物刺激,经常复方硼酸液含漱,清除咽部分泌物。也可使用咽含片治疗,必要时加用止咳化痰制剂。

3. 配合病因治疗护理及健康指导　建议戒烟酒、忌辛辣刺激性不良因素;改善生活和工作环境,避免室内外空气污染;积极锻炼,增强体质,提高抗病能力;积极防治急性咽炎反复发作及全身或邻近相关慢性病。

二、扁桃体炎

> **案例分析**
>
> 患者,男性,25 岁,因发热、咽痛、吞咽时加重 3d 入院。查体:体温 39℃,脉搏 120 次/分,呼吸 30 次/分,血压 110/80mmHg。急性痛苦面容,咽部黏膜明显充血,双侧扁桃体Ⅱ度肿大,表面凹凸不平,隐窝口黄白色脓点,易拭去。心率 120 次/分,律齐,无杂音。血常规提示白细胞总数 $15×10^9$/L,中性粒细胞 0.84,有核左移现象。
>
> 请分析:该患者护理诊断是什么?如何护理?

扁桃体炎为腭扁桃体的非特异性炎症,临床上可分为急性扁桃体炎和慢性扁桃体炎,是极为常见的咽部疾病。

【护理评估】

(一) 致病因素

急性扁桃体炎主要致病菌为乙型溶血性链球菌;葡萄球菌、肺炎双球菌和腺病毒也可引起本病,牙源性致病因素常有厌氧菌合并感染,也常有细菌与病毒混合感染。当受凉、潮湿、过度劳累、烟酒过度等诱发因素影响下抵抗力下降时,存于咽部和扁桃体隐窝内的病原菌生长繁殖,使扁桃体发生感染。

慢性扁桃体炎发病机制尚不清楚,可能由急性扁桃体炎反复发作或因引流不畅、隐窝内致病菌滋生感染而演变为慢性炎症。近年来免疫学说认为,自身变态反应是引起慢性扁桃体炎的重要因素之一。积聚在扁桃体内的病原微生物与扁桃体长期接触,可引起复合的变态反应,对扁桃体损害,易发生感染。

> **重点提示**
>
> 注意询问患者的工作和生活环境及既往病史,了解其饮食习惯,有无理化因素的长期刺激,有无上呼吸道的慢性炎症病史。

(二) 临床表现

1. **急性扁桃体炎** 临床上可分为急性卡他性和急性化脓性扁桃体炎两种类型。

(1) 急性卡他性扁桃体炎：病变较轻，扁桃体表面黏膜充血，隐窝及扁桃体实质无明显炎症改变。有咽痛、低热和其他轻度全身症状。检查可见扁桃体及腭舌弓腭咽弓黏膜充血肿胀，扁桃体实质不同程度肿大，表面无或部分渗出物，但无脓性分泌物。

(2) 急性化脓性扁桃体炎：起病较急，炎症始于隐窝，继而进入扁桃体实质。局部和全身症状较重，咽痛剧烈，常放射到耳部，可伴吞咽困难。全身症状有高热、恶寒、食欲缺乏、乏力、关节酸痛及全身不适。儿童患者可因高热出现抽搐、惊厥、全身中毒等症状。检查见扁桃体明显肿大、充血，隐窝口或扁桃体表面有黄白色豆渣样渗出物，并可融合成片状假膜，可有颌下淋巴结肿大。

2. **慢性扁桃体炎** 特点为常有反复急性发作病史，而平时多无明显自觉症状。有时咽干、发痒、异物感、刺激性咳嗽、口臭等。如扁桃体过度肥大，可能出现呼吸、吞咽或语言共鸣障碍。检查可见扁桃体慢性充血，用压舌板挤压腭舌弓时，隐窝口有时可见黄白色干酪样物点状溢出，扁桃体为不同程度肿大、瘢痕，常有下颌角淋巴结慢性肿大。

> **重点提示**
>
> 扁桃体肿大的分度：Ⅰ度是指扁桃体肿大超过腭舌弓未超腭咽弓；Ⅱ度是指扁桃体肿大超过腭咽弓达咽旁线；Ⅲ度是指扁桃体肿大超过咽旁线接近或达到咽中线。

(三) 并发症

急性扁桃体炎可引起扁桃体周围脓肿、急性中耳炎、急性咽炎、急性喉炎、风湿热、急性肾炎、急性关节炎、急性心肌炎、急性心内膜炎等。

慢性病灶性扁桃体炎可因扁桃体隐窝内病原微生物的影响而发生变态反应，产生各种并发症，如风湿性关节炎、风湿热、风湿性心脏病、肾炎、虹膜睫状体炎和低热等。

(四) 心理-社会状况

急慢性扁桃体炎导致局部或全身并发症，常可使患者健康受损，不同程度地影响其生活、工作和学习。其并发症危害甚至超过原发病危害，故该类患者对可能发生的这些疾病或可能进行的扁桃体切除术产生恐惧心理。

(五) 辅助检查

急性化脓性扁桃体炎时，血液检查白细胞总数和中性粒细胞常增多。细菌培养和药敏试验有助于查明病原微生物和选用抗生素。慢性扁桃体炎必要时辅以实验室检查，如红细胞沉降率、抗链球菌溶血素"O"及心电图等特殊检查。

【护理诊断及医护合作性问题】

1. **疼痛和吞咽障碍** 因急性扁桃体炎引起。
2. **体温过高** 由急性化脓性扁桃体炎引起。
3. **恐惧** 与慢性扁桃体炎引起的并发症和扁桃体切除术有关。
4. **潜在并发症** 扁桃体周围脓肿、急性中耳炎、急性咽炎或喉炎、急性心肌炎、急性心内膜炎、关节炎、风湿热、风湿性心脏病、肾炎，由感染蔓延或自身变态反应引起。
5. **知识缺乏** 与不了解扁桃体摘除手术前准备内容及有关手术方面知识有关。

6. 有出血的危险　与扁桃体切除手术有关。

【治疗与护理措施】

(一) 治疗要点

1. 抗感染治疗　根据不同类型使用抗病毒药物和抗生素,急性卡他性扁桃体炎可使用利巴韦林(病毒唑)和聚肌胞、炎琥宁等针剂,急慢性化脓性扁桃体炎可首选青霉素类药物,视病情轻重决定给药途径。

2. 对症治疗　高热或咽痛剧烈者可口服解热镇痛药。

3. 局部治疗　常用含漱剂清洁口咽,西地碘(华素片)等含片含服。

4. 手术治疗　对慢性扁桃体炎有手术适应证无禁忌证者可施行扁桃体切除术。

(二) 护理措施

1. 急性扁桃体炎的护理

(1) 一般护理:注意休息,多饮水,通大便;进易消化、营养丰富的流质或半流饮食;做好咽部、口腔护理,一般每日2~3次,可用漱口溶液含漱,如复方硼酸溶液、0.02%呋喃西林溶液等。

(2) 抗感染及对症护理:遵医嘱给予抗病毒或抗菌消炎药,辅以解热镇痛等对症治疗措施;遵医嘱指导患者做好局部漱口、咽含片含化、雾化治疗;对高热患者冰袋冷敷、乙醇拭浴等物理降温。

(3) 健康指导:进行专病宣传教育,痊愈后建议患者加强锻炼,增强体质,预防复发。

2. 慢性扁桃体炎的护理

(1) 非手术疗法:①遵医嘱注射有脱敏作用的灭活细菌制剂以及各种免疫调节剂,如注射胎盘球蛋白、转移因子等。②冲洗扁桃体隐窝,清除隐窝内积存物,减少细菌繁殖的机会。

(2) 手术疗法:施行扁桃体切除术(图6-2-1)及做好围术期护理。

①术前护理:向患者及家属介绍疾病的有关知识、手术方式、麻醉方式、安全性、手术大约所需时间及术前各项准备的内容与术后注意事项。a. 介绍术前常规检查内容及目的;b. 术前签手术文书;c. 保持口腔清洁,术前用复方硼酸溶液漱口;d. 术前8h禁食,手术前夜给予适量镇静药,使其安睡;e. 术前半小时给适量阿托品和地西泮肌内注射;f. 嘱术前注意预防感冒,戒烟戒酒,并讲述其意义;为防止术后痰多、咳嗽影响伤口愈合;g. 告诉术后当日可进冷流食,应准备一些冰块、冰激凌等;术后1~3d进流食、半流食,1周后进软食,禁止吃过热、粗糙、坚硬、辛辣和酸性食物;2周后进普食。

②术后护理:a. 体位。局部麻醉患者术后取半卧位,全身麻醉者清醒前应取半俯卧位,头部稍低,颈部可用冰袋冷敷。b. 观察。嘱患者不要将口内分泌物咽下,如持续口吐鲜血,则提示创面有活动性出血,应立即报告医生,采取适当止血措施;全身麻醉儿童如不断做吞咽动作,提示可能将血液咽下,应立即检查,及时止血;术后6h创面即有白膜形成,术后24h扁桃体隐窝已完全覆以白膜,对创面具有保护作用;白膜于术后10d内逐渐脱落。c. 咽部、口腔护理。术后第2天开始应用复方硼酸液漱口,以保持局部清洁。d. 术后预防性抗感染或发现创面有感染征象可加用抗生素。e. 术后6h如无出血,可进冷流食,术后第2天如创面白膜均匀完整,可进半流质饮食。f. 术后咽痛必要时遵医嘱给予镇痛药,观察并记录疗效。

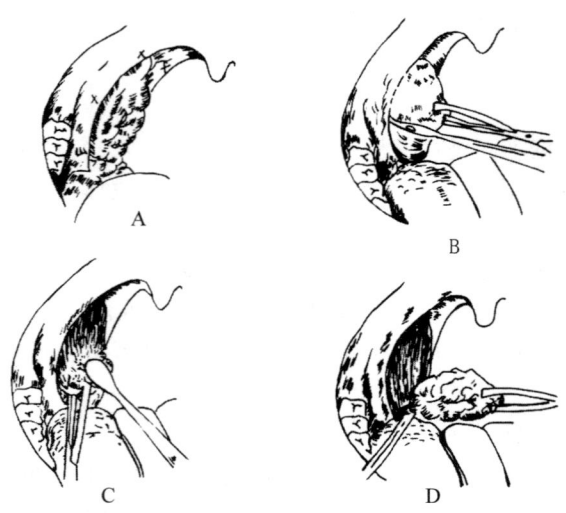

图 6-2-1　扁桃体切除术（剥离法）
A.麻醉注射点；B.切口；C.剥离；D.切除

三、阻塞性睡眠呼吸暂停低通气综合征

> **案例分析**
>
> 患者，男性，48岁，发现夜间睡眠时呼吸暂停现象4年，白天明显嗜睡乏力，在驾驶室曾出现入睡现象。近来发现高血压2年余，药物治疗未能彻底控制；既往有打鼾史6年。有高血压家族史。查体：血压160/105mmHg(21.3/14kPa)，体重90kg，身高170cm，双侧扁桃体Ⅱ度肿大，舌根部肥厚，口咽部明显狭窄，鼻腔检查见双侧下鼻甲肥厚，鼻腔狭窄。
>
> 请分析：该患者护理诊断是什么？护理要点有哪些？

阻塞性睡眠呼吸暂停低通气综合征(obstructive sleep apnea-hypopnea syndrome, OSAHS)是一种睡眠障碍性疾病，是指患者上气道塌陷阻塞引起的呼吸暂停和通气不足的缺氧综合征。泛指在7h夜间睡眠时间内，成人至少有30次呼吸暂停或低通气，且每次暂停口、鼻气流中断至少10s以上，儿童20s以上；或呼吸暂停低通气指数（平均每小时睡眠中呼吸暂停和低通气平均次数）≥5次/小时。呼吸时气流是否能畅通地进入气管、支气管及肺泡完成气体交换，上呼吸道咽部起着关键性作用。上呼吸道任何解剖部位的狭窄或堵塞，都可能引起该病。

> **重点提示**
>
> BMI是body mass index的缩写，BMI中文是"体重指数"的意思，是根据身高体重计算出来的。BMI是世界公认的一种评定肥胖程度的分级方法，世界卫生组织(WHO)也使用BMI对肥胖或超重进行定义。身高体重指数这个概念，是由19世纪中期的比利时通才凯特勒最先提出。其定义如下：
>
> 体重指数(BMI) = 体重(kg) ÷ 身高^2(m)
>
> 例如：$70 \div (1.75 \times 1.75) = 22.86(kg/m^2)$

即一个人的身高若为1.75m,体重68kg,计算他的BMI=68/(1.75^2)=22.2(kg/m^2)。当BMI为18.5~23.9kg/m^2时属正常。

BMI是与体内脂肪总量密切相关的指标,该指标考虑了体重和身高两个因素。BMI简单、实用、可反映全身性超重和肥胖。在测量身体因超重而面临心脏病、高血压等风险时,比单纯地以体重来认定,更具准确性。由于存在误差,所以BMI只能作为评估个人体重和健康状况的多项标准之一。

【护理评估】

(一) 致病因素

尚不甚清楚,目前认为与以下因素有关。

1. 解剖因素 咽三部(鼻咽部、口咽部、喉咽部)狭窄,鼻腔、鼻咽部狭窄或闭锁,鼻中隔偏曲,鼻息肉,肥厚性鼻炎,鼻腔或鼻咽部肿瘤,腺样体及扁桃体肥大,咽肌麻痹,舌体肥大,会厌塌陷,喉肿物、上下颌骨发育障碍等。

2. 肥胖因素 肥胖者常由于舌体肥厚,咽部脂肪增多,致上气道狭窄而致病。

3. 内分泌紊乱 如甲状腺功能减退症引起黏液性水肿、女性绝经期后的内分泌功能失调、肢端肥大症伴舌体肥大等。

4. 老年性因素 组织松弛,肌张力异常和下降,导致咽壁松弛、塌陷而引起打鼾或OSAHS。

5. 其他 遗传、饮酒、药物等因素。

> **重点提示**
> 注意了解患者的身体状况、饮食、生活习惯、运动情况及家族中有无肥胖症和鼾症患者。

(二) 临床表现

(1) 打鼾:患者鼾声如雷,响度超过60dB,严重影响同室他人睡眠。而打鼾呼吸暂停或低通气等症状,醒后本人可能不知。

> **重点提示**
> WHO制定的噪声标准:寝室标准20~25dB;生活居室标准30~60dB;工厂标准70~75dB。

(2) 呼吸暂停及通气不足:睡眠时患者发生频繁呼吸暂停或低通气,每7h夜间睡眠发生30次以上,每次持续10s或以上。屡被憋醒,憋醒时用力呼吸,胸腹部隆起,肢体不自主骚动。早期病例憋气多与睡眠姿势有关,常发生于仰卧位,侧卧时减轻或消失。

(3) 常有晨起头痛、倦怠、白天过度嗜睡(与他人交谈时不自觉入睡)、记忆力下降、注意力不集中、工作效率低、行为怪异等。

(4) 心血管并发症:如心律失常、高血压病、心绞痛、心肌梗死、严重者出现右侧心力衰竭。

(5) 其他:如加重肥胖,本病患者大多食欲好,尤喜油腻食物;加之白天嗜睡活动量少,因此,70%的患者属肥胖体型。常可伴有躁动、多梦、遗尿等症状。长期张口呼吸可引起口咽干燥,易并发干燥性咽炎;可引起血氧饱和度下降等一系列病理、生理的改变,严重时(SaO_2<65%)可出现缺血性脑卒中、呼吸衰竭甚至猝死。

（三）辅助检查

（1）多导睡眠描记仪(PSG):可对OSAHS患者进行整夜连续的睡眠观察和监测。该设备除了心电监护和肺功能测试外,还可自动记录眼动电图、脑电图、肌电图、血氧饱和度、口鼻气流腹式呼吸等。通过对记录的分析,了解患者睡眠时机体的变化,以确定睡眠呼吸暂停低通气的性质和程度。是诊断OSAHS的金标准。

（2）内镜检查:间接鼻咽镜、纤维鼻咽喉镜、鼻内镜等检查,有助于明确上呼吸道障碍（狭窄、塌陷、阻塞)的原因、病变部位、性质及阻塞等程度。

（3）影像学检查:头颅X线摄片、CT扫描或MRI检查,可进一步明确上呼吸道阻塞部位和程度。

（四）心理-社会状况

（1）患者夜间鼾声如雷,干扰他人睡眠,不得不单独居住,尽量回避与他人同宿。

（2）严重患者常有性格改变,如性情暴躁、多疑、忌妒、沮丧等,因此常影响人际关系。

（3）白天嗜睡,精神不振,工作效率低,若是从事精细或危险作业易发生事故。

（4）频发呼吸暂停或通气不足,常使家属为其担忧。严重者,其家属整夜守在身旁,不得不反复将其唤醒。

（5）该病为一潜在威胁生命的疾病,尚未被人们所充分认识,因此,许多患者及其家属对于治疗及护理并不持积极态度,有待认识明显提高和重视。

【护理诊断及医护合作性问题】

1. 睡眠型态紊乱　打鼾、憋气,与上呼吸道阻塞性病变有关。
2. 有窒息的危险　与呼吸暂停和通气不足导致缺氧等有关。
3. 社交孤立　与鼾声干扰他人休息及性格改变有关。
4. 潜在并发症　与呼吸暂停和通气不足导致缺氧等有关。
5. 知识缺乏　与不了解疾病的严重性、如何防治及科普宣传教育不够有关。

【治疗与护理措施】

（一）治疗要点

1. 非手术治疗

（1）一般治疗:如减肥、戒烟酒、建立侧卧位睡眠习惯。

（2）内科治疗:持续正压通气治疗(CPAP),是目前应用较为广泛且有效方法之一;也可应用口舌保护器治疗。

2. 手术治疗　明确病因,符合手术适应证排除禁忌证者可行如鼻息肉摘除术,鼻中隔偏曲矫正术,扁桃体、腺样体切除术和腭垂腭咽成形术(UPPP)或改良腭垂腭咽成形术(H-UPPP)等。

（二）护理措施

1. 非手术治疗配合护理

（1）提供最佳入睡环境:最好安排单人病房,以免影响其他患者的睡眠及休息。

（2）减肥:建议制订合理减肥计划和规定饮食、合理药物使用。适当增加有氧运动和体力活动,减少或规定摄入量。

(3) 忌饮酒:乙醇可使肌肉松弛和肌张力降低,因而可使睡眠呼吸暂停低通气加重。

(4) 调整睡眠姿势:建议尽量采用侧卧位,借以减轻呼吸暂停低通气和鼾声。

(5) 安放舌保护器:患者于睡眠前可将舌保护器放入口中,使舌体保持轻度前置位,以增加咽腔前后径距离,减轻上呼吸道阻塞症状。

(6) 鼻腔持续正压通气:正压呼吸机的使用,睡眠时通过密闭面罩将正压空气送入气道以纠正缺氧。空气流速调至 100L/min,压力维持在 $4\sim20cmH_2O(0.392\sim1.96kPa)$。

(7) 加强监测:定期测量血压,密切观察呼吸情况,加强夜间尤其凌晨巡视,若患者憋气时间过长,应将其推醒,防止发生频繁呼吸暂停或猝死。

2. 手术护理　多数患者需手术治疗,因此,做好围术期护理很重要。

(1) 术前护理:讲解手术方式、过程、效果,术前、后注意事项及配合要点。可参照扁桃体切除术前护理措施。

(2) 术后护理:由于鼻息肉、鼻中隔偏曲、扁桃体肥大、腺样体肥大、鼻咽部肿瘤等疾病引起的 OSAHS 所施行的治疗原发病手术,术后护理同上述疾病术后常规护理。对软腭和腭垂过长、增厚,咽部软组织增多,咽腔明显狭窄而行 UPPP 或腭咽成形术(PPP)或 H-UPPP 的患者,术后护理注意。①一般护理。参照扁桃体切除术后饮食。一般宜半卧位,床边备好吸引器吸除患者咽部或吐出的血性分泌物。②术后软腭暂时性功能障碍处理。个别患者进食时可发生暂时性食物自鼻腔呛出,应嘱患者取坐位或半坐位进食,少食多餐,并消除进食时的紧张心理。③咽部、口腔护理。保持口腔卫生,手术次日可用朵贝尔液漱口。④对症支持护理。术后咽痛及吞咽困难明显者,可适当给予镇痛药;咳嗽较剧者,按医嘱给予镇咳药,以利伤口愈合和减少出血。⑤个别严重患者处理。先行气管切开术后二期再行 UPPP 或 H-UPPP 手术者,术后还应按气管切开术后常规护理。⑥密切观察病情。监测生命体征,对伴有高血压患者应及时按医嘱给予降压药,以控制血压,并酌情给予止血药,吐血较多者,应考虑伤口活动性出血,要及时报告医生协助采取止血措施。因术后可能引起局部反应性水肿,导致咽腔狭窄而发生呼吸困难,甚至窒息可能者,一旦发现及时向医生汇报协助采取抢救措施。⑦用药护理。酌情按医嘱给予抗生素和糖皮质激素等药物治疗。

3. 健康指导　对患者及相关人群进行有关 OSAHS 的医疗常识宣传教育,使其获得防治知识,消除紧张和恐惧心理。提高人们对该疾病的认识,早发现、早诊断、早治疗,预防并发症,提高生存质量。

四、鼻 咽 癌

鼻咽癌是我国多发恶性肿瘤之一,在广东、广西、湖南、福建等地高发。在我国头颈部恶性肿瘤中,鼻咽癌发病率可占首位;本病高发年龄多在 40~60 岁,男性多于女性。治疗以放疗为主,早期病例放疗后 5 年生存率可达 60%~80%。

【护理评估】

(一) 致病因素

病因不甚明确,与多种因素有关,其中比较明确的主要有 3 个方面因素,即遗传因素、EB 病毒感染和环境致癌因素。

1. 遗传因素　研究显示鼻咽癌有种族易感性和家族聚集现象。

2. EB 病毒感染　大量研究证明 EB 病毒与鼻咽癌发病有密切关系。从鼻咽癌患者的血清中查出有高滴度的与 EB 病毒相关的抗体,并且随病情发展而升高。从鼻咽癌活组织培养的淋巴母细胞中也分离出 EB 病毒。近年应用分子杂交技术和聚合酶链反应(PCR)技术检测,发现鼻咽癌活组织中有 EBV DNA 特异性病毒 mRNA 或基因产物表达。目前,EB 病毒的研究已成为探索鼻咽癌病因学的一个重要方面。

3. 环境因素　据流行病学调查和动物实验表明,鼻咽癌的发生与环境中多环烃类、亚硝胺类、微量元素镍等多种可致癌化学物质有关。

> **重点提示**
>
> 　　注意了解患者及相关人群患病以前健康状况、生活习惯、居住环境和家族健康状况,以及有无慢性鼻、咽、喉部疾病史。

(二) 临床表现

鼻咽癌所在部位深而隐蔽,早期症状常不明显或无症状,少数患者可出现耳鸣或回吸性涕中带血,易为患者所忽视,就诊时多已达中晚期。其常有的症状体征如下。

(1) 出血:本病早期即有易出血倾向,表现为回吸性带血鼻涕或痰,晚期则出血量较多。

(2) 鼻部和耳部症状体征:肿瘤阻塞后鼻孔,出现单侧鼻塞。当瘤体增大时,则出现两侧鼻塞。肿瘤阻塞或压迫咽鼓管咽口,可引起该侧耳鸣、耳闷塞感及听力减退,或伴有反复鼓室积液征。

(3) 头痛及脑神经症状体征:早期头痛部位不固定,间歇性,晚期为持续性偏头痛,部位固定。肿瘤经破裂孔可破坏颅底侵入颅内,可相继损害第Ⅴ、Ⅵ、Ⅱ、Ⅲ、Ⅳ脑神经,出现头痛、面部麻木、复视、眼球外展、上睑下垂等受累症状;肿大的肿瘤还可侵犯Ⅸ、Ⅹ、Ⅺ、Ⅻ脑神经,引起软腭麻痹、反呛、声嘶、吞咽困难、伸舌偏斜等症状和体征。

(4) 颈淋巴结肿大:早期即可向颈淋巴结转移,颈深淋巴结上群最先受累,先单侧,后双侧;有时常为首发症状而就诊。颈淋巴结转移灶多位于同侧,位于乳突尖部的前下方,质硬,界限不清,表面不平,活动度差,无压痛,呈进行性增大。

(5) 远处转移:晚期可出现肺、肝、骨骼等远处转移,并引起相应受损症状和体征。

(三) 心理-社会状况

鼻咽癌早期漏诊、误诊率极高,一旦诊断明确,疾病多已至中晚期,多数患者常有不同程度恐惧心理。少数肿瘤为黏膜下生长,常需反复多次病理活检,不仅给患者造成极大痛苦,而且迟迟不能明确诊断,给患者增加很大的精神心理压力。

(四) 辅助检查

(1) 鼻咽镜检查:间接鼻咽镜、纤维鼻咽镜或鼻窦内镜检查可见肿瘤呈菜花状、结节状或溃疡状,好发于咽隐窝或顶后壁,易出血。

(2) 细胞学检查:鼻咽病变处分泌物做涂片检查,可发现脱落的癌细胞,有助于诊断。

(3) 影像学检查:摄颅底 X 线平片或 CT 扫描检查,可了解肿瘤大小、范围、颅底破坏及颈淋巴结转移等情况。

(4) EB 病毒抗体测定:鼻咽癌患者血清 EB 病毒抗体滴度较高,因此,EB 病毒壳抗原-免疫球蛋白 A(EBV-VCA-IgA)抗体测定已成为鼻咽癌诊断、普查和随访监测的重要手段。目前还开展了 EB 病毒核抗原-免疫球蛋白 A(EBV-NA-IgA)、EB 病毒早期抗原-免疫球蛋白 A(EBV-EA-IgA)、EB 病毒特异性 DNA 酶抗体的检测。

(5)活检:应尽可能做鼻咽部原发灶的活检。一次活检病理阴性不能否定鼻咽癌的存在。少数病例需多次活检才能明确诊断。必要时可行颈部转移淋巴结穿刺抽吸活检或切取活检。

【护理诊断及医护合作性问题】

1. 出血倾向　由肿瘤侵犯血管所致。
2. 疼痛　因肿瘤侵犯颅内引起。
3. 焦虑和恐惧　由鼻咽癌所致剧烈头痛及担心鼻咽癌治疗预后引起。
4. 自我形象紊乱　与颈部包块、复视、上睑下垂有关。
5. 感知改变　听力嗅觉下降,与肿瘤阻塞侵犯咽鼓管或后鼻孔有关。

【治疗与护理措施】

(一)治疗要点

1. 放射治疗　主要首选治疗手段,因多为低分化鳞状细胞癌对放疗敏感,常用钴 60 或直线加速器高能治疗,目前临床采用"调强适型放射治疗"新投照技术。
2. 手术治疗　挽救性手术,适用于少数对放疗不敏感的或放疗后原发灶残留或局部复发灶或颈淋巴结残留者。
3. 综合治疗　在放疗期间可配合化疗、中医中药及免疫治疗,防止癌细胞远处转移,提高放疗敏感性和减轻放疗并发症。

(二)护理措施

1. 心理护理　应主动关心患者,耐心向患者及家属解释鼻咽癌早期放疗的效果,并向其列举相同病例的良好预后,鼓励其树立信心,战胜疾病。
2. 改善营养状态　增强全身免疫功能和抵抗力。
3. 配合止血护理　小量出血简单止血处理配合护理及观察。大出血者应给予止血药,或施行鼻腔填塞,或血管结扎等措施。失血严重者需及时做好输血准备和(或)输液、输血等处理。
4. 配合控制头痛护理　头痛严重者可按医嘱应用镇静药或镇痛药。多数患者经放射治疗后头痛能够明显减轻或消失。
5. 注意观察放疗或化疗或手术的不良反应　给予易消化的半流饮食支持治疗,对口腔糜烂、咽干者做好口腔护理,鼓室积液者可行鼓膜切开置管治疗和护理。
6. 健康指导　做好科普教育,使高危人群、患者及家属了解鼻咽癌的有关知识,增强其战胜疾病的信心,保持定期随访。

讨论与思考

1. 慢性咽炎临床表现及护理措施有哪些?
2. 急慢性扁桃体炎的常见并发症有哪些?
3. 简述鼻咽癌的主要临床表现及其护理要点。
4. 简述 OSAHS 的护理诊断及主要护理措施。

第三节 喉部疾病患者的护理

一、急性会厌炎

急性会厌炎是一种以声门上区会厌舌面黏膜为主的急性炎症,又称声门上喉炎。成人和儿童均可发病,尤其好发于小儿。本病具有起病急、进展快、易致喉阻塞的临床特点。

【护理评估】

(一)致病因素

1. 感染因素　病毒和细菌感染为本病最常见及主要病因,常见病毒有鼻病毒、腺病毒、副流感病毒;常见致病菌为流感嗜血型杆菌、金黄色葡萄球菌、乙型溶血型链球菌、肺炎双球菌、奈瑟卡他球菌等,也可与病毒混合感染。

2. 继发外伤或邻近器官急性炎症。

3. 变态反应　由过敏体质患者发生全身性变态反应,如局部发生Ⅰ型变态反应而引起会厌、杓会厌襞的高度水肿、继发感染而致病。

4. 理化因素　吸入刺激性气体,误吸或吞咽有害化学物质及放射性损伤等也可导致该病。

> **重点提示**
>
> 病理改变主要是会厌舌面黏膜高度充血水肿,会厌可增厚呈球状。严重者形成局部脓肿,炎症至喉的其他部位,病情可迅速进展而引起急性喉阻塞。

(二)临床表现

(1)全身症状:多数患者起病急,出现畏寒、乏力和高热等。年老体弱者和儿童,病情进展迅猛,症状更严重,面色苍白、精神萎靡、四肢发冷、血压下降,甚至发生昏厥。

(2)局部症状:多数患者喉痛剧烈,吞咽时加重,致咽下困难。出现不同程度的吸气性呼吸困难,严重者可导致窒息。但无声音嘶哑。语声因会厌肿胀而含混不清。间接喉镜检查见会厌高度充血肿胀,尤以舌面为甚,严重时呈球状。若脓肿形成,会厌舌面可见黄白色脓点或脓苔,会厌活动受限,声门暴露不清。

(三)心理-社会状况

因起病急骤,患者往往以剧烈咽痛和咽下困难而急诊就医。个别患者常忽略呼吸困难等重要症状,缺乏本病可能进行性加剧发展的严重性的认识,不愿住院治疗观察,具有相当的危险性。

(四)辅助检查

(1)喉部侧位X线摄片:可见会厌肿胀,界限清楚,对小儿急性会厌炎有一定诊断价值。

(2)咽拭子培养及药敏试验:以明确致病菌,有助于选用敏感抗生素。

【护理诊断及医护合作性问题】

1. 体温过高　与急性会厌感染有关。

2. 疼痛　剧烈咽痛,与会厌充血肿胀有关。

3. 吞咽障碍　与会厌高度充血肿胀及剧烈咽痛有关。
4. 有窒息的危险　与可能导致急性喉阻塞有关。
5. 知识缺乏　缺乏对本病的了解和应对。

【治疗与护理措施】

（一）治疗要点

1. 抗感染　全身应用足量敏感抗生素和糖皮质激素。
2. 必要时行气管切开术　经治疗,呼吸困难仍无改善,严重如Ⅲ度或以上者,宜及时行气管切开术。
3. 会厌脓肿切开引流术　可在喉镜下切开排脓,防误吸。

（二）护理措施

1. 心理护理　减轻患者的焦虑和紧张情绪,使其配合治疗和护理。
2. 病因治疗及护理　及时按医嘱静脉给予抗生素和激素是治疗本病的主要措施,以控制炎症的发展。
3. 对症支持护理　按医嘱给予解热镇痛药,采用物理降温措施,保持水、电解质平衡。保持口腔清洁,可用朵贝尔液或生理盐水等漱口。
4. 操作护理　采用超声雾化吸入,治疗感染,改善通气功能,湿化呼吸道。如会厌脓肿形成,需协助医生在喉镜下切开排脓或吸出止血等护理。
5. 严密观察　关注呼吸,必要时吸氧。做好气管切开术的准备,以防发生窒息。已施行气管切开术者按气管切开术后护理,保持无菌,按时消毒。
6. 健康指导　提高患者对本病严重性的认识,告知患者一旦复发应及时就诊。

二、急性喉炎

案例分析

患者,女性,19岁,咽干咽痒3d伴声音嘶哑1d。3d前因旅途劳累,寒冷受凉出现咽喉不适,1d前为艺考练嗓后出现声音嘶哑。检查见咽喉壁黏膜急性充血,淋巴滤泡肿大,间接喉镜检查声带充血,启闭活动尚好。

请分析:该患者护理诊断考虑什么？主要护理措施有哪些？

急性喉炎为主要声门区喉黏膜的急性炎症,为常见的上呼吸道急性感染性疾病之一。多发于冬、春两季。发生于儿童则病情较严重,可并发喉阻塞而危及生命。

【护理评估】

（一）致病因素

1. 感染因素　阴冷潮湿等诱因下机体抵抗力下降,易病毒、细菌感染;常于上呼吸道感染、急性鼻炎、急性咽炎等继发该病。常见病毒如副流感病毒、鼻病毒、呼吸道合胞病毒等;常见致病菌有流感嗜血杆菌、金黄色葡萄球菌、乙型溶血性链球菌、肺炎双球菌、奈瑟卡他球菌等。儿童患者可为流感、百日咳、麻疹、猩红热等急性传染病的并发症。
2. 用嗓不当　职业因素或滥用嗓音。
3. 喉部外伤　喉腔异物、喉腔器械检查或治疗所致损伤可能引起该病。
4. 有害因素　生产生活环境中吸入有害性粉尘和吸入刺激性有害气体以及烟酒过度等。

本病患儿由于免疫功能较低下,喉腔狭小,喉软骨柔软,喉黏膜较为松弛,发生感染后因声门下区疏松结缔组织极易肿胀而导致喉阻塞。加之其咳嗽功能差,喉及气管内分泌物不易排出,同时小儿喉部神经敏感性强,受刺激后易引起喉痉挛。故小儿急性喉炎应高度警惕随时或夜间病情加重导致喉阻塞。

> **重点提示**
>
> 调查患者体质状况、职业情况,有无近期上呼吸道感染史,有无喉部外伤、烟酒过度、受凉、疲劳等诱发因素。

(二) 临床表现

(1) 全身症状:早期即可出现发热、畏寒、全身不适等。儿童较成人严重。

(2) 局部症状:①声音嘶哑。为急性喉炎的主要症状。初起喉痛、声嘶,说话加重,严重者只能耳语,甚至失音。②咳嗽多痰。初起干咳无痰,晚期则有黏稠的脓痰咳出。患儿炎症累及声门下区时,呈"空空"样咳嗽,在夜间加重。是为小儿急性喉炎的重要特征之一。③吸气性呼吸困难。在小儿急性喉炎患者最为明显。初起哭闹时喘息,较重者可有吸气性喉喘鸣,并出现"四凹征"(胸骨上窝、锁骨上窝、肋间隙及上腹部软组织吸气时内陷)等喉阻塞症状,如不及时抢救,患者面色苍白、呼吸无力,甚至窒息危及生命。

(3) 专科检查:间接喉镜下见喉黏膜弥漫性充血肿胀,声带呈红色,边缘肿胀变厚,发声时不能闭紧,表面可附有少许黏稠分泌物。

(4) 辅助检查:血液分析、颈部影像学检查,直达喉镜检查等。

(三) 心理-社会状况

因起病较急,声音嘶哑与咳嗽等症状使患者急于求治。尤其是教师、声乐演员、播音员等职业用声者出现声嘶后更为焦急。患儿因咳嗽和呼吸困难时,常被其父母送医院急诊。

【护理诊断及医护合作性问题】

1. 焦虑　与声音嘶哑或失声,或出现呼吸困难有关。
2. 语言沟通障碍　与喉部炎症导致声音嘶哑或失声有关。
3. 体温过高　与喉部感染有关。
4. 有窒息的危险　与小儿急性喉阻塞有关。

【治疗与护理措施】

(一) 治疗要点

1. 禁声护嗓,少说话或不说话,以其他方法交流。
2. 超声雾化吸入治疗。
3. 酌情应用抗生素和糖皮质激素,患儿尤其注意早发现,早干预,防止窒息。

(二) 护理措施

1. 心理护理　减轻患者的焦虑和紧张情绪,使患者配合治疗和护理。
2. 一般护理　充分卧床休息,禁烟、酒,避免进刺激性饮食。
3. 禁声及其护理　做到不说话,尽量减少患儿哭闹,以免加重声带水肿和呼吸困难。
4. 对症支持护理　按医嘱使用抗生素和激素控制感染,并密切注意呼吸困难、体温过高等变化情况,及时汇报和协助处理。

5. 操作护理 采用超声雾化吸入,治疗感染,改善通气功能,湿化呼吸道。

6. 严密观察 密切观察呼吸情况,必要时吸氧,视呼吸困难程度做好气管切开术准备或抢救手术。

三、喉 阻 塞

喉阻塞亦称喉梗阻,是因喉部或其邻近器官的病变使喉腔变窄或发生阻塞,而引起严重的吸气期呼吸困难为主的一组缺氧综合征。本病不是一种独立的疾病,多发生于小儿。

【护理评估】

(一)致病因素

1. 急性炎症 如小儿急性喉炎、急性气管支气管炎、急性会厌炎、咽后脓肿等。
2. 异物 可引起喉腔机械性阻塞并导致喉痉挛。
3. 外伤 如喉部烧灼伤、切割伤、气管插管或气管镜检引起的损伤等。
4. 喉水肿 如血管神经性水肿、药物过敏反应及心、肾疾患引起的喉水肿。
5. 喉痉挛 如儿童佝偻病、电解质紊乱时低钙血症、吸入刺激性气体、破伤风感染。
6. 声带麻痹 由外伤或甲状腺手术并发导致两侧声带外展性瘫痪。
7. 肿瘤 如喉癌、喉部肿瘤、甲状腺肿瘤等或合并感染及出血时导致。
8. 畸形 如喉蹼、先天性喉喘鸣、喉软骨畸形或喉瘢痕狭窄等。

> **重点提示**
>
> 由于喉阻塞为多种病因所引起的一组具有共同表现的临床症候,应仔细询问病史和病因,调查患者有无近期上呼吸道感染史;有无喉外伤史或有害粉尘等物质接触史;对小儿特别要询问有无异物接触史,并注意其咳嗽、呼吸困难的特征。

(二)临床表现

(1)吸气期呼吸困难:为喉阻塞的主要特征。表现为吸气运动加强,时间延长,吸气深而慢;而呼气时间缩短。其发生机制与喉的解剖生理和空气动力学有关。

(2)吸气期喉喘鸣:为另一重要特征。因吸入气流通过狭窄的声门裂,产生空气涡流反击声带,使之颤动而产生的一种尖锐声音,伴有颤动。其声响与喉阻塞的程度一般成正比。

(3)吸气期软组织凹陷:由于吸气困难,胸腔内负压增加,将胸壁及其周围的软组织吸入,遂出现胸骨上窝、锁骨上窝、肋间隙、剑突下上腹部吸气期的凹陷,称为"四凹征"(图6-3-1)。

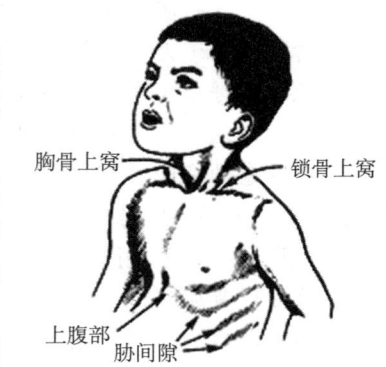

图 6-3-1 吸气性四凹征

(4)声嘶:病变累及声带,常有发声嘶哑或失声。

(5)发绀等缺氧表现:因缺氧出现口唇及指甲青紫、烦躁不安、四肢发冷、脉搏细速,则为心力衰竭、循环不良的表现,是喉阻塞的晚期症状。

(三)喉阻塞引起的呼吸困难分度

所致呼吸困难的分度有利于观察病情和拟定治疗护理方案,将其分为以下四度。

一度:安静时无呼吸困难。活动或哭闹时,出现轻度吸气期呼吸困难,吸气喉喘鸣和软组织凹陷。

二度:安静时出现轻度吸气期呼吸困难、吸气期喉喘鸣和软组织凹陷,活动时加重,但不影响睡眠和进食。无烦躁不安等缺氧症,脉搏尚正常。

三度:明显出现吸气期呼吸困难、喉喘鸣和软组织凹陷,且因缺氧而出现烦躁不安、脉搏加快、血压升高、不易入睡、不愿进食等症状。

四度:极度吸气性呼吸困难。由于严重缺氧和二氧化碳蓄积,患者坐卧不安、手足乱动、面色苍白或发绀、出冷汗、定向力丧失、心律不齐、脉搏细弱、血压下降、大小便失禁、昏迷等。如不及时抢救,则很快发生窒息危及生命。

(四)心理-社会状况

多数患者因呼吸困难,唯恐危及生命十分紧张和恐惧而急诊就医。少数如喉外伤患者由于缺乏知识,对早期症状多不加重视,到病情严重时才就医。此时,贻误了治疗的时机,给治疗带来困难,而且增加了患者的经济负担,加重了患者的心理伤害。

(五)辅助检查

病情较轻者先做有关检查,确诊后治疗;病情危重者则应首先抢救,待喉阻塞缓解后,再进行进一步的检查和诊治。

(1)影像学检查:X线喉部侧位摄片、喉部CT扫描均有助于喉部炎症、异物、外伤和肿瘤的诊断。

(2)内镜检查:纤维喉镜或直接喉镜检查,具有诊断和治疗的双重意义。检查中若怀疑为喉部肿瘤,可取活组织病理检查;发现喉部异物则随即取出。

【护理诊断及医护合作性问题】

1. 恐惧　与呼吸困难导致的濒死感有关。
2. 清理呼吸道无效　与喉部炎症、异物、外伤和肿瘤导致的喉阻塞有关。
3. 低效性呼吸型态　与吸气性呼吸困难有关。
4. 语言沟通障碍　发声嘶哑或失声,与喉部疾病有关。
5. 有窒息的危险　与喉阻塞有关。

【治疗与护理措施】

治疗护理原则:按病情轻重及呼吸困难分度,轻重缓急标本兼治采取治疗及其护理措施。

(一)治疗要点

1. 药物治疗　及时使用有效足量抗生素和糖皮质激素、静脉途径给予营养素等支持对症处理。
2. 必要时气管切开术　视呼吸困难程度采取气管切开手术,注意把握手术时机。Ⅱ度时须做好气管切开术准备,Ⅲ度及以上者及时手术。
3. 病因治疗　针对不同病因采取有效措施解决原发疾病,争分夺秒解除呼吸困难。

(二)护理措施

1. 心理护理　减轻患者恐惧心理,使其配合治疗和护理。
2. 密切观察患者病情　如脉搏、血压、神志、呼吸及缺氧的变化。

3. 保持周围环境安静 减少声、光、气味等刺激因素。让患者绝对卧床休息,限制探视人数和次数。

4. 保持呼吸道通畅 必要时吸痰,及时将分泌物吸出。重症喉阻塞患者床边备气管切开包,以备急需,以尽快解除呼吸困难,改善缺氧状况。

5. 操作护理 吸氧或超声雾化吸入。

6. 按医嘱给予抗生素和激素治疗 对于小儿急性喉炎、急性会厌炎、喉水肿、气管插管或气管镜检查所引起的急性喉阻塞,如及时加用激素治疗,多数患者可避免做气管切开术。

7. 手术护理 对于有手术指征的患者要积极完善术前准备,创造条件,尽快手术及气管切开,注重术后护理(图6-3-2)。

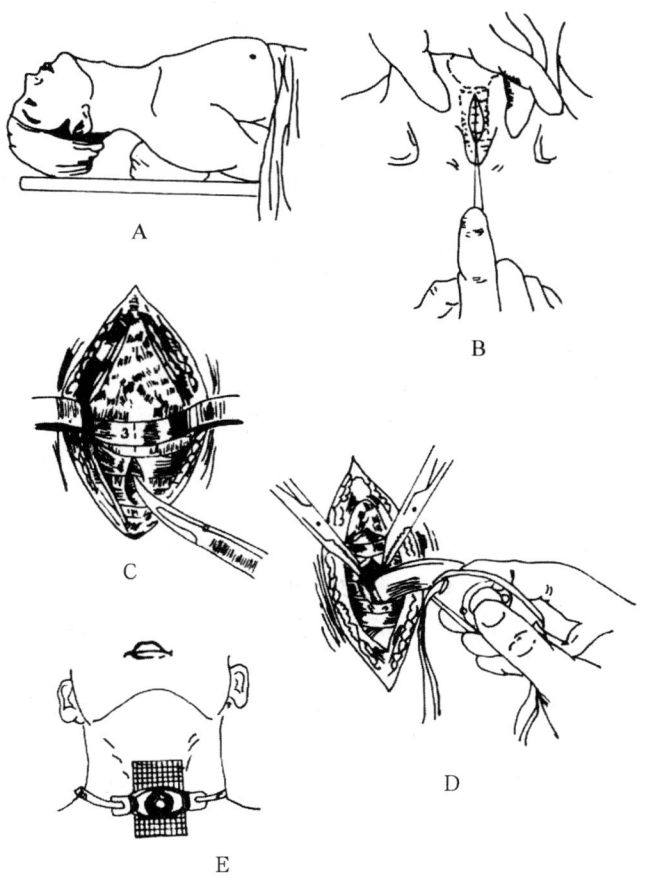

图 6-3-2 气管切开术
A. 患者体位;B. 颈正中切口;C. 切开气管第三、四环;D. 插入气管套管;E. 将套管系带打结昆固定

讨论与思考

1. 简述急性会厌炎、急性喉炎的临床表现及主要护理措施。
2. 简述喉梗阻的呼吸困难分度及其治疗护理原则。

第四节 耳部疾病患者的护理

一、鼓膜外伤

鼓膜外伤多指因直接或间接外力损伤鼓膜所致的创伤。

【护理评估】

(一)致病因素

1. 器械伤　如用火柴杆、毛线针、发夹等挖耳刺伤鼓膜。
2. 气压伤　如掌击耳部、炮震、放鞭炮、高台跳水等。
3. 其他　尚有颞骨纵行骨折、外耳道异物等所致。

(二)临床表现

1. 症状　主要为局部症状,全身症状多不明显,多呈剧烈耳痛、耳鸣、耳内堵塞感和听力下降,有时可见外耳道内有少量鲜血。爆震伤除鼓膜破裂外,还可由于镫骨强烈运动而致内耳受损,出现眩晕、恶心或混合性聋。
2. 体征　鼓膜穿孔多为不规则裂孔,穿孔边缘常有少量血迹,外耳道内可见血痂,听力检查呈传导性聋。同时合并颞骨骨折时,可能伴脑脊液耳漏体征。

【护理诊断及医护合作性问题】

1. 疼痛　耳痛由外伤引起。
2. 感知改变　听力损失与鼓膜穿孔或内耳受损有关。

【治疗与护理措施】

(一)治疗要点

1. 局部治疗　保持外耳道清洁干燥,禁忌滴药于耳道,防止污水入耳。
2. 抗感染治疗　预防性应用抗生素,避免中耳感染。
3. 手术治疗　一般鼓膜穿孔于1~2周可自愈,必要时也可行鼓膜修补术。

(二)护理措施

1. 按医嘱应用抗生素,嘱患者外伤后3周内不可擤鼻、外耳道进水和点药,以避免发生中耳感染,延误鼓膜之愈合。
2. 75%乙醇棉球拭净,外耳道用消毒干棉球填塞。
3. 加强卫生宣教指导,严禁用发夹、火柴杆等锐器挖耳。取外耳道异物或耵聍时要细心适度,避免伤及鼓膜。如预知附近有爆炸声源时,要戴防护耳塞。

二、分泌性中耳炎

> **案例分析**
>
> 患者,男性,9岁,感冒后双鼻塞流涕4d、右耳痛及耳闷塞感1d。检查:双侧鼻腔黏膜急性充血肿胀,下鼻甲肿胀明显,双鼻中下道有少量黏涕;咽后壁黏膜急性充血肿胀,淋巴滤泡增生;右耳鼓膜周边部及锤骨柄充血,可见发丝状液平面,积液呈淡黄色,左耳鼓膜正常。
>
> 请分析:该患者护理诊断是什么?护理措施有哪些?

分泌性中耳炎是以鼓室积液和听力下降为主要特征的中耳非化脓性炎性疾病。当中耳积液极为黏稠而呈胶冻状者，称之为胶耳。

【护理评估】

(一) 致病因素

本病病因未完全明确，目前认为主要病因与咽鼓管功能障碍、感染和免疫反应有关。当咽鼓管功能不良时，外界空气不能进入中耳，中耳内原有空气逐渐被吸收，腔内形成负压。此时，中耳黏膜肿胀，毛细血管通透性增加，鼓室内出现漏出液、渗出液和分泌液的混合液体。

> **重点提示**
>
> 分泌性中耳炎患者发病前多有感冒史。

(二) 临床表现

1. 症状　听力逐渐下降，有时伴有自听增强。患儿常因对声音反应迟钝，注意力不集中，学习成绩下降而由家长领来就医。急性发病者可有轻微耳痛，慢性者耳痛不明显。本病伴有耳内闭塞感或闷胀感，按捺耳屏后可暂时减轻。另外，尚可出现间歇性耳鸣，如"噼啪"声。当打呵欠或用力擤鼻时，耳内可出现气过水声。

2. 体征　耳镜检查时可见鼓膜内陷，光锥缩短、变形，锤骨短突明显外突。失去正常光泽，呈淡黄、橙红或琥珀色。有时透过鼓膜见到液平面，鼓气耳镜检查鼓膜活动可受限。

> **重点提示**
>
> 对于一侧反复鼓室积液的成年患者，应特别注意有无鼻咽癌的可能。仔细检查鼻咽部咽隐窝及双侧颈深淋巴结上群是非常必要的。

(三) 辅助检查

音叉试验和纯音听力计测试结果多为传导性聋，声导抗检查对本病具重要的诊断价值，表现为平坦型(B型)典型曲线或负压型(C型)曲线(图6-4-1)。

【护理诊断及医护合作性问题】

1. 感知改变　听力损失与分泌性中耳炎有关。
2. 疼痛　耳痛由鼓室积液引起。

【治疗与护理措施】

(一) 治疗要点

1. 局部治疗　鼓膜穿刺或鼓膜置管清除中耳积液，配合耳咽管吹张治疗。
2. 病因治疗　积极防治原发疾病如鼻咽鼻腔疾病。
3. 预防性抗感染治疗　适当使用消炎药和糖皮质激素药。

(二) 护理措施

1. 按医嘱应用适当的抗生素，以避免已行鼓膜穿刺术或鼓膜置管术的患者中耳发生感染。
2. 保持鼻腔及咽鼓管道通畅，可用0.5%~1%麻黄碱液或0.05%盐酸羟甲唑啉液滴鼻。
3. 行鼓膜穿刺术或鼓膜置管术(图6-4-2和图6-4-3)。

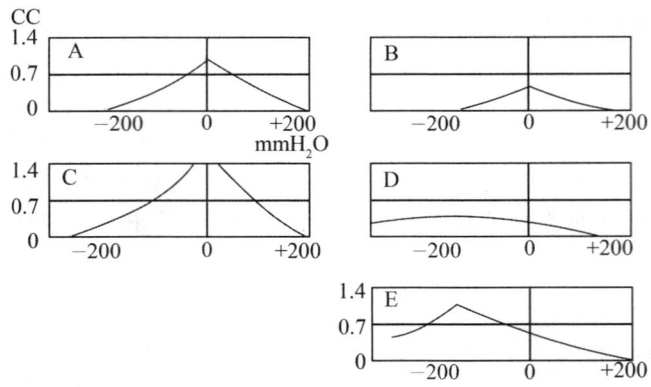

图 6-4-1　鼓室功能曲线图

A. A 型(正常曲线);B. As 型(低峰型);C. Ad 型(高峰型);D. B 型(平坦型);E. C 型(鼓室负压型)

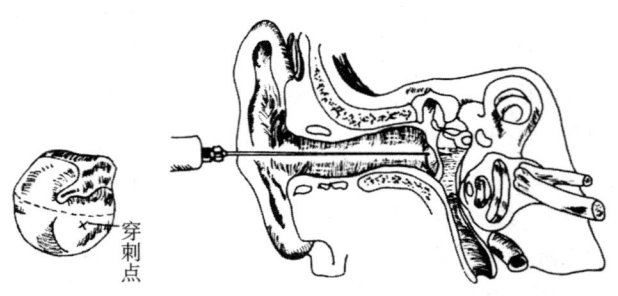

图 6-4-2　鼓膜穿刺

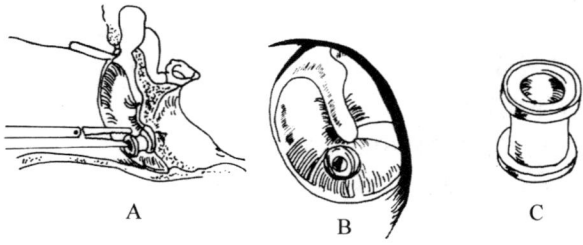

图 6-4-3　鼓膜置管术

A. 卡环安置方法;B. 卡环在鼓膜上的位置;C. 硅胶卡环

4. 可采用波氏球法、导管法或捏鼻鼓气法进行咽鼓管吹张。
5. 如患者该病由鼻腔或鼻咽疾病所引起,须向患者说明处理目的并处理原发疾病。
6. 进行卫生宣教指导,加强身体锻炼,防止感冒,提高家长和患者对本病的认识。

三、急性化脓性中耳炎

急性化脓性中耳炎是中耳黏膜的急性化脓性炎症。好发于儿童。

【护理评估】

(一) 致病因素

急性上呼吸道感染,急性传染病时,致病菌常经咽鼓管侵入中耳,此为最常见途径。婴幼儿哺乳位置不当,如平卧位吃奶,乳汁亦可经咽鼓管流入中耳发病。此外,经外耳道鼓膜穿孔途径和血源扩散途径也可致病。本病主要致病菌为肺炎球菌、流感嗜血杆菌、溶血性链球菌、葡萄球菌、变形杆菌等。

(二) 临床表现

1. 症状　常表现为耳痛,可为搏动性跳痛或刺痛。有时伴畏寒、发热等全身症状,尤以小儿全身症状显著。一旦鼓膜穿孔,脓液自外耳道溢出,则体温下降,耳痛有所缓解,耳聋亦有所减轻。

2. 体征　耳镜检查:早期鼓膜松弛部充血,继而发展为弥漫性充血。穿孔后,即可看到鼓膜紧张部穿孔处有脓液溢出,听力检查呈传导性聋。

【护理诊断及医护合作性问题】

1. 疼痛　耳痛由急性化脓性中耳炎所致。
2. 体温过高　由急性化脓性中耳炎所引起。
3. 焦虑　与急性化脓性中耳炎所致的听力损失和耳痛有关。

【治疗与护理措施】

(一) 治疗要点

1. 抗感染治疗　及时使用敏感抗生素抗感染如喹诺酮类药控制感染。
2. 局部治疗

(1) 鼓膜穿孔前可用2%酚甘油滴耳,消炎镇痛;1%呋喃西林麻黄碱滴鼻以利咽鼓管引流。

(2) 鼓膜穿孔后则以3%过氧化氢溶液洗耳,清理干净后滴入抗生素滴耳液如氧氟沙星(泰利必妥滴耳剂),至炎症脓液消失。

3. 病因治疗　积极防治原发疾病。

(二) 护理措施

1. 按医嘱应用足量而有效的抗生素,症状消退后仍需巩固用药5~7d。
2. 指导患者鼻腔内滴减充血滴鼻液,减轻咽鼓管咽口肿胀,有利于引流。
3. 鼓膜穿孔前,外耳道内滴用2%苯酚甘油,以利消炎镇痛。鼓膜穿孔后用3%过氧化氢清溶液洗外耳道,拭净后再用0.3%氧氟沙星滴耳,每日2次。
4. 健康教育指导

(1) 指导患者平时积极锻炼身体,积极防治上呼吸道感染。做好各种传染病的预防工作。

(2) 指导母亲采取正确的哺乳姿势,避免婴幼儿平卧位吮奶。

四、慢性化脓性中耳炎

案例分析

患者,男性,48岁,右耳持续性流脓伴听力减退10年。曾在多家医院就诊,诊断为"右侧慢性化脓性中耳炎"。检查见右耳有稀薄脓液流出,脓量较多,带有臭味,外耳道口塞满肉芽样软组织。左耳正常。

请分析:患者护理诊断是什么?可进一步做何检查?

慢性化脓性中耳炎是指中耳黏膜、骨膜或深达骨质的慢性化脓性炎症,病程超过2个月者。临床上以中耳长期或间歇性流脓、鼓膜穿孔和听力下降为主要特点。如治疗不当,本病可引起严重的颅内、外并发症而危及生命。

【护理评估】

(一)致病因素

多因急性化脓性中耳炎延误治疗或治疗不当迁延成慢性;鼻、咽部存在慢性病灶亦为其重要病因。本病的常见致病菌为变形杆菌、金黄色葡萄球菌、大肠埃希菌、铜绿假单胞菌等。

(二)临床表现

1. 单纯型　病损较轻,耳漏常为间歇性,脓液常为黏液性或黏液脓性,无臭味;为轻度传导性聋;鼓膜紧张部中央性穿孔,鼓室黏膜光滑;鼓室内一般无肉芽组织或胆脂瘤样物质。

2. 骨疡型　组织破坏较广泛,病变深达骨质,听小骨、鼓环及鼓窦,并常伴肉芽组织形成;耳漏常为持续性,脓液黏稠有臭味,有时为脓血性;鼓膜边缘大穿孔,鼓室内有肉芽组织;较重的传导性聋;颞骨CT扫描示上鼓室、鼓窦及乳突内软组织阴影,可伴骨质破坏阴影;此型常可引起各种耳源性颅外、颅内并发症,可危及生命。

3. 胆脂瘤型　并非真性肿瘤,而为充满脱落角化上皮和胆固醇结晶的囊样结构。因其对周围骨质的直接压迫及致病菌感染共同造成骨质破坏,常易使炎症扩散导致一系列并发症,后果十分凶险。常为持续性耳漏,脓液有异臭;鼓膜常在松弛部穿孔;听力损害为较重传导性聋或混合性聋;乳突X线摄片或颞骨CT检查有助于诊断。

【护理诊断及医护合作性问题】

1. 感知改变　听力下降,由于慢性化脓性中耳炎所致。

2. 知识缺乏　缺乏胆脂瘤型、骨疡型中耳炎可能发生耳源性并发症的知识。

3. 潜在并发症　骨疡型、胆脂瘤型中耳炎可能发生耳源性颅外、颅内并发症。

【治疗与护理措施】

(一)治疗要点

1. 药物治疗　局部清洗用药如3%过氧化氢和氧氟沙星滴耳液及全身使用抗生素如喹诺酮类或头孢类以控制感染。

2. 手术治疗　对于慢性单纯型化脓性中耳炎如果感染控制(即至少干耳1~3个月),且咽鼓管功能良好,纯音听力计检查示传导性耳聋,即可行鼓室成形术以改善听力,使耳漏停止。对于骨疡型或胆脂瘤型中耳炎,应酌情尽早施行中耳乳突根治手术或改良根治术。伴有并发症者酌情行相关抗感染及手术治疗。

3. 病因治疗　及时积极治愈急性化脓性中耳炎,鼻、咽部慢性疾病如腺样体肥大、慢性扁桃体炎和慢性化脓性鼻鼻窦炎等。

(二)护理措施

1. 配合药物治疗护理,遵医嘱正确使用滴耳剂、滴鼻剂,合理使用抗生素。

2. 配合手术治疗护理,按中耳手术常规术前、后护理。

3. 中耳乳突手术后,要密切观察有无面瘫、眩晕、恶心头痛等出现,以便及时报告医生协助处理。

4. 术后 7d 拆线,7~14d 抽出耳道内填塞纱条,每日换药。

5. 并发症预防协助治疗及其护理。

6. 健康教育指导,对患者及家属讲解该疾病分型的区别及预后,广泛宣传其危害及可能的颅内外并发症,并能配合早期获得积极治疗。告知患者及家属有鼓膜穿孔不宜游泳,沐浴洗头可注意局部保护,以防诱发中耳炎。

重点提示

急性和慢性化脓性中耳炎,特别是骨疡型或胆脂瘤型中耳炎,常因破坏骨质或经尚未闭合的颅骨缝而致感染扩散,引起的颅外和多种颅内并发症总称耳源性并发症,重者可危及生命。常见的颅外并发症有耳后骨膜下脓肿、耳下颈深部脓肿、迷路炎、周围性面神经麻痹。颅内并发症有乙状窦血栓性静脉炎、硬脑膜外脓肿、脑膜炎、脑脓肿等(图 6-4-4)。

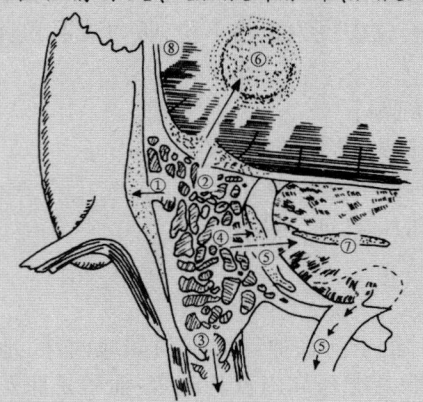

图 6-4-4 耳源性并发症发展途径示意图
①耳后骨膜下脓肿;②硬脑膜外脓肿;③耳下颈深部脓肿(二腹肌下);④乙状窦周围脓肿;
⑤乙状窦血栓性静脉炎;⑥脑脓肿;⑦小脑脓肿;⑧硬脑膜

五、梅尼埃病

案例分析

患者,女性,36 岁,发作性眩晕、高音调耳鸣 6 个月。半年来共发作 3 次,与心情不佳有关,眩晕呈旋转性,耳鸣似蜂鸣音,经休息或服用 1 片"苯巴比妥东莨菪碱片",3~4h 后症状可逐渐减轻或消失,间歇期可一切正常。检查:意识清楚,双鼓膜正常。

请分析:该患者初步诊断是什么?护理诊断是什么?

膜迷路积水所致的内耳疾病。其主要症状为发作性眩晕,波动性听力下降,耳鸣伴耳内胀满感。多发于青壮年,单耳发病多。

【护理评估】

(一)致病因素

本病病因尚未明确,可能与内耳微循环障碍、病毒感染、变态反应、代谢与内分泌异常、膜迷路机械性阻塞及内淋巴吸收障碍有关。

（二）临床表现

1. **眩晕** 常突然发作,患者神志清楚,感觉自身或外界物体有旋转感,稍动头部即加重,常伴有恶心和呕吐,自主神经功能紊乱。发作时间短者数十分钟,长者数小时或数日,可反复发作,间歇期多无任何症状。
2. **耳鸣** 多出现在眩晕发作之前。初为低音调,后转成高音调,间歇期可减轻或消失。
3. **耳聋** 常为单侧感音性耳聋,初期常为低频损失的感音性耳聋,听力波动明显。
4. **耳内胀满感** 发作期患侧头部或耳内有胀满、沉重感。
5. **检查** 耳镜检查鼓膜正常,咽鼓管功能良好。发病时有自发性水平型或旋转型眼震,快相朝向健侧;前庭功能检查、平衡试验可助诊断;听力检查为感音神经性聋,多次发作者低频、高频听力均可累及。

（三）心理-社会状况

由于此病发作突然,同时出现严重的眩晕、恶心呕吐、听力减退等,患者非常恐惧,有明显的焦虑感。也有的因反复发作,仅表现为走路不稳,听力减退和耳鸣,眩晕不明显,因此认为无关紧要。

【护理诊断及医护合作性问题】

1. **感知改变** 与眩晕和耳鸣、听力损失有关。
2. **恐惧** 与膜迷路积水所致平衡障碍有关。
3. **有受伤的危险** 眩晕和耳鸣、听力损失所致。

【治疗与护理措施】

（一）治疗要点

1. **对症治疗** 急性发作时给予前庭神经抑制药如地西泮、地芬尼多（眩晕停）等;利尿脱水药如氢氯噻嗪等;也可用抗胆碱能药如山莨菪碱等;血管扩张药及钙离子拮抗药如氟桂利嗪（西比灵）、尼莫地平等。
2. **手术治疗** 对反复发作、症状较重,长期非手术治疗无效的患者,可酌情选择下列手术:①内淋巴囊减压术;②前庭神经切断术;③颈交感神经切断术;④经前庭窗减压术;⑤迷路切除术;⑥鼓索神经切断术。

（二）护理措施

1. **一般护理** 给予安静环境,闭目静卧,消除其紧张、恐惧心理,低盐饮食及控制水量。发作期加床护栏保护以防坠床,好转后应下床活动,注意搀扶,防止跌伤。
2. **用药护理** 发作期按急诊处理常规,尽快缓解症状。遵医嘱使用镇静药,如盐酸氯丙嗪片25mg,每日3次;谷维素片20mg,每日3次。给予脱水药如50%葡萄糖注射液40ml静脉注射。遵医嘱给予利尿药、其他脱水药以减轻内耳膜迷路积水;中、低分子右旋糖酐加丹参注射液,改善内耳微循环或解除内耳微血管痉挛。禁用耳毒性药物。
3. **手术护理** 对发作频繁、症状重、非手术治疗无效者可行手术并做好手术前后期护理。
4. **健康指导** 指导患者出院仍要禁烟、酒和浓茶、低盐饮食;心情愉悦,精神放松,保持良好心态,合理安排工作和休息,劳逸结合;加强锻炼,增强体质,做到张弛有度,避免复发。禁忌驾驶车辆、登高和游泳。

六、耳聋患者的防治护理

耳主司听觉和平衡生理功能。正常情况下,人耳可感知频率为 $20 \sim 24\,000$Hz,声强为

0dB 的声音。在人体整个听觉系统中,传音、感音、神经冲动、综合分析等任何一个环节出现结构异常或功能障碍,均可表现为不同程度听力损失。一般将听力损失统称为耳聋。根据病变性质和部位,耳聋可分为器质性和功能性耳聋两大类。器质性耳聋按病变部位又可分为传导性聋、感音神经性聋和混合性聋。传导性聋主要病变在外耳或中耳,气导听力损失通常不超过 60dB;感音神经性聋的主要病变在内耳、听神经或各级听中枢;因内耳螺旋器毛细胞病变引起的听力障碍称感音性聋,病变位于听神经及其传导路径者称神经性聋,病变发生于听中枢者称中枢性聋;混合性聋兼具两者病变。功能性耳聋因无明显器质性病变,又称为精神性或癔症性耳聋。根据发病时间,又可按出生前后划分为先天性耳聋和后天性耳聋,先天性耳聋又按病因不同分为遗传性耳聋和非遗传性耳聋。也可按语言功能发育程度,即言语形成前后可分为言语前聋和言语后聋。造成耳聋的原因有很多,如长期噪声环境、耳外伤、感染、用药不当、免疫性疾病、遗传、某些化学物质中毒等都可导致耳聋。耳聋分级标准(按 WHO 分级标准)根据纯音测听的言语频率听阈的平均值分为 5 级。①轻度聋:语频听阈<40dB,听低声谈话有困难;②中度聋:语频听阈 41~55dB,倾听一般谈话有困难;③中重度聋:语频听阈 56~70dB,需大声说话才能听到;④重度聋:语频听阈 71~90dB,需在耳畔大声说话才能听到;⑤极重度聋:语频听阈>90dB,在耳畔大声说话也听不清。

耳聋给个人和家庭带来巨大痛苦,也给社会造成沉重负担,因此,应早发现、早诊断、早治疗,查清病因,改善中耳传音、内耳感音功能及其他环节病变,最大限度恢复听力。

【护理评估】

(一)致病因素

1. 传导性聋　①耳郭畸形。先天畸形或后天缺损,使耳郭集声功能降低,对听力产生轻微影响。②外耳道疾病。畸形、炎症、异物、外伤、肿瘤等原因可导致外耳道狭窄、闭塞以致影响鼓膜运动。③鼓膜病变。鼓膜炎症、粘连或穿孔等病变导致接受声波刺激时,振动面积减少,振幅降低造成声能损失。④中耳疾患。听骨链粘连或中断可使声能传导障碍;咽鼓管感染、阻塞等引起的急性、慢性中耳炎可使鼓膜内陷、鼓室积液等,可导致听力下降,临床较多见。

2. 感音神经性聋　①先天性耳聋。为出生时或出生后不久发现的听力障碍。因基因或染色体异常所导致的遗传性聋;因妊娠早期母体病毒感染或大量应用耳毒性药物或产伤等因素所导致的非遗传性耳聋。②非遗传性获得性感音神经性聋。发病率占临床确诊感音神经性聋的 90% 以上。常见于老年聋、耳毒性聋、全身系统性疾病性聋、创伤性聋、突发性聋或特发性突聋、传染病源性聋、自身免疫性聋等疾病。

重点提示

应询问患者既往是否患过耳病史,了解出生史、用药史、家族史及工作居住环境等,评估耳聋程度、持续时间等。

(二)临床表现

1. 传导性聋　主要表现为低音调耳鸣和不同程度听力减退。

2. 感音神经性聋　主要表现为高音调耳鸣和不同程度听力下降。

(三)辅助检查

1. 听功能检查

(1)音叉试验:RT:阴性(-);WT:偏向患侧;ST:(+)受试耳骨导延长。为传导性聋重要特征。RT:弱阳性(+);WT:偏向健侧;ST:(-)受试耳骨导缩短。为感音神经性聋重要特征。

(2)纯音测听:① 传导性聋:气导听阈值提高>25~60dB,骨导听阈值基本正常。有气骨导差。②感音神经性聋:气导、骨导曲线均下降,无气骨导差。一般高频听力损失较重,少数以低频听力损失为主。

(3)声导抗检查:判断鼓室气压功能和听骨链的完整性。为传导性聋常用检查。

2. 影像学检查 根据听功能情况选定 X 线片、CT 或 MRI 检查,协助确定病变部位、范围及程度等。

(四)心理-社会状况

评估患者年龄、生活习惯、家庭及经济情况等,了解其对疾病认知水平。患者可因耳鸣、耳聋而影响正常生活、工作学习而痛苦产生焦虑心理、悲观情绪。通过与患者及家属沟通交流,了解其心理状态。

【护理诊断及医护合作性问题】

1. 感知改变 与听力减退有关。
2. 焦虑 与耳聋不同程度加重有关。
3. 语言沟通障碍 与听力减退有关。
4. 知识缺乏 缺乏有关耳聋防护知识。

【治疗与护理措施】

(一)治疗要点

1. 传导性聋 ①非手术治疗:各种炎症导致的传导性聋可应用抗生素,也可使用激素和抗组胺药物,减少渗出,使听力尽快恢复。②手术治疗:耳外伤、畸形、各种咽鼓管疾病等可采取不同手术方法使听力恢复。③选配适合助听器。

2. 感音神经性聋 ①药物治疗:根据病因和类型用药,如细菌或病毒感染所导致的,给予抗生素或抗病毒药物治疗;自身免疫性耳聋可应用类固醇激素或免疫抑制药。酌情选用扩血管药、降血黏度药物、能量合剂和神经营养药等。②选配适合助听器:酌情选配助听器。③手术治疗:对双耳重度或极重度聋患者可行手术,以改善局部血液循环,促进内耳可逆损害恢复,必要时行人工耳蜗植入术。

(二)护理措施

1. 心理护理 不管是传导性聋还是感音神经性聋,多与患者接触,耐心倾听患者谈话,对重度耳聋者,可选用写字板、佩戴助听器等交流方式与其沟通,帮助解除顾虑、增强信心,配合治疗及护理。

2. 用药指导 对传导性聋还是感音神经性聋,均遵医嘱酌情应用抗生素、激素或抗组胺等药物,观察用药效果,注意用药后反应。

3. 手术护理 手术治疗患者则按耳科患者术前、术后常规护理;行人工耳蜗植入者,参照中耳、内耳手术前后期护理。

4. 选配助听器 根据听力损失程度,协助选配适宜助听器。

5. 健康指导

（1）传导性聋者，宜向患者讲解预防耳聋的有关知识，避免引发的各种因素，如不用不洁火柴棍、发夹等物挖耳，学会正确擤鼻涕方法，噪声环境下注意护耳，鼓膜穿孔未愈不能游泳，不滥用耳毒性药物，妊娠期间婴幼儿禁用耳毒性药物。感音神经性聋者，强调孕产期保健，重视婴幼儿听力筛查，做到早期发现、早期诊断与治疗。重视老年人听力保健，预防或延缓老年聋的发生和发展。

（2）传导性聋者积极治疗各种耳部疾病，如各种原因引发鼓膜穿孔或已发生急性中耳炎者，应及时就医，防止形成慢性中耳炎，损害听力。感音神经性聋者注意远离强噪声环境，作业者应加强耳部防护。慎用或禁用耳毒性药物，必须用时应注意有无耳鸣等症状，出现听力异常应及时停药。

（3）适当锻炼身体，均衡营养，保证身心健康，增强机体抗病能力。

（4）指导患者使用和保管助听器。对佩戴助听器或行人工耳蜗植入术患者，给予开机调试及听觉语言康复训练等。

讨论与思考

1. 简述分泌性中耳炎的护理要点。
2. 急性中耳炎细菌侵入中耳的主要途径有哪些？
3. 简述慢性化脓性中耳炎的分型及其鉴别要点。
4. 耳源性并发症主要有哪些？
5. 梅尼埃病的主要临床表现有哪些？
6. 简述传导性聋及感音神经性聋的主要护理及保健。

第五节　耳鼻咽喉、气管及食管异物患者的护理

耳鼻咽喉、气管及食管异物是临床常见的病证，及时发现并处理很重要。

【护理评估】

(一) 致病因素

1. 外耳道异物　外耳道异物是外耳常见急症之一，多见于儿童，也可见于成人。异物种类可分为动物性、植物性及非生物性三类。

（1）儿童出于好奇和无知常将一些小物件塞入耳内玩耍，如各种小珠子、小纽扣、小豆粒、小纸团等。

（2）成人在不洁挖耳时常将木签、棉花等脱落于外耳道内。

（3）各种小昆虫等也可爬入或飞入外耳道内。

2. 鼻腔异物　鼻腔异物为鼻科较常见急症之一，多见于儿童，也可见于成人。

（1）儿童出于好奇或玩耍自行将各种豆类、花生、果核及各种小玩具或配件塞入鼻腔。

（2）外伤或战伤可将各种异物溅射入鼻腔。

（3）呕吐、进食时打喷嚏以及鼻腔手术后遗留填塞物如棉球或纱条等。

3. 咽与食管异物　咽与食管异物为耳鼻咽喉科常见的急症。一般多见于老人和小儿，任何年龄均可发病。异物种类各异，成人多以鱼刺、鸡鸭骨、肉骨、义齿等多见；儿童多以硬币、针头、塑料瓶盖、各种小玩具、枣核等为多。

(1)多因进食仓促或注意力不集中,误将混于食物中各种异物咽下所致。

(2)小儿咽防御反射尚未健全,又喜欢将物品含于口内玩耍而误咽不慎发病。

(3)老人因牙齿稀松、咀嚼功能减退、口腔黏膜感觉欠敏感,义齿过松等而致病。

(4)在睡眠、醉酒、昏迷或全身麻醉时发生误咽。

(5)食管本身有狭窄、痉挛和肿瘤时易继发病。

(6)也常见于精神病患者或企图自杀者。

4. 喉、气管及支气管异物　喉、气管、支气管异物是耳鼻咽喉科常见危重疾病之一,有内源性和外源性两类。前者指呼吸道内的干痂、假膜或坏死物质等阻塞气道,后者系经口、鼻误吸入外界物质而致病。外源性异物的性质较为广泛,有植物性、动物性、矿物性和金属四类。因异物的性质和所致气道阻塞的程度不同,导致不同的后果。轻者可致气管、支气管和肺部损害,重者可能因窒息死亡。本病多发于1~5岁儿童,3岁以下者较多见,偶见于成人。

(1)小儿进食时或口含物玩耍时,可于嬉笑、哭闹、跌倒、惊吓等原因而被误吸入气道。或因牙齿发育不完善,不能将花生、瓜子、豆类等硬物嚼碎,加之喉的防御反射功能不健全,易将异物吸入气道。

(2)成人进食仓促,将鱼骨、鸡骨等梗于喉部,或口含小钉、别针等不慎吸入。

(3)全身麻醉、昏迷或咽喉麻痹患者,由于咽反射消失,呕吐物或义齿易被误吸入气道。

(4)精神患者或企图自杀者。

(二)临床表现

1. 外耳道异物　症状:因异物性质、大小与位置而异。光滑圆润无刺激小异物可无症状,大的阻塞外耳道可引起堵塞感、听力减退、耳鸣及耳痛等;植物性异物吸水膨胀可刺激和压迫外耳道导致耳痛、流脓等炎症反应;昆虫等异物可引起耳内剧痛,伴程度不等耳鸣及听力下降,也常伴焦虑不安;如靠近刺激鼓膜可发生眩晕。体征:耳镜检查可见不同种类异物,有的可合并感染征象或皮肤充血糜烂等。

2. 鼻腔异物　症状:因异物性质、形状、大小留存时间长短而不同。有的可无明显症状,而植物性者则可主要出现单侧持续性鼻塞、流脓血性有异味分泌物。体征:检查可发现患侧鼻腔脓血性分泌物,可在鼻中隔与下鼻道之间发现异物。

3. 咽与食管异物　症状:咽部异物可出现吞咽疼痛、吞咽障碍;食管异物可出现吞咽疼痛,吞咽时加剧,颈段异物多在颈根部或胸骨上窝;胸腹段异物常局限于胸骨后或背部两肩胛之间;不同程度吞咽困难;也可伴唾液增多和呼吸道症状如巨大异物压迫气管后壁引起呼吸困难甚至窒息。口咽或下咽部检查可明确咽异物阳性体征。食管异物常需借助辅助检查如食管X线透视、摄片和吞钡检查明确异物形状、大小及所在部位,必要时,食管镜检查既可明确诊断又可取出异物、达到治疗的目的。

4. 喉、气管及支气管异物

(1)喉异物:临床少见,小的异物可出现喉痉挛而导致吸气性呼吸困难、刺激性剧烈咳嗽、伴不同程度喉痛、声嘶、吸气性喉喘鸣、发绀等;大的则可立即引发窒息;尖锐异物损伤喉腔可引起咯血或皮下气肿或继发感染。

(2)气管异物:异物吸入气管后,立即发生剧烈呛咳、面红耳赤,并有憋气、呼吸不畅等症状。此后,若异物贴附于气管壁,症状可暂时缓解或稳定;若吸入的异物较轻而光滑如西瓜子等,常随呼吸气流在气管内上下活动,并引起阵发性剧烈呛咳、呼吸困难。当异物随气流向上撞击声门下区时,则在咳嗽时或呼气末期常可闻及拍击声,以听诊器在颈部气管前可清楚听到,或用手在颈前可触到撞击感。

(3)支气管异物:其早期症状与气管异物相似,临床上以右侧多见。当异物进入支气管后,因其活动减少,咳嗽症状略减轻。如为植物性异物,支气管炎症多较明显,常有发热、咳嗽、多痰等症状。呼吸困难程度与异物存留部位及大小有关。如两侧支气管内均有异物堵塞,呼吸困难多较严重。肺部听诊时,患侧呼吸音减低或消失。

(三)心理-社会状况

外耳道异物、鼻腔异物多见于小儿,有时患儿因害怕家长责骂而不敢及时告知,导致延误就医,当出现听力减退、耳痛、流脓血鼻涕时会给正常学习、生活带来不便,并让家属焦虑不安。外耳道昆虫异物则令患者恐惧紧张。咽食管异物患者及家属往往紧张、焦虑、恐慌,一般能及时就医;喉、气管、支气管异物患者,有时因病史不明确,未引起家长及患者本人足够重视,未能及时就诊或贻误治疗;或因本病起病急骤,未及时进行检查与抢救即因窒息、呼吸及循环衰竭而突然导致死亡。

(四)辅助检查

外耳道异物、鼻腔异物必要时有条件可行耳内镜和鼻内镜检查及取出异物;咽食管异物经影像学检查可确定异物性质、大小及其所在部位。金属等不透光异物,通过胸部 X 线检查透视或摄片后可确定异物形状、大小及所在部位。根据异物阻塞程度不同而产生肺气肿或肺不张。

1. 阻塞性肺气肿　胸部 X 线透视时,患侧肺部透亮度增加,膈下降,活动度较差,有时见纵隔摆动现象。

2. 阻塞性肺不张　胸部 X 线透视时,可见病变处肺组织密度增高,膈上抬,心脏及纵隔移向患侧,且呼吸时位置保持不变。

【护理诊断及医护合作性问题】

1. 疼痛　与异物压迫外耳道、鼻腔、咽喉、食管或继发感染有关。
2. 感知改变　因异物堵塞外耳道、鼻道致听力下降、嗅觉减退有关。
3. 清理呼吸道无效　与鼻咽喉腔内、气管内、支气管内存在异物,阻碍正常呼吸有关。
4. 吞咽困难　与咽与食管异物机械阻塞有关。有窒息的危险,与不正确探取异物可能误吸入气管或与异物较大,阻塞气管或声门裂有关。
5. 有大出血的危险　与异物损伤大血管或感染侵蚀大血管破裂有关。
6. 有感染的危险　与异物压迫刺激外耳道皮肤,刺激鼻黏膜,损伤咽食管,气管,支气管黏膜,或阻塞其远端肺叶的引流而发生继发感染有关。
7. 潜在并发症　与耳鼻咽喉、食管、气管及支气管异物有关。
8. 知识缺乏　缺乏耳鼻咽喉、食管、气管及支气管异物的预防知识。

【治疗与护理措施】

(一)治疗要点

1. 取异物前准备工作　根据不同部位不同异物,准备好相应取异物器械,采取正确体位无麻或局部麻醉或全身麻醉下顺利取出异物。
2. 抗感染治疗　选用有效足量抗生素口服或静脉途径给药,控制或预防感染。

3. 对症支持治疗 咽与食管异物,喉、气管及支气管异物者酌情使用镇痛、止咳喘等药,输液及营养素等。

(二)护理措施

1. 心理护理 减轻患者和家属的焦虑、紧张情绪,使患者配合治疗和护理。

2. 手术护理 根据不同部位不同异物,准备好相应取异物器械,协助医师采取正确体位顺利取出异物。

(1)外耳道异物:准备好如膝状镊、异物钩、刮匙等协助医师固定好患儿头位,顺利取出异物。对昆虫类异物,可先滴入75%乙醇或香油等,待其不动后取出;对细小异物可用外耳道冲洗法洗出;无法合作者可考虑短暂全身麻醉后取出异物。

(2)鼻腔异物:备好取异物物品如枪状镊、异物钩等固定患儿头部并协助医师顺利将异物取出(图6-5-1)。

(3)咽与食管异物:准备好枪状镊或异物钳在直视下取出口咽部异物;或在间接或直接喉镜下取出下咽部异物,恢复正常吞咽进食。食管异物应通过食管镜检查将异物取出。应配合医师做好术前各种准备:如术前禁食,术

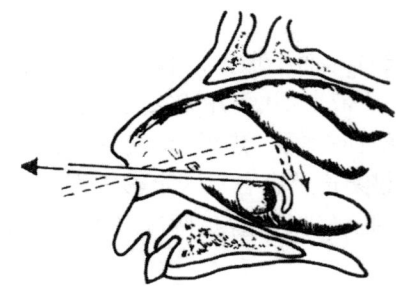

图 6-5-1 鼻腔异物取出术

前给药,清洁口腔,取下义齿,拔出过松的牙齿等,向家属和患者解释有关手术方式及其手术过程注意事项。术后应观察麻醉反应,及时执行术后各项医嘱。注意观察并发症发生情况,如高热、呕血或便血等要立即通知医师并协同按医嘱给予抗生素及其他相应处理。

(4)喉、气管及支气管异物:①密切观察患者呼吸情况,让其保持安静,若为小儿避免哭闹,防止异物移位并且增加耗氧量。②同时做好急救和手术准备,如氧气、负压吸引、气管切开包、支气管镜检查等。③如呼吸困难骤然加重,应立即给予吸氧。通知医师及时处理,忌用抑制呼吸的药物如吗啡、哌替啶等。④注意观察有无呼吸道感染的早期征象,如体温升高、咳嗽、多痰等,通知医师协助及时处理。⑤对施行气管镜检查的患者,护理人员应积极配合医师做好各项术前准备工作(包括禁饮食及术前用药等)。并详尽地向患者及其家属介绍手术的过程、必要性、术中和术后可能发生的各种并发症、配合治疗及护理的注意事项等,取得同意手术的承诺,并签署手术同意书。⑥对于婴幼儿患者,施行支气管镜检查并取出异物,有时术后会发生喉水肿,引起呼吸困难。因此,术后应遵医嘱及时给予吸氧、抗生素和激素治疗,以预防窒息、感染和喉水肿的发生。应特别注意呼吸型态,必要时施行气管切开术。⑦全身麻醉术后,保持呼吸道通畅,及时吸痰;麻醉未清醒前,头偏向一侧,防止误吸分泌物引起窒息。

3. 健康指导

(1)告知儿童不要将玩具放入耳鼻内玩耍,告诫家长勿盲目自行取外耳道及鼻腔异物,以免损伤外耳道皮肤甚至鼓膜、鼻黏膜,甚至落入后鼻孔而误吸造成窒息危险。

(2)注意进食细嚼慢咽,注意力不要分散,及时修复松动义齿以免脱落误吞,避免自行盲目探取,切忌吞咽食物团强行下咽,以免加重咽喉、食管损伤。

(3)向患者及家属讲解防止喉、气管及支气管异物发生的防治知识,如婴幼儿避免进食花生、瓜子、豆类等不适当的食物,小儿进食时不可嬉笑、哭闹、追逐,纠正小儿口中含物的不良习惯,以免异物误吸入呼吸道。帮助患者及家属正确认识呼吸道异物的危险性及预后,避免

复发。

讨论与思考

1. 耳鼻咽喉、气管与食管异物患者的主要致病因素有哪些?
2. 对喉、气管及支气管与食管异物患者如何进行健康指导?

(陈德荣)

第三篇 口腔科护理

Part 3

第 7 章

口腔颌面部的应用解剖与生理

> **学习要点**
> 1. 牙齿的名称、形态及数目,能辨认出乳牙、恒牙并能说出解剖名称。
> 2. 临床上牙位记录方法及颌面部的感觉神经。
> 3. 口腔前庭、固有口腔组织器官的结构与功能。

第一节 口腔的应用解剖与生理

口腔是消化道的起始部分,是由牙齿、颌骨、唇、颊、腭、舌、口底和涎腺等器官所组成(图 7-1-1),以牙列为分界线,将口腔分为牙列外侧的口腔前庭和牙列内侧的固有口腔。它参与消化过程,协助发音和言语动作,具有感觉等功能,并能辅助呼吸。

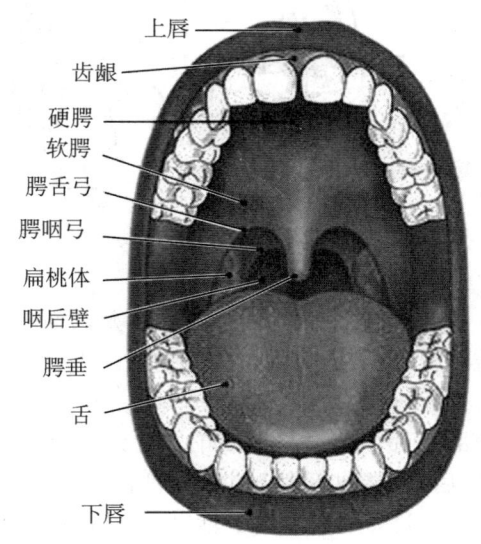

图 7-1-1 口腔

一、口腔前庭

口腔前庭为位于唇、颊与牙列、牙龈和牙槽黏膜之间的"U"形潜在腔隙。唇、颊黏膜移行于牙槽黏膜的转折沟,为口腔前庭沟,前庭沟正中线上有连接唇与牙龈的扇形或带状黏膜皱襞,为唇系带。在上颌第二磨牙牙冠相对的颊黏膜上有乳头状突起称腮腺乳头,当上、下牙咬合时,口腔前庭可借第三磨牙后方黏膜转折处与固有口腔相通。牙关紧闭者或颌间固定的患者可经此通道输入营养物质。

(一) 唇

分为上、下唇。两唇之间的裂隙称口裂,其两侧结合处称口角,上下唇黏膜和皮肤的移行处称唇红,唇红与皮肤交界处称唇红缘。上唇中央有一纵行的浅沟称人中,人中的上中 1/3 交点为人中穴,是一个急救的穴位。唇的外面被以皮肤,内面衬以黏膜,皮肤与黏膜之间有较厚的肌层(主要为口轮匝肌),外伤或手术时应分层缝合。肌层与皮肤之间为浅筋膜层,较疏松,故口唇感染时常出现明显的水肿。唇部皮肤有丰富的汗腺、皮脂腺和毛囊,为疖痈好发部位。

(二) 颊

为口腔的外侧壁,位于面部的两侧。由外至内主要由皮肤、皮下组织、颊筋膜、颊肌、黏膜下层和颊黏膜组成,组织松弛富有弹性。在颊肌与颊黏膜之间有一脂肪团,称颊脂垫。大张口时,因颊脂垫的衬托而使颊黏膜呈三角形突起,其尖端称颊脂垫尖,向后接近翼下颌皱襞前缘,尖顶略高于下颌孔的水平,此尖作为下牙槽神经麻醉时进针的标志。

二、固有口腔

其上界为硬腭和软腭,下界为舌和口底,前界和两侧界为上、下牙弓,后界为咽门,是口腔的主要部分。

(一) 腭

可由2/3的硬腭和后1/3的软腭两部分构成。为口腔的上壁,分隔口腔和鼻腔。参与发音、言语及吞咽等活动。

1. 硬腭 呈穹窿状,由牙弓围绕,表面覆盖以致密的黏骨膜。在两中切牙间后方有突起称切牙乳头,其下方有一骨孔称为切牙孔,该孔是鼻腭神经阻滞麻醉进针的标志。在第二磨牙腭侧牙龈距腭中缝中外1/3交界处左右各有一孔,称腭大孔,腭大孔为阻滞麻醉常用进针的部位(图7-1-2)。

2. 软腭 附着于硬腭后缘,为能动的肌肉模样的隔,向后为游离缘,软腭后缘正中为腭垂(悬雍垂)。软腭后部向两侧形成前后两条弓形皱襞为腭舌弓和腭咽弓,容纳腭扁桃体。

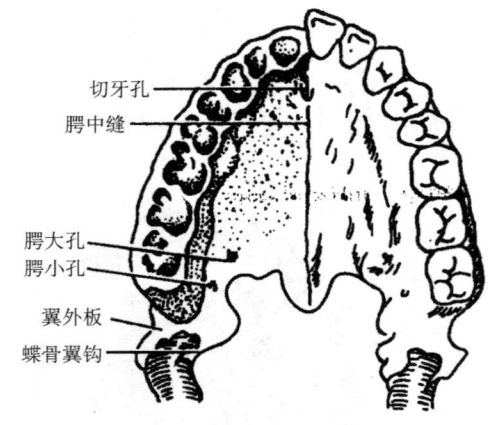

图7-1-2　硬腭的解剖

(二) 舌

具有味觉功能,且协助完成咀嚼、吞咽和语言等重要动作。舌分为上、下两面及两面之间的肌层。舌体上面称舌背,下面称舌腹。舌表面覆盖黏膜组织,内部由横纹肌构成。舌背以人字沟为界,分为两部分,舌前2/3为舌体,活动性较大,位于口腔内,又称舌的口部。舌后1/3为舌根,活动度较小。参与咽前壁的构成,又称舌的咽部。舌背黏膜上遍布许多乳头突起,司味觉和触觉功能。舌的主体由横纹肌组成,能做前伸、后缩、卷曲等多方向的灵活活动。舌的下面称舌腹。舌腹面中线一条黏膜皱襞称舌系带,舌系带过短可限制舌的活动,造成吮吸、咀嚼及语言障碍,需行手术矫正治疗。

(三) 口底

舌体以下,下颌骨体部以内的部位称为口底,表面覆盖黏膜。在舌系带两旁有乳头突起,称为舌下肉阜,是颌下腺和舌下腺导管的开口处。舌下肉阜两侧各有一条向后外斜行的舌下襞,是舌下腺管的开口部位,也是颌下腺管的表面标志。由于口底组织比较疏松,在口底外伤或感染时,可形成较大的水肿、血肿或脓肿,将舌推挤向上后,容易造成呼吸困难或窒息,应特别注意。

第二节　牙体与牙周组织的应用解剖与生理

牙是直接行使咀嚼功能的器官,对发音、言语及保持面部协调美观具有重要的作用。

一、牙齿的名称、数目、萌出时间及牙位记录

人的一生中有两副牙,乳牙和恒牙。根据牙的形态和功能的不同,乳牙分为乳切牙类、乳尖牙类和乳磨牙类三类;恒牙可分为切牙类、尖牙类、前磨牙类和磨牙类四类。

(一)乳牙

共有 20 颗,上、下颌左右侧各 5 颗乳牙,由中线向两侧分别为乳中切牙、乳侧切牙、乳尖牙、第一乳磨牙、第二乳磨牙。乳牙在出生后 6~8 个月开始萌出,6~7 岁乳牙开始脱落,被恒牙替换,13 岁左右全部脱完。

(二)恒牙

是继乳牙脱落后萌出的第二副牙列,共 28~32 颗,上、下颌的左右侧各 8 颗,从中线起向两侧分别为中切牙、侧切牙、尖牙、第一前磨牙、第二前磨牙、第一磨牙、第二磨牙、第三磨牙。恒牙于 6~13 岁先后萌出,第三磨牙通常在 18 岁以后萌出,又称智齿。近代人的第三磨牙因埋藏、阻生及病变拔除者较多,故口腔内常见恒牙数目可为 28~32 颗。6 岁以前口腔内全为乳牙,称乳牙列期;6~13 岁逐渐脱落被恒牙所代替,此期在口腔内既有乳牙,又有恒牙,称混合牙列期;13 岁以后口腔内全部为恒牙,称恒牙列期。

(三)记录

为了便于病历记录,采用牙位格式记录代表各类牙齿,方法如下。

1. 以"十"符号将全口牙齿分为四个区,横线区分上下颌,纵线划分左右侧。因医生面对患者,故纵线的左侧代表患者的右侧,纵线的右侧代表患者的左侧。

2. 乳牙牙位(图 7-2-1)用罗马数字或英文字母表示。

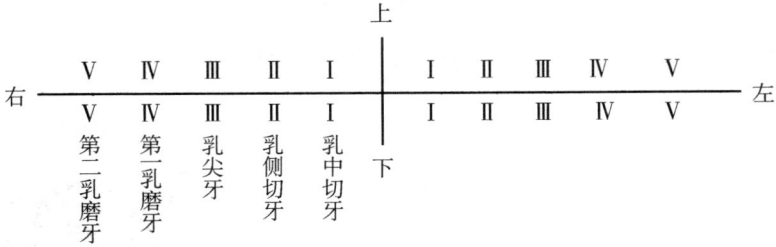

图 7-2-1　乳牙牙位记录

3. 恒牙牙位(图 7-2-2)则以阿拉伯数字表示。

二、牙齿的组成

牙齿由牙冠、牙根和牙颈三部分组成。

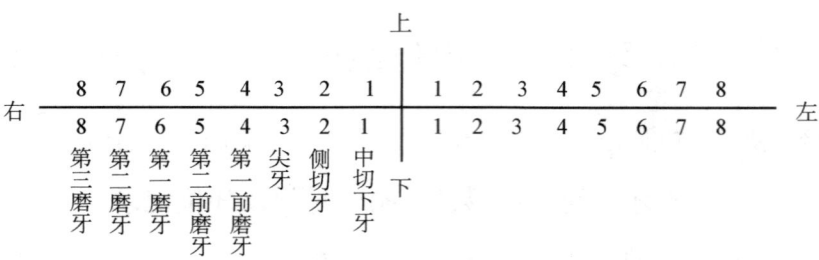

图 7-2-2　恒牙牙位记录

(一) 牙冠

牙冠(图 7-2-3)有解剖牙冠和临床牙冠之分。解剖牙冠系牙釉质覆盖的部分,牙冠与牙根以牙颈为界;临床牙冠为牙齿暴露于口腔内的部分,牙冠与牙根以龈缘为界。牙冠可分为五个面即近中面、远中面、舌(腭)面、唇(颊)面和𬌗面(切缘)。老年人因牙周萎缩,牙冠可变大。牙冠是发挥咀嚼功能的主要部分。

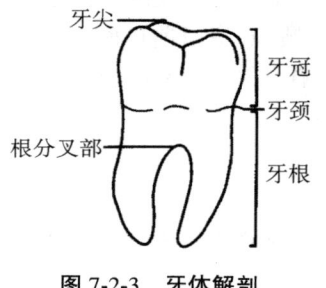

图 7-2-3　牙体解剖

(二) 牙根

牙根亦分为解剖牙根和临床牙根。解剖牙根以牙颈为界,牙颈部以下牙骨质覆盖的部分即为牙根。临床牙根是牙齿包埋于牙槽骨内的部分,牙冠与牙根以龈缘为界。牙根是牙齿的支持部分,有单根、双根和多根。

(三) 牙颈

为牙冠与牙根交界部分。呈弧形曲线形,又可称为颈线或颈缘。

三、牙齿的组织结构

牙体由牙釉质、牙骨质、牙本质三种硬组织和牙髓一种软组织组成(图 7-2-4)。

(一) 牙釉质

牙冠表面的白色半透明钙化硬组织,是人体中最硬、最耐磨的组织。

(二) 牙骨质

牙根表面呈淡黄色的硬组织。具有保护牙本质和供牙周膜纤维附着的作用。牙颈部的牙骨质较薄,根尖部及根分叉处牙骨质较厚。

(三) 牙本质

牙釉质和牙骨质的内层,是构成牙齿主体的组织,在其内有一空腔,称牙髓腔。牙本质内有牙髓神经末梢,当牙本质暴露时,能感受外界刺激产生酸痛。

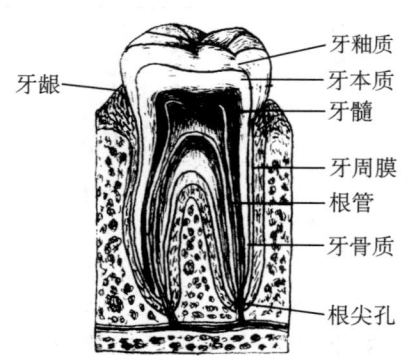

图 7-2-4　牙体组织结构

(四) 牙髓

是位于髓腔内的疏松结缔组织,呈粉红色,包含神经、血管、淋巴、成纤维细胞和造牙本质细胞,具有营养牙体和形成继发性牙本质的功能。

四、牙周组织

即牙齿周围的组织,包括牙龈、牙周膜和牙槽骨。

(一) 牙龈

牙龈是口腔黏膜包围着牙颈部和牙槽嵴的部分,色呈粉红,质坚韧而有弹性,表面有呈橘皮状的凹陷小点,称点彩。当牙龈发生炎症时,点彩消失。牙龈靠近牙颈处游离形成龈缘,它与牙面间有 0.5~2mm 深的沟称龈沟。如龈沟过深则表示牙周病变。

(二) 牙周膜

牙周膜是牙根和牙槽骨间致密结缔组织膜。牙周膜内含有丰富的神经、血管和淋巴,具有营养牙体组织的作用。牙周膜还可以调节牙所承受的咀嚼压力。

(三) 牙槽骨

牙槽骨是容纳牙根的颌骨突起部分,又称牙槽突。牙槽骨骨质较疏松,且富有弹性,是支持牙齿的重要组织。当牙齿脱落后,牙槽骨即逐渐萎缩。

第三节 颌面部的应用解剖与生理

颌面部由颌骨、颞下颌关节、涎腺及周围的软组织构成。

一、颌 骨

颌面部的骨性支架由 14 块骨组成,成对有上颌骨、鼻骨、泪骨、颧骨、腭骨及下鼻甲骨,单一有下颌骨和犁骨。本章节主要叙述与口腔临床关系密切的上颌骨、下颌骨。

(一) 上颌骨

上颌骨左右各一,位于颜面中部,参与构成口腔的上壁,眼眶的下壁,鼻腔底和外侧壁、颞下窝和翼腭窝、翼上颌裂及眶下裂。上颌骨解剖形态不规则,大致可分为一体和四个突起。

1. 上颌体

(1) 前外面:又称脸面,上界与上面交界形成眶下缘,内界为鼻切迹,下方移行于牙槽突,后界为颧突及颧牙槽嵴。

(2) 上面:为眶面,平滑呈三角形,构成眶下壁的大部分。在行眶下管麻醉时进针不可过深,以免损伤眼球。

(3) 后面:又称颞下面,以颧牙槽嵴与前面为界,参与颞下窝和翼腭窝前壁的构成。

(4) 内侧面:即鼻面,构成鼻腔的外侧壁,在中鼻道有上颌窦的开口通向鼻腔。

2. 四突

(1) 额突:为坚韧细长的骨板,自上颌体的前内上部突向后上方。分别与额骨、鼻骨、泪骨和筛骨相连接。

(2) 颧突:为锥体形,自上颌体的前、后面之间突向外上方,与颧骨相连,向下至第一磨牙形成颧牙槽嵴。

(3) 腭突：为水平骨板，在中线与对侧腭突相连接，形成腭正中缝，并构成口腔顶及鼻腔底的大部分。

(4) 牙槽突：又称牙槽骨。自上颌体向下方呈弧形包围牙根周围的突起部分，是上颌骨最厚的部分。上颌骨的血液供应极为丰富，故抗感染能力强，骨折愈合迅速，但手术或外伤后出血较多。

(二) 下颌骨

下颌骨是颌面部唯一可活动的骨骼，位于面部下 1/3。它可以分为水平位的下颌体与垂直位的下颌支两部分。

1. 下颌体

(1) 外面：在外侧面正中联合处之突出部为颏部，在相当于前磨牙区上下缘之间有颏孔，为下颌管的出口，有颏神经、血管通过。

(2) 内面：在正中联合的下方有四个小骨棘，称颏棘，与颏舌肌、颏舌骨肌附着。

(3) 牙槽突：牙槽突的内、外骨板均有较厚的骨密质构成，下颌拔牙及牙槽骨手术时，除切牙区外可采用浸润麻醉外，一般均需采用阻滞麻醉。

(4) 下颌体下缘：外形圆钝，为下颌骨最坚实处。下颌骨下缘常作为颈部的上界及颌下区切口的有关标志。

2. 下颌支

(1) 外面：外面扁平，大部分为咬肌所附着。

(2) 内面：下颌支的内侧面中央略偏后上方处有下颌孔，呈漏斗状，下牙槽神经血管束经此孔通入下颌管。下颌骨的血液供应主要由下牙槽动脉，血供较差，因而骨折的愈合缓慢，同时下颌骨骨密质厚而且致密，牙槽脓肿不易穿破骨壁得到引流，因而牙源性骨髓炎的发生也较上颌骨多见且严重。

二、肌 肉

表情肌与咀嚼肌是构成口腔颌面部肌肉的两大群。其主要功能为管理人体的咀嚼、语言、表情和吞咽动作。

(一) 表情肌

主要有眼轮匝肌、口轮匝肌、上唇方肌、下唇方肌、笑肌、三角肌和颊肌等。肌纤维在眼、鼻和口腔，排列成环形或放射状，有启闭、括约、扩张等功能。面部表情肌均由面神经支配运动，如果面神经受损，则引起表情肌瘫痪，造成面部畸形。

(二) 咀嚼肌

主要附着在下颌骨上，可分为闭、开口两组肌群，此外，还有翼外肌。管理开口、闭口和下颌骨的前伸与侧方运动。其神经支配均来自三叉神经下颌神经的前股运动纤维，主管运动。

三、神 经

口腔颌面部的感觉神经主要是三叉神经，运动神经主要是面神经。

(一) 三叉神经

三叉神经司颌面部的感觉和咀嚼肌的运动。其感觉神经分为三支出颅，即眼支、上颌支、下颌支。

(二)面神经

面神经司颌面部表情肌的运动、舌前 2/3 的味觉和涎腺的分泌。面神经从茎乳孔出颅,经腮腺深浅叶之间分出颞支、颧支、颊支、下颌缘支及颈支,呈扇形分布面部,支配表情肌的运动。

四、血 管

(一)动脉

颌面部的血供非常丰富,主要来自颈总动脉的分支颈外动脉。颈外动脉在颌面部的主要分支有舌动脉、颌外动脉、颌内动脉和颞浅动脉等。这些分支在颌面部密集成网,使颌面部血供丰富,组织的抗感染能力和修复能力提高,有利于创口的愈合,但口腔颌面部、颈部损伤或手术时出血也较多。

(二)静脉

口腔颌面部多数静脉与同名动脉伴行,分支多而细小,彼此吻合成网,其静脉主要通过颈内、颈外静脉回流至心脏。面部静脉的特点是静脉瓣膜缺乏,又位于表情肌之间,且与颅内海绵窦相通。因此,颌面部感染易逆行传入颅内,引起海绵窦血栓性静脉炎等严重的颅内并发症,尤其是"危险三角区"的感染。

五、淋 巴

颌面部淋巴分布非常丰富,淋巴管组成网状结构,收纳淋巴液,汇入淋巴结,为颌面部的重要防御体系。正常情况下,淋巴结小而柔软,不易扪及,当其所收纳的范围内出现炎症和肿瘤时,相应的淋巴结就会发生肿大、变硬和压痛等表现,因此对判断炎症或肿瘤的预后有重要的临床意义。

六、涎 腺

口腔颌面部由左右对称三大涎腺,即腮腺、颌下腺和舌下腺以及很多遍布于唇、颊、腭、舌等处的小唾液腺共同组成,各有导管开口于口腔。涎腺分泌唾液,有湿润口腔黏膜、消化食物、杀菌,调和食物便于吞咽,以及调节机体水分平衡等作用。

讨论与思考

1. 口腔由哪两部分组成?其生理功能有哪些?
2. 试述乳牙和恒牙的萌出顺序和时间。
3. 牙体组织由哪几部分组成?其主要生理功能是什么?

(张莉萍)

第 8 章

口腔科护理概述

> **学习要点**
> 1. 口腔科护理评估、常用护理诊断。
> 2. 口腔科手术前后常规护理。
> 3. 口腔科常用检查器械及其专科检查方法。

第一节 口腔科护理评估与常用护理诊断

一、护理评估

对口腔科患者进行护理评估是确定护理诊断、制订护理计划、采用合理而科学的护理措施的必要手段和重要依据。在评估时,不仅要了解患者的身体健康状况,而且还要关心其心理、社会、文化及经济等情况,这样才能做出全面正确的评估。

(一) 常见症状和体征

1. **牙痛** 牙痛是口腔科常见症状和就诊的主要原因。引起牙痛的原因可以是牙齿本身、牙周组织、颌骨的某些疾病,也可能是神经疾病或某些全身性疾病。疼痛的主要特点是自发性剧痛、自发性钝痛、激发痛和咬合痛。因个体敏感性及耐受性的不同,必须对牙痛患者进行仔细的询问,然后做进一步检查,最后根据主诉、病史、症状、临床表现和检查结果综合分析,做出正确的诊断和评估。

2. **牙齿松动** 正常情况下,牙齿只有极轻微的生理动度,约 0.2mm(只有接近脱落的乳牙才会松动),若超过生理动度,常是病理性原因所致。常见原因为:牙周病、外伤、急性根尖周炎、急性牙槽脓肿。

3. **口臭** 口臭是口腔、鼻和某些全身性疾病均可出现的一种症状,常给患者造成较大的精神负担,可由口腔不洁,牙石、牙垢过多以及嵌塞于牙间隙和龋洞内的食物发酵腐败而引起。也可由化脓性上颌窦炎、萎缩性鼻炎、扁桃体炎、胃肠疾病、白血病等鼻、咽及全身性疾病引起。

4. **牙龈出血** 牙龈在没有任何刺激下出血,且量较多,往往是由于牙齿及全身性疾病引起。常见的原因有:各种牙龈炎、牙周病、妊娠瘤、坏死性龈炎、牙龈肿瘤、食物嵌塞及不良修复体的刺激等。全身性疾病:如血液病、维生素 C 缺乏、严重贫血、肝硬化、脾功能亢进、播散性红斑狼疮、肾炎后期、苯中毒等。

5. 牙齿着色和变色 牙齿着色是指牙齿表面有外来的色素沉积。色素来源于饮食、烟、茶中的有色物质或口腔中的产色细菌长期接触可使牙面有黑色、褐色及绿色色素沉着。牙齿变色有个别牙变色和全口牙变色两种。前者常见于局部原因。如牙体治疗使用的某些药物倘若渗入到牙本质小管,可使牙齿染成黑色(硝酸银)或棕红色(酚醛树脂)。后者常见于在牙齿发育期间受环境和全身情况的影响所形成。如大量服用四环素,可使该时期内形成的牙齿变为黄褐色或灰色等。

6. 张口受限 正常张口度约 3.7cm,凡不能达到正常张口度者,即称为张口受限。常见原因有口腔颌面部感染,颞下颌关节疾病,口腔颌面部外伤、肿瘤,以及破伤风、癔症发作。

(二)辅助检查

1. 实验室检查 通过临床检验、生物化学检验、细菌学检验等,对颌面外科疾病的诊断、治疗及全身情况监测具有重要的意义。

2. X 线检查 以了解龋洞的深度、根尖周破坏程度及颌骨损伤情况。

3. 透照检查 可直接观察到龋损部位及病变深度范围。

4. 局部麻醉检查法 对于放射性疼痛,难以确定其部位时,可用 2% 利多卡因或普鲁卡因局部麻醉以便定位。

5. 穿刺检查 对囊性肿物,用注射器穿刺抽吸内容物检查进行鉴别,并可做涂片检查。

(三)心理-社会状况

1. 延迟就医心理 大部分患者认为牙病是小病,不愿及时去医院诊治。也有患者对钻牙有畏惧心理,怕痛,不愿及时就诊。

2. 迫切求治 牙痛难忍之时,迫切要求医生立即为其解决问题。

3. 焦虑不安 恶性肿瘤术后、外伤引起颜面受损的患者易产生焦虑、自卑心理。有些口腔疾患因反复发作,引起患者不安。

4. 美观要求 口腔疾患治疗范围多在口腔颌面部。患者往往对面部外形的维持和美观改善要求高,一旦未达到预期值,容易引发心理问题和医疗纠纷。

5. 社会交往障碍 口臭,语言不清(唇、腭裂)功能障碍,以及颜面的改变与毁损,导致自我形象的紊乱,患者不愿多与社会接触,影响正常社会生活。

二、常用护理诊断

1. 疼痛 与龋病、炎症、骨折、外伤、引流不畅、食物刺激等因素有关。

2. 焦虑 与担心颌面部部分组织或功能丧失,导致残疾有关;与担心手术、麻醉意外、放疗、化疗不良反应有关;与疾病、外伤、损伤性检查、产生疼痛的治疗、疾病的预后不佳等畏惧感有关。

3. 清理呼吸道无效 与口腔颌面外伤、术后、颌面包扎过紧不能有效地清理呼吸道中的分泌物和阻塞物有关。

4. 语言沟通障碍 与外伤、颌骨骨折、口腔内手术、呼吸道插管及术后禁止发音,口腔颌面部炎症引起局部肿胀、张口困难等有关。

5. 自我形象紊乱 与面神经麻痹、面部畸形、颌面部外伤,颌面部疾病和术后颜面及功能改变等有关。

6. 知识缺乏　缺乏口腔卫生、保健、自我护理方面等知识。

7. 有感染的危险　与颌面部软组织损伤、手术、口腔不清洁、机体抵抗力降低、病原微生物易侵入等有关。

8. 营养失调　与颌面部软组织损伤、炎症、骨折固定、张口受限等影响进食有关;与口腔疾病、食欲缺乏摄入不足有关;与先天唇裂、腭裂进食困难及缺乏营养知识等有关。

9. 口腔黏膜改变　与口腔炎症、肿瘤继发感染、手术、外伤、溃疡等有关;与口腔卫生不佳、唾液分泌减少及缺乏口腔卫生保健知识等有关。

10. 潜在并发症　出血,与手术、伤口感染等有关。

第二节　口腔科患者常规检查

口腔颌面部检查是全身检查的一部分,它位于体表,应按顺序由外向内,即先检查颌面部,然后再做口腔检查,主要检查牙齿、牙周、口腔黏膜、舌、系带、腭、口底及涎腺等。检查时诊室要安静、整洁、光线充足。同时要求患者椅位合适,操作时动作要轻柔、有顺序、细致、主次分明。

(一)检查前准备

1. 常用检查器械准备　口腔检查常用器械有口镜、牙用镊子和探针,消毒后置于弯盘(消毒)中或采用一次性消毒器械(图8-2-1)。

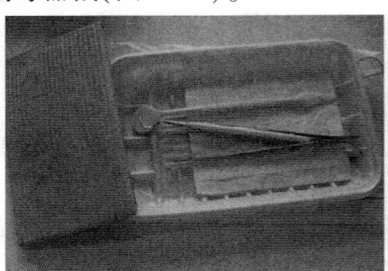
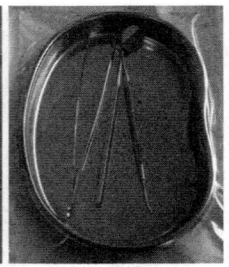

图8-2-1　口腔检查器械

口镜:有镜头、镜颈、镜柄三部分,用于检查直接视线达不到的部位,如牙齿的远中面;主要利用口镜面的反光和映像作用;还可以牵拉口角、唇、颊以及推压舌体之用;镜柄也可作叩诊之用。牙用镊子:工作头和镊柄两部分,用于夹持牙齿,检查牙齿松动度;也可夹持小块异物及棉球、纱布;其柄也可作叩诊牙齿之用。牙用探针:有弯曲的工作端、颈与柄,用于检查牙体点、隙、裂沟、龋洞及牙体过敏部位;还可以探测牙周袋的深度,是否有龈上、龈下牙石,充填物的边缘密合度及接管的方向等。

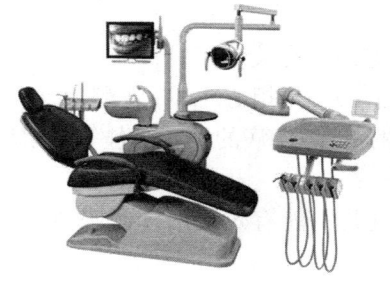

图8-2-2　口腔科治疗椅

2. 椅位准备　口腔科患者检查时的椅位(图8-2-2)采用坐式或仰卧式两种。

(1)坐式体位:检查时,调节头靠、背靠和椅子的相应位置,使患者头部置于较固定的状态。同时调节照明灯光。便于检查者进行检查,一般应使手术椅背靠上缘与患者的肩胛相平,头靠应支持在枕骨部位。保持头、颈、背成一直线,手术椅的高低应调至与检查者高度相适应。

(2)仰卧式体位:进行检查时,应将椅位调节成使患者半卧或平卧于椅上。患者的头和腿应在同一水平位置,腕部稍有弯曲。此种位置会使患者感到舒适,又便于检查者看清口腔内的不同区域,保证视野清晰。

(二)常用检查方法

1. 一般检查法

(1)问诊:全面了解疾病的发生、发展、病因、诊治经过及效果,与本次发病有关的病史等,主要是针对患者的主诉、现病史、既往史和家族史等进行问诊。

(2)视诊:首先检查不适部位的颜色、形状、功能活动有无改变及患者的生理和心理素质方面的变化,通过视诊可了解开口度、开口形、牙齿磨耗情况等。

(3)探诊:利用探针检查和确定牙齿病变部位、范围、疼痛反应,探诊可确定龋洞部位、深浅、牙髓暴露情况,充填物边缘密合程度、有无继发龋,还可用钝头刻度探针检查牙周袋深度和瘘管方向。

2. 牙髓活力检查　运用物理和化学的方法,测定患者牙髓的反应,以确定牙髓病及其发展阶段,或确定牙髓组织的生活状况。

(1)温度测验:即用冷水、冷空气、氯乙烷、乙醇、加热的牙胶、70~80℃热水等测验牙髓活力。目前多采用温度检测法来测定牙髓活力,此法简单、易操作、准确性较满意。急性用冰棒做牙髓活力测验,因操作简便而被广泛应用。

(2)电流测试法:使用牙髓活力测验器测定患者牙髓反应。测验器有直流高频感应器和直流电力器两种。测试时先测健康的牙,后测患牙,以便进行比较,由于牙髓状态不同,感受及反应也不尽一致。

3. X线检查　主要用于检查颌面的骨折、肿瘤、阻生牙、埋伏牙的位置,龋洞的部位、深浅、牙邻面龋及牙根尖周围组织的病变,结合临床表现以做出正确的诊断。

(三)口腔前庭的检查

1. 口唇　健康人的口唇为鲜艳粉红色,注意检查色泽、状态、外形、运动、有无肿胀、疱疹、皲裂,口角有无红肿糜烂,有无增生物、色素沉着、白斑等。

2. 颊　注意颊部色泽,对称性,颊部有无肿胀、压痛、瘘管,感觉障碍、感觉过敏等。观察颊部黏膜的色、形、质,颊部黏膜的变化常可反映全身性疾病。正常人两颊是对称的。

3. 牙龈黏膜　正常牙龈为粉红色,有点彩。牙龈、牙周病最常见为点彩减少或消失。还要注意观察牙龈有无红肿、出血、增生、萎缩,龈缘有无溃疡、坏死和窦道等。若有红肿发炎,应用钝头探针检查龈袋、牙周袋及其深度。

4. 唇颊沟　应注意有无肿胀、压痛、糜烂及有无角化异常等。

5. 系带　注意观察其数目、形状、位置及其附着情况,对牙位及口腔功能有无影响。

6. 腮腺及导管乳头　正常腮腺局部柔软无压痛,有病变时可有肿胀、硬结,触诊有压痛,但腮腺肿瘤的肿胀多无压痛。

(四)固有口腔的检查

1. 腭　硬腭黏膜正常为粉红色,黏膜下有骨质,软腭黏膜略暗红色,黏膜下无骨质。观察黏膜有无充血、溃疡、假膜、白色斑块等异常变化。

2. 舌　正常舌质淡红,舌体柔和,舌苔薄白。应注意舌质的色泽,舌苔的变化,以协助诊断机体全身性疾病。

3. 口底　正常口底组织坚韧,质地柔软,主要检查舌系带是否过短,导管乳头是否红肿,也用望诊和触诊了解有无淋巴结浸润、压痛和硬节。

4. 口咽部　观察有无明显充血、水肿、疱疹、糜烂、咽腔缩小而影响呼吸及吞咽功能。

(五) 牙齿的检查

1. 视诊　先检查其主诉部位,再观察牙齿的数目、形态、牙色、牙齿的位置、牙体、牙周组织、萌出情况等。

2. 探诊　用牙科探针或口腔镊子探测有无龋洞及深浅、大小、牙周破坏的情况及瘘管的方向等。对邻面、颈部等不暴露面的龋齿好发部位也要进行仔细探查;对牙周病可用钝头探针检查牙周袋的深度,牙龈的瘘管方向,牙周袋内牙石的分布及牙龈是否有出血等。

3. 触诊　手指触压牙周组织,轻压龈缘观察脓液溢出,触诊根尖部的牙龈注意有无压痛和波动感。

4. 叩诊　用口镜或镊子柄轻轻垂直叩打牙齿的𬌗面或切缘,应先叩健齿再叩患齿对比患者反应,目的是检查牙周膜的牙槽骨反应程度。

5. 牙齿松动度　正常牙齿有一定的活动度,范围在 1mm 内,超出此范围为病理性。可用牙科镊子夹住牙冠做前后摇动来检查牙齿的松动度。

(六) 颌面部检查

1. 望诊

(1) 观察颜面表情与意识状态:不仅可了解颌面部的病变,还可了解全身性疾病的反应。如颌面部损伤合并颅脑损伤时,可出现意识和神志的变化。患侧面神经麻痹者,由于表情肌功能降低,导致患侧额纹消失,眼睑闭合不全,口角㖞斜等。

(2) 颜面部外形与色泽:检查面部上、中、下三部的正、侧面比例是否协调,颜面部外形与轮廓的对称性及丰满度。观察颜面皮肤的色泽、皱纹、弹性,有助于某些疾病的诊断,如血管瘤、神经纤维瘤等均有皮肤色素的改变。对颜面部的畸形、缺损、肿块、瘘管及肿胀除望诊外,应结合触诊进一步检查其部位、范围、质地以及与周围组织的关系。

2. 触诊　了解病变范围、大小、形态、深度、硬度、温度、能否移动、有无触痛、波动感等以及皮肤和深层组织的关系。

3. 探诊　用圆钝质软的银探针顺势推进,探测瘘孔,涎腺导管部位及深度。应注意避免穿破瘘管及导管壁。

(七) 颞下颌关节检查

1. 颌面外形　认真观察,左右两侧发育状况、协调性、对称性、颏部中点是否正中位。有关节强直的患者颏部中点向患侧偏斜。髁突患有骨癌时,颏中点向健侧偏斜,患有髁突肥大者颏中点向健侧偏斜。

2. 触诊　用双手示指分别放于两侧耳屏前髁状突的外侧面(下关穴处),请患者做张闭口运动。检查髁状突的活动度,有无弹响及摩擦音,有无压痛等。

(八) 𬌗关系检查

有无过早接触,正中关系位于正中𬌗位是否协调,正中接触是否平衡。检查前伸及侧向运动有无障碍,充填体、义齿是否合适,牙齿的磨损程度等。

(九)张口度检查

用卡尺测量上下切牙切缘间距离,若有张口度异常时可参照以下标准。

1. 轻度张口受限　上下切牙的切缘间距离 2~3cm。
2. 中度张口受限　上下切牙的切缘间距离 1~2cm。
3. 重度张口受限　上下切牙的切缘间距离不足 1cm。

(十)涎腺

一般检查三对大涎腺,即腮腺、舌下腺、颌下腺。检查的主要方法如下。

1. 望诊　两侧对比,观察形态变化,注意导管口有无红肿、分泌物。
2. 触诊　腮腺的触诊以示指、中指、环指三指平触为宜,颌下腺及舌下腺的触诊常用双手合诊法检查。用手轻轻按摩和推压腺体,观察导管排出物的性质和量,必要时双侧进行对比。
3. 探诊　用钝头探针探测涎腺导管或注入造影剂及药物。在未触及结石时方可进行探诊,动作要轻柔,以免损伤导管乳头或将药液注入软组织中。

第三节　口腔科手术患者常规护理

(一)术前护理

1. 一般护理

(1)心理护理:根据患者文化程度的不同,恰当地介绍治疗方案、手术效果,以消除疑虑和恐惧心理,保持良好的心理状态,取得患者的密切配合。

(2)口腔护理:保持口腔清洁,漱口液含漱;牙石过多者应洁治,并去除口腔病灶;腭裂患者术前 3d 用呋喃西林、麻黄碱或其他抗生素滴鼻。

(3)术前检查:检查患者所有术前必要的化验检查是否完成。

(4)健康指导:教会患者有关手术后必须施行的活动,如深呼吸、咳嗽、引流管的保护、翻身及肢体活动,帮助患者戒烟,练习床上使用便器。

2. 术前护理

(1)搞好个人卫生,术前应理发、洗澡、换衣。

(2)皮肤准备:按手术要求准备皮肤,面部手术应行面部剃须,剃尽患侧耳后 3~5cm 毛发,并剪去鼻毛。头皮或额瓣转移的手术需剃光头发,备皮范围应大于手术区 5~10cm。

(3)皮肤过敏试验:做好药物过敏试验,记录结果,阳性者应通知医生。

(4)配血:按医嘱根据手术需要配血。

(5)全身麻醉患者手术前晚应清洁灌肠,为保证睡眠,必要时服用安眠药。

3. 术晨护理

(1)全身麻醉患者术前 8h 禁食、禁水;小儿术前 6h 禁食,2h 禁水。

(2)遵医嘱给术前用药。

(3)嘱患者排空大小便。

(二)术后护理

(1)患者术后回病房时应与医生、麻醉师、手术室护士做好交接班,了解手术过程,连接好各种引流管,并严密观察引流物的变化,并做好记录。

(2)全身麻醉未清醒的患者应去枕平卧,头偏向健侧,保持呼吸道通畅。严密观察体温、脉搏、呼吸、血压、神态、瞳孔变化,按全身麻醉后常规护理,血压每15~30min测1次,待全身麻醉清醒或血压平稳后可酌情减少测量次数。

(3)全身麻醉清醒后,患者取半坐卧位,有利于排痰;指导患者用合适的咳嗽方法,即在吸气末屏住呼吸几秒钟后用力从胸部咳出,进行两次短促有力的咳嗽。

(4)全身麻醉清醒后6h无呕吐者,可给少量温开水或流质饮食,以后遵循饮食原则,给予流质、半流质、软食、普食。

(5)密切观察手术伤口是否渗血、组织肿胀,记录引流物的量、色、性状,监测患者生命体征的变化,如有异常及时报告医生处理。

(6)对术后疼痛的患者应认真评估疼痛的部位、性质、程度,采用松弛法、注意力转移法等护理措施,或遵医嘱给予镇痛药。

(7)加强口腔护理,保持口腔清洁、湿润。按医嘱使用抗生素,防止感染。

(8)做好健康教育工作,指导患者学会自我护理。

讨论与思考

1. 口腔护理评估的临床表现有哪些?
2. 口腔检查常用的方法有哪些?常用护理诊断有哪些?
3. 拔牙术后健康指导包括哪些?

(张莉萍)

第9章 口腔科常见疾病患者的护理

> **学习要点**
> 1. 口腔科常见疾病的护理。
> 2. 口腔科疾病常用护理诊断及医护合作性问题。
> 3. 口腔科常见代表性疾病患者的护理措施。
> 4. 口腔疾病的预防及健康指导。

第一节 牙体及牙髓病患者的护理

一、龋 病

龋病是牙齿硬组织在以细菌为主的多种因素影响下,逐渐发生慢性进行性破坏的疾病。它是口腔科的常见病及多发病,可引起牙髓炎、根尖周炎、牙槽脓肿等,影响身体健康。

【护理评估】

(一)致病因素

病因至今尚未完全明确,目前被普遍接受的龋病病因学说是四联因素论。

1. 细菌 是龋病发生的主要条件,常见致龋病菌是乳酸杆菌、变形链球菌及放线菌。

2. 食物 与龋齿发生关系最密切的是糖类,尤以蔗糖及其他低分子量糖的作用最明显。因糖类食物易被致龋细菌分解成酸,易形成黏性多糖类,黏附于牙齿的表面,形成牙菌斑,菌斑中细菌使食物中糖发酵、产酸致牙齿硬组织破坏形成龋病。

3. 宿主 牙齿的形态、结构、成分、位置与龋病发生均有关。窝、沟、邻面、牙颈部是龋的好发部位,唾液的性质、成分及分泌量与龋病发生也有关。

4. 时间 龋病的发生和发展是一个慢性过程,从早期损害发展为一个临床龋洞,平均需要18个月左右,2~14岁这段时间是乳恒牙患龋的易感期。因此,时间因素对预防有重要意义。

(二)临床表现

龋病最好发于牙齿的咬合面,其次是牙齿的邻接面。临床上根据龋损程度将龋病分为浅龋、中龋及深龋（图 9-1-1）。

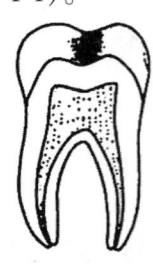
牙釉质龋

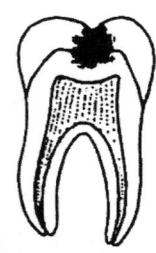
牙本质浅层龋

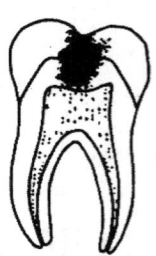
牙本质深层龋

图 9-1-1　龋病的三个阶段

1. 浅龋　龋蚀只限于牙釉质或牙骨质。初期在牙表面可有脱钙而失去固有色泽，呈白垩色点或斑，继之成黄褐色或黑色，无自觉症状。探诊有粗糙感或有浅层龋洞形成。

2. 中龋　龋蚀已进展到牙本质浅层，形成龋洞，洞内除了有病变的牙本质外，还有食物残渣、细菌等。患者对冷、热、酸、甜等刺激较为敏感，尤其对冷的刺激更为敏感。但外界刺激去除后，症状即可消失。

3. 深龋　龋蚀已进展到牙本质深层，龋洞较深，由于深龋病变接近牙髓，所以对温度变化及化学刺激敏感，食物嵌入洞内压迫发生疼痛，探查龋洞时酸痛明显，说明龋蚀已接近牙髓组织。但无自发性痛。

> **重点提示**
>
> 龋病及其并发症作为病灶，可引起远隔器官的疾病（如虹膜睫状体炎），故龋病的及时治疗与护理十分重要。

（三）心理-社会状况

患者多因初期无自觉症状而未能及时就诊，延误了治疗时机。当牙齿出现龋洞，食物嵌塞引起疼痛时患者才来就医。多数患者对钻牙存在恐惧心理。

【护理诊断及医护合作性问题】

1. 疼痛　与牙本质暴露有关。
2. 组织完整性受损　由龋造成牙体硬组织缺损所致。
3. 潜在并发症　牙髓炎、根尖周炎等，与治疗不及时等有关。
4. 知识缺乏　缺乏龋病的预防及治疗知识。

【治疗及护理措施】

（一）治疗要点

对龋齿的治疗一般采用充填术修复牙体组织缺损，恢复其功能。充填术第一步是洞形制备，第二步是充填。

（二）护理措施

1. 术前准备

（1）器械及用物：备一次性牙椅套或牙椅头套，漱口杯、吸唾管及胸巾。备口腔检查基本器械:治疗盘、口镜、镊子、探针、棉卷等,根据需要装上高速、低速手机或洁牙机手机,各型车针,挖器,粘固剂充填器,玻璃板,调拌刀,银汞合金充填器,雕刻刀,成形片及成形片夹,砂石针,咬合纸,磨光器。

(2)药品:备75%乙醇、丁香油、25%麝香草酚酊、樟脑酚合剂、玻璃离子粘固粉、磷酸锌粘固粉、氧化锌丁香油粘固粉、氢氧化钙双糊剂、复合树脂、银汞合金。

2. 术中配合

(1)适当调节椅位,一般将患者的头、颈、背调节呈直线。医护人员戴一次性手套,装上合适的车针。

(2)操作中护理:①窝洞预备。医生去腐制洞过程中,随时调节光源,及时吸唾,协助扩大术野,保持术野清晰。②充填护理。a. 隔湿、消毒:在备洞完毕后递送棉卷隔湿,吹干窝洞;使用橡皮障者及时吸干冲洗液。备窝洞消毒的小棉球,消毒药物根据龋洞情况、充填材料及医嘱选用。b. 垫底、充填:浅龋不需垫底;中龋用磷酸锌粘固粉或玻璃离子粘固粉单层垫底;深龋用氧化锌丁香油粘固粉及磷酸锌粘固粉双层垫底。遵医嘱调拌所需垫底材料,选用永久性充填材料充填。前牙选用复合树脂或玻璃离子粘固粉充填,后牙多选用银汞合金充填。③调𬌗及磨光。嘱患者轻轻咬合,检查有无高点,调整咬合后递磨光器做表面磨光。④清除合金碎屑。递送镊子夹一小湿棉球做修整,清除碎屑,再递送一探针彻底清除窝沟、隙、缝的汞合金碎屑,嘱患者漱口清除碎屑或三用枪冲洗。

(3)操作后护理:剩余的银汞合金回收后放置在盛有甘油或饱和盐水的瓶子里,以防止汞挥发造成环境污染。嘱患者银汞合金充填的牙齿24h内不能咀嚼食物,以免充填物脱落。深龋充填后如有疼痛应及时到医院复诊。

3. 健康指导

(1)养成良好的口腔卫生习惯:饭后漱口、早晚刷牙,尤其是睡前刷牙更为重要,以减少菌斑及食物残渣的滞留时间。刷牙方法要正确,应选择保健牙刷,采用上下竖刷法。避免横刷以预防牙龈萎缩及楔状缺损。

(2)定期进行口腔检查:一般2~12岁半年检查一次,12岁以上1年检查一次,以便早期发现龋病。

(3)采取有效的防护措施:根据需要,使用含氟牙膏及点隙窝沟封闭等,以提高牙齿的抗龋能力。

(4)养成合理的饮食习惯:儿童和青少年要少吃零食、少吃甜食,使用蔗糖代用品如木糖醇等,以防止和降低龋病的发生。

二、牙 髓 炎

牙髓炎是指由于感染、外伤、理化等因素刺激导致牙髓组织的炎症反应。按临床经过,分为急性牙髓炎与慢性牙髓炎。

【护理评估】

(一) 致病因素

牙髓炎多由细菌感染引起,深龋是引起牙髓感染的主要途径;其次是牙周组织疾病引起的逆行感染。此外,外伤、化学药物及物理因素如温度、电流刺激亦可引起牙髓炎。

(二)临床表现

(1)急性牙髓炎:①自发性、阵发性剧烈疼痛;②夜间及温度刺激疼痛加剧;③疼痛部位不定,患者常不能准确指出患牙;④对热刺激极为敏感,而遇冷刺激则能缓解疼痛(见于牙髓化脓时);⑤检查时常见患牙有深的龋洞、探痛明显。

(2)慢性牙髓炎:①无明显自发疼痛;②食物嵌入龋洞中或长期温度刺激可使疼痛加剧;③检查可见穿髓孔或牙髓息肉,有轻微叩痛。

> **重点提示**
>
> 疼痛是急性牙髓炎的主要症状,开髓引流是最有效的止痛方法。

(三)心理-社会状况

在龋病阶段,疼痛较轻,不为患者所重视。当急性牙髓炎发作时,剧烈疼痛使患者难以忍受,常急诊就医。有迫切要求医生立即解除其痛苦,但又惧怕钻牙的心理。

【护理诊断及医护合作性问题】

1. 疼痛 与牙髓炎症有关。
2. 焦虑 与疼痛反复发作及惧怕钻牙有关。
3. 睡眠型态紊乱 与疼痛干扰睡眠导致患者无法获得充足休息有关。
4. 知识缺乏 患者缺乏牙病早期治疗的相关知识。

【治疗及护理措施】

(一)治疗要点

尽量采用各种麻醉措施,减轻患者的疼痛;尽量保留活髓,尤其是年轻恒牙且炎症只波及冠髓或部分冠髓者,采用盖髓术或冠髓切断术,保存活的根髓;如不能保存活髓应尽量保留患牙,可采用根管治疗、牙髓塑化治疗等方法保留牙体组织;只有在排除最后的修复方法后才考虑拔牙。

(二)护理措施

1. 对症护理 急性牙髓炎主要症状是难以忍受的疼痛,故应首先止痛。

(1)开髓减压:是最有效的止痛方法。开髓前,应对患者进行心理安慰,稳定情绪,说明钻牙的目的,取得患者的合作。在局部麻醉下,医生用牙钻开髓后可见脓血流出,护士抽取温生理盐水协助冲洗髓腔,备丁香油小棉球置于龋洞内,以起到镇痛、防食物堵塞根管口和保持引流通畅的作用,开放引流。

(2)药物止痛:用丁香油或樟脑酚棉球置于龋洞内暂时止痛,同时口服止痛药。

2. 治疗护理

(1)保存牙髓治疗的护理(以盖髓术为例):①操作前准备。a. 口腔检查的基本器械、暂封器械、调拌器械;b. 氢氧化钙盖髓剂、氧化锌丁香油糊剂等材料。另备局部麻醉药物。②操作中护理。a. 局部麻醉护理;b. 去腐及备洞:高速手机装上合适的车针递给医生制备洞型,必要时递锐利挖匙去除腐坏组织;c. 调拌盖髓剂;d. 盖髓:传递探针或充填器供医生取盖髓剂置于患牙处,遵医嘱调拌氧化锌丁香油糊剂暂封窝洞,递镊子夹一小湿棉球以清除多余的暂封材料。注意严格执行无菌操作,避免发生感染。

(2)保存患牙治疗的护理(以根管治疗术为例):根管治疗术是通过根管器械及药物清除

根管内的炎性牙髓和其他病原物,用无毒的充填材料严密地充填根管,促进根尖周病变的愈合或防止其发生根尖周病的一种治疗方法。根管治疗术的目的是保存患牙。①操作前准备:a. 窝洞预备器械、暂封材料及器械(详见护理实训"口腔常规护理操作技术")、揭髓顶车针;b. 根管预备器械有根管锉或扩大针、拔髓针、根尖定位仪、唇钩、纸尖、尺子;c. 根管预备冲洗液有生理盐水、3%过氧化氢、2.5%次氯酸钠、10%乙二胺四乙酸(EDTA)等;d. 根管充填器械有光滑髓针及手柄、根充侧压器、挖器、酒精灯、打火机等;e. 根管充填材料有根充糊剂、氧化锌丁香油糊剂等,各种型号牙胶尖。②操作中护理:a. 根管预备。准备根尖定位仪,放在医生操作方便的位置上,连接唇钩,打开电源,协助医生进行根管工作长度的测量。根据根管锉工作长度做好标记并逐号排放在治疗盘中。每更换一次不同型号的根管器械,配合用3%过氧化氢或2.5%次氯酸钠与生理盐水交替冲洗根管一次,并及时吸唾。根管预备完成后,用生理盐水冲净根管内的碎屑。若根管较细小难以操作时,按医嘱递10% EDTA液辅助疏通、润滑根管。b. 根管封药。用纸尖或光滑髓针卷好棉捻,递给医生干燥根管,按医嘱准备合适的根管消毒小药球如樟脑酚、甲醛、甲酚,待医生将药物放入髓腔后,递氧化锌丁香油糊剂暂封,嘱1周后复诊。c. 根管充填。调拌根充糊剂(常用氧化锌丁香油糊剂或碘仿糊剂)。根据根管的工作长度和根管预备后的主尖锉的型号选择合适型号的牙胶尖。递送已装上手柄的光滑髓针进行根管内糊剂的充填,再递主、副牙胶尖及根充侧压器。根管充填完成后,及时递送已烧热的挖器,切断多余的牙胶尖。最后递氧化锌丁香油糊剂暂封。递送挖器时注意不要触及患者口腔组织,以免烫伤。嘱患者到放射科拍摄根充牙片,协助医生诊断以观效果。③操作后护理:向患者解释术后几天如有轻度疼痛或不适感,是机体的正常反应,应避免用患牙咀嚼。若疼痛剧烈可随时就诊。如无不适,1周后复诊。

3. 健康指导　向患者宣传牙病早期治疗的重要性。对患者治疗后有针对性地进行健康指导,如:盖髓治疗后若出现自发痛、夜间痛等症状,表明病情已向牙髓炎发展,应随时复诊,改用其他治疗方法;根管充填后约1周复诊进行牙体修复,若长时间未做牙体修复,暂封物松动或脱落产生渗漏,将影响根充效果。

讨论与思考

1. 龋病修复治疗术中如何护理患者?
2. 简述急性牙髓炎的疼痛特点及护理措施。

第二节　牙周病患者的护理

一、牙　龈　炎

牙龈炎是指炎症只局限于龈乳头和龈缘,严重时可累及附着龈。牙龈炎的病变是可逆的,一旦病因去除,炎症消退,牙龈便可恢复正常。如果炎症未被控制,牙龈炎可发展为牙周炎。因此,积极防治牙龈炎是减少牙周炎发病率的重要措施。

【护理评估】

(一) 致病因素

主要是口腔卫生不良,如牙菌斑、牙垢、牙石及其他因素,如食物嵌塞、不良修复体及牙颈部龋的局部刺激所引起。此外,妊娠期妇女由于性激素水平的改变也可使原有的慢性龈炎加重和改变特性。

(二)临床表现

1. 局部牙龈发痒、肿胀等不适,常有刷牙或咬硬物时出血,有口臭。
2. 牙龈变为深红色或暗红色,点彩消失,重者龈缘肥厚,龈乳头呈球状增大。
3. 形成假性牙周袋。
4. 牙龈探诊出血。
5. 牙齿无松动、牙槽骨无破坏,这是区别牙龈炎与牙周炎的主要标志。

(三)心理-社会状况

无自觉症状出现时,不易引起患者的注意。当牙龈出血、口臭而影响人际交往时,患者易产生自卑、焦虑、孤独的心理。

【护理诊断及医护合作性问题】

1. 口腔黏膜改变 与炎症引起牙龈充血、红肿有关。
2. 知识缺乏 患者缺乏口腔卫生保健知识。
3. 社交障碍 与说话时牙龈出血、口臭有关。

【治疗及护理措施】

(一)治疗要点

去除局部刺激因素,配合局部药物治疗。以洁治术彻底去除牙石,控制菌斑,消除牙石和菌斑对牙龈的不良刺激,以利于牙龈炎愈合。龈上洁治术和龈下刮治术,是去除牙石和菌斑的基本治疗手段。

(二)护理措施

1. 用药护理 去除致病因素,口腔内有不良修复体者,协助医师取下,消除食物嵌塞。协助医师用3%过氧化氢溶液与生理盐水交替冲洗龈沟,涂布碘甘油,病情严重者,遵医嘱指导患者服用抗生素及维生素。

2. 洁治术的护理

(1)术前准备:①向患者说明洁治术的目的及操作方法,使患者能够合作;②根据病情做血液检查,如血常规、血小板计数、出凝血时间等,如有血液疾病或局部急性炎症,不宜手术;③用漱口液(如复方氯己定含漱液)嘱患者含漱1~3min,消毒口腔;④准备好消毒的洁治器或超声波洁牙机。

(2)术中配合:①用1%碘酊消毒手术区。②根据患者牙位及医生使用器械的习惯摆放好所需的洁治器。③术中协助牵拉唇、颊及遮挡舌体,及时吸唾,保证术野清晰,若出血较多用1%肾上腺素棉球止血。④随时观察患者一般情况,如表情、面色等。如果患者很疲劳,需休息一下,再行洁治。⑤洁治完毕,备好磨光膏,低速手机装上杯状刷及橡皮杯,递给医生抛光牙面,龈下刮治则用锉形器磨光根面。⑥遵医嘱用3%过氧化氢溶液及生理盐水交替冲洗龈袋,并嘱患者漱口,备棉球拭干牙龈表面水分或气枪吹干,用镊子夹持碘甘油置于龈沟内。全口洁治应分区进行,以免遗漏。

3. 健康指导

(1)指导患者采取正确的刷牙方法及其他保持口腔卫生的措施,如牙线及牙签的正确使用;宣传早晚刷牙的重要性,养成良好的口腔卫生习惯。

(2) 让患者了解牙龈炎是可预防可治疗的,但是牙龈炎不及时治疗发展到牙周炎时,对口腔健康带来严重危害,增强患者防病意识。

二、牙 周 炎

牙周炎是牙周组织发生的慢性、非特异性感染性疾病,是一种慢性破坏性疾病,表现为牙龈、牙周膜、牙骨质及牙槽骨均有改变。一旦患了牙周炎,经过有效治疗后,疾病可以停止发展,但已被破坏的牙周支持组织则不能完全恢复到原有水平,留下严重危害。

【护理评估】

(一) 致病因素

1. 牙周炎的病因基本上与牙龈炎相同。
2. 牙龈炎如未能及时治疗或致病因素增强,机体抵抗力下降,则牙龈炎可能发展为牙周炎。
3. 全身因素尚不明了,可能与营养代谢障碍、内分泌紊乱、精神因素、自主神经功能紊乱等有关。

(二) 临床表现

1. 牙龈红肿出血　一组牙齿(如前牙)或个别牙齿的牙龈充血、水肿,颜色变红或暗红,点彩消失。在刷牙、进食、说话时牙龈出血。
2. 牙周袋形成　由于牙周膜破坏,牙槽骨逐渐吸收,牙龈与牙根面分离,龈沟加深而成为牙周袋。用牙周探针探到龈沟深度可达 3mm 以上。
3. 牙周袋溢脓　由于牙周袋内细菌感染,出现慢性化脓性炎症。轻压牙周袋外壁,有脓液溢出,并伴有口臭。
4. 牙周形成脓肿　当机体抵抗力下降或牙周袋内的炎性渗出液排流不畅时,可出现急性炎症,形成牙周脓肿。表现为近龈缘处局部呈卵圆形突起,红肿疼痛。严重者可出现全身不适,体温升高,区域性淋巴结肿大等症状。
5. 牙齿松动　由于牙周膜破坏,牙槽骨吸收,牙齿支持功能丧失,从而出现牙齿松动,咀嚼功能下降或丧失。

> **重点提示**
>
> 口臭是口内食物残渣长期积存,在细菌的作用下发酵腐败分解,发出一种腐烂的恶臭。呼气中含有臭味。牙周病是常见的原因。

(三) 心理-社会状况

牙周炎是一种慢性破坏性疾病,早期因病变程度较轻,患者对其危害性认识不够,常不被引起重视。当疾病进一步发展,出现牙周袋溢脓、牙周脓肿、牙齿松动时,才来就诊,此时松动牙常需拔除。牙齿拔除后,严重影响患者咀嚼功能及面容,使其产生焦虑情绪。由于有明显的口臭,常影响患者的社会交往,使其产生自卑心理。

【护理诊断及医护合作性问题】

1. 口腔舒适的改变　与炎症造成牙周脓肿、牙周溢脓、口臭等有关。
2. 牙周组织受损　与炎症造成牙龈充血、水肿、色泽改变有关。

3. 社交障碍　与牙齿缺失、口臭有关。

4. 知识缺乏　患者缺乏牙周炎的防治知识,对其严重性认识不够。

【治疗及护理措施】

(一) 治疗要点

早期进行龈上洁治术或龈下刮治术等彻底清除牙石、消灭感染,配合药物治疗。

(二) 护理措施

1. 一般护理　指导患者加强营养,增加维生素 A、维生素 C 的摄入,以利于牙周组织的愈合,禁烟酒。

2. 药物护理　遵医嘱全身使用抗生素,嘱患者正确使用 0.2% 氯己定液、0.1% 洗必泰液等抗菌类漱口液,保持口腔清洁。协助医生用 3% 过氧化氢液冲洗牙周袋,拭干后用探针或镊子夹取少许碘甘油或碘酚置于袋内,涂擦碘酚时,应避免烧灼邻近黏膜组织。

3. 手术护理　协助医生做好洁治术及牙周手术的护理,取出口腔内不良修复体,消除食物嵌塞等局部刺激因素。

(1) 术前准备:嘱患者用漱口液(如 0.2% 氯己定液)含漱 3min,消毒口腔。准备好洁治器、刮治器或超声波洁牙机。另备磨光用具、冲洗液及冲洗空针,低速手机、橡皮磨光杯、杯状刷、磨光膏。遵医嘱备好局部麻醉药(如 2% 利多卡因),牙周手术时需用 75% 乙醇消毒口周皮肤、铺消毒巾。

(2) 术中护理:术中协助医生牵拉唇、颊及遮挡舌体,及时吸唾、止血,保证术野清晰。洁治完毕,备好磨光膏,低速手机装上杯状刷及橡皮杯,递给医生抛光牙面。遵医嘱用生理盐水及 3% 过氧化氢溶液冲洗龈袋或牙周袋,并嘱患者漱口。备棉球拭干牙龈表面水分或气枪吹干,用镊子夹持碘甘油置于龈沟或牙周袋内。

(3) 术后护理:牙周手术后,嘱患者 24h 内不要漱口、刷牙,进温软饮食,注意保护创面,术后 1 周拆线,术后 6 周勿探测牙周袋,遵医嘱服用抗生素药物以防止感染。

4. 健康指导

(1) 保持良好口腔卫生习惯:每天早、晚两次彻底刷牙,每次 3min。教会患者用正确的刷牙方法。饭后漱口,少食糖类食物,不能口含食物睡觉。

(2) 去除发病因素:积极改善食物嵌塞,对𬌗创伤的牙进行调𬌗;均衡营养;有吸烟嗜好者应积极戒烟;纠正口呼吸等不良习惯;预防和矫治错𬌗畸形。

(3) 巩固疗效的指导:指导患者认识到牙周病可以治疗,但也可以反复发作,需定期复诊预防复发,一般 2~3 个月复诊 1 次,每 6~12 个月做 1 次洁治术,以有效维护牙周健康并巩固疗效。

讨论与思考

1. 牙龈炎的病因和临床表现有哪些?
2. 简述牙周炎的护理措施。
3. 简述牙周炎患者的健康指导。

第三节　口腔黏膜病患者的护理

一、复发性阿弗他溃疡

复发性阿弗他溃疡又称复发性口腔溃疡，是一类原因不明，呈周期性复发且有自限性的口腔溃疡，一般7~10d可自愈。

【护理评估】

(一)致病因素

病因目前尚未明确。一般认为免疫功能异常、遗传因素、胃肠功能紊乱、内分泌变化、病毒感染、环境及某些微量元素缺乏等与发病有关。

(二)临床表现

临床上将复发性阿弗他溃疡分为以下三种类型。

(1)轻型阿弗他溃疡：最常见，约占80%。溃疡呈圆形或椭圆形，边界清晰，孤立散在，直径一般为2~4mm，数目不多，每次1~5个。好发于口腔黏膜无角化或角化较差的区域，如舌尖、舌缘、舌腹、软腭及唇内侧等处。开始口腔黏膜充血、水肿、有灼热感，随即出现白色或红色丘疹状小点，很快破溃成溃疡。溃疡有"红、黄、凹、痛"特征，即溃疡中央凹陷，基底不硬，周边有约1mm的充血红晕带，表面覆有浅黄色假膜，灼痛感明显。遇刺激疼痛加剧，影响患者说话与进食。发作期一般为1~2周，具有自限性，愈合后不留瘢痕。间歇期长短不一，因人而异。一般无明显全身症状。

(2)重型阿弗他溃疡：发作时溃疡大而深，直径可达10~30mm，深及黏膜下层直至肌层。周边红肿隆起，但边界整齐清晰。常单个发生，好发于口角，溃疡疼痛较重，发作期可长达月余甚至数个月，有自限性，愈合后可留瘢痕。

(3)疱疹型阿弗他溃疡：溃疡小而多，散在分布于口腔黏膜上，溃疡最多可达数十个，相近溃疡可融合成片，黏膜充血发红，疼痛较重。可伴头痛、低热、全身不适、局部淋巴结肿大。有自限性，溃疡愈合后不留瘢痕。对大而深且长期不愈的溃疡，应警惕并做活检排除癌性溃疡的可能。

(三)心理-社会状况

患者因病情反复发作，说话和进食时疼痛加剧而感到痛苦和焦虑，常迫切要求治疗。

> **重点提示**
>
> 对长期不愈的口腔黏膜病损，尤其是发病年龄在40岁以上者，应警惕恶变。活体组织病理学检查有助于确诊。

【护理诊断及医护合作性问题】

1. 疼痛　与口腔黏膜病损及食物刺激有关。
2. 焦虑　与溃疡反复发作、恐癌有关。
3. 口腔黏膜受损　与口腔黏膜充血、水肿、溃疡等病变有关。
4. 知识缺乏　缺乏相关疾病的防治知识。

【治疗及护理措施】

(一)治疗要点

缓解患者疼痛,抗感染,促进溃疡愈合,减少复发。

(二)护理措施

1. 一般护理　尽可能了解溃疡复发的诱因,提倡均衡营养和健康的生活方式,例如补充维生素及微量元素,避免过度疲劳,保证良好睡眠等。

2. 用药护理　遵医嘱用药,如含服西地碘片、局部贴敷口腔溃疡药膜。疼痛剧烈、影响进食者,可用1%丁卡因或2%利多卡因溶液涂布溃疡面,暂时缓解疼痛,利于患者进食。也可用地塞米松磷酸钠注射液、硫酸庆大霉素注射液等交替涂抹。对于严重患者,全身可使用糖皮质激素及适当补充维生素C和复合维生素B。

3. 操作护理　单个小溃疡可用细棉签蘸50%三氯醋酸或10%硝酸银少许烧灼。烧灼时护士协助隔离唾液,压舌,切勿使药液伤及周围正常黏膜和皮肤。

4. 健康指导

(1)保持良好的精神状态,避免紧张、过度劳累、情绪有较大波动等。

(2)改变不良的生活习惯。吸烟、饮酒、喜食刺激性食物等不良习惯,常常是口腔黏膜病的诱发因素,并影响口腔黏膜病疗效。

(3)均衡营养,增强口腔黏膜的抵抗力和免疫力。

(4)去除口腔局部刺激因素,保持良好的口腔卫生。

(5)介绍口腔保健及相关疾病知识,积极治疗全身系统性疾病,定期检查或复诊。

二、口腔单纯性疱疹

口腔单纯性疱疹是由单纯疱疹病毒引起的口腔黏膜急性传染性发疱性疾病。疱疹发生在口腔黏膜处称为疱疹性口炎,单独发生在口周皮肤称为唇疱疹。

【护理评估】

(一)致病因素

本病是由单纯疱疹病毒感染引起。病毒常潜伏于正常人体细胞内,当上呼吸道感染、月经期、消化不良、疲劳等导致机体抵抗力下降或存在局部因素刺激时,病毒可活跃繁殖,导致疱疹发作。传染途径主要为唾液、飞沫和接触疱疹液传染,胎儿还可经产道传染。

(二)临床表现

1. 疱疹性口炎　多见于6岁以下的儿童,以6个月至2岁的婴幼儿最易发生。起初常发热,患儿出现烦躁、啼哭、流涎、拒食等表现。经过1~2d后,口腔黏膜充血水肿,继而出现多数针尖大小透明水疱,散在或成簇分布于唇、颊、舌、腭等处黏膜上,水疱破溃形成表浅小溃疡,可融合形成较大溃疡,溃疡表面覆盖黄白色假膜。患儿有剧烈自发痛,局部淋巴结肿大、压痛。3~5d病情缓解,7~10d溃疡可自行愈合,不遗留瘢痕。

2. 唇疱疹　常见于成年人,好发于唇红黏膜与皮肤交界处。开始时局部有灼热感,发痒,继之出现多数成簇小水疱,随后水疱破溃结痂。痂皮脱落,局部留下色素沉着。病程1~2周。本病易复发。

(三)心理-社会状况

疱疹性口炎患儿年龄小,不会用语言表达内心感受,常表现为躁动不安、啼哭拒食,家属也随之出现烦躁、焦虑的心情,求治心切。唇疱疹患者虽然症状较轻,但因反复发作,患者也很烦恼。

【护理诊断及医护合作性问题】
1. 疼痛　与疱疹破溃形成溃疡有关。
2. 口腔黏膜改变　与口腔黏膜充血、水肿、溃疡破溃有关。

【治疗及护理措施】
(一) 治疗要点

抗病毒,预防继发感染,镇痛,促进溃疡愈合,增强机体抵抗力。

(二) 护理措施

1. 一般护理　让患者充分休息,给予高热量易消化流质或软食。疼痛剧烈者,进食前用5%盐酸达克罗宁液、1%丁卡因涂布溃疡面或用1%~2%普鲁卡因溶液含漱。饭后用2.5%金霉素甘油糊剂局部涂布,2h 1次,起防腐消炎作用,也可用锡类散、养阴生肌散、西瓜霜粉剂局部敷撒。患者应避免与他人接触,必要时进行隔离。

2. 治疗配合　遵医嘱全身应用抗病毒药物及抗生素,补充维生素C和复方维生素B,必要时静脉输液。

3. 健康指导　向患者或家属解释本病的发病原因及特点,注意保持口腔卫生,可使用0.1%~0.2%氯己定溶液、复方硼酸溶液漱口,去除局部刺激,预防继发感染。注意增强机体抵抗力。

三、口腔白斑

口腔白斑是发生在口腔黏膜上的白色斑块或斑片,不能以临床和组织病理学的方法诊断为其他任何疾病者,是一种口腔黏膜的癌前病变。

【护理评估】
(一) 致病因素

1. 局部因素　如吸烟、饮酒、嚼槟榔、酸、辛辣及过热食物刺激,口腔内的残根、残冠、不良修复体及尖锐的牙尖牙嵴等长期刺激均可能诱发此病,其中吸烟是最常见的原因。

2. 全身因素　维生素A和复方维生素B缺乏、内分泌紊乱、射线照射及白色念珠菌感染等,也可能与白斑的发生有关。

(二) 临床表现

1. 皱纸状白斑　好发于颊、舌、唇、口底、牙龈等处黏膜。白色或灰白色斑块,稍隆起于黏膜表面,质地紧密,较硬,形态大小不一,与周围组织界限清楚,表面形成皱纸状,或出现许多裂纹。一般无自觉症状或感觉局部有粗糙感、木涩感、味觉减退等。

2. 颗粒状白斑　常见于口角处黏膜,在发红的黏膜上出现散在的白色小颗粒,或隆起呈结节状,易发生糜烂或溃疡,疼痛明显,此类白斑多与白色念珠菌感染有关。

3. 疣状白斑　多见于牙龈、口角等部位。白色损害突出于黏膜表面,有乳头状或毛刺状突起,易出现皲裂或溃疡。

(三) 心理-社会状况

口腔白斑是口腔黏膜的癌前病变,患者易产生焦虑、恐惧心理。

【护理诊断及医护合作性问题】
1. 恐惧　与担心癌变有关。
2. 口腔黏膜改变　与病损造成口腔黏膜变厚、皲裂、溃疡有关。
3. 知识缺乏　与对口腔白斑发病的因素认识不足有关。

【治疗及护理措施】
（一）治疗要点

消除刺激因素,控制病变的发展,控制癌变;对症治疗,定期复查;有增生、硬结、溃疡等改变时,应及早手术切除或冷冻治疗。

（二）护理措施

1. 一般护理　告知患者戒烟、戒酒,少食辛辣及过热食物,及时去除残根、残冠、不良修复体等,消除不良刺激因素。

2. 治疗配合

（1）用药护理：指导患者遵医嘱用药,局部用0.1%~0.3%维A酸软膏或鱼肝油涂擦。口服维生素A、维生素E、维A酸1~2个月。

（2）手术护理：术前向患者解释手术过程及手术的必要性,遵医嘱备好手术所需物品。术中配合医生正确传递手术器械,保持手术视野清晰。术后嘱患者遵医嘱按时服药。

3. 健康指导

（1）告诉患者口腔白斑的发病因素,使其了解戒烟、戒酒是预防本病发生的有效措施。

（2）消除局部刺激因素,如少吃辣、烫食物,及时清除牙石,去除残根、残冠,摘除不良修复体,磨除尖锐的牙尖牙嵴等。

（3）嘱患者定期复查。对已治愈的白斑患者需追踪观察,一般半年或1年复查1次,以便对复发早发现早治疗。

四、口腔念珠菌病

口腔念珠菌病是真菌——念珠菌感染引起的口腔黏膜疾病,多发于哺乳期婴幼儿及体弱儿童,亦称雪口病或鹅口疮。

【护理评估】
（一）致病因素

病原菌为白色念珠菌,常存在于正常人口腔、肠道、阴道、皮肤等处,一般情况下不致病。当口腔感染、机体抵抗力低下或全身长期大量应用广谱抗生素及免疫抑制剂导致菌群失调时,该菌就会大量繁殖而致病。婴儿常在分娩过程中被阴道念珠菌感染或通过被念珠菌污染的哺乳器及母亲乳头感染。

（二）临床表现

好发于婴幼儿的唇颊、舌、腭等黏膜处。开始黏膜充血,出现散在白色柔软小斑点,随后融合成白色斑片,斑片继续相互融合成大的白色凝乳状斑块。斑块略为凸起,不易被擦掉,如用力擦掉,可见其下是潮红溢血的创面。患儿常烦躁不安、啼哭、拒食,偶有低热,全身反应轻。当病损波及喉部时可能出现呼吸、吞咽困难。本病也常出现在口角区,表现为口角皮肤黏膜皲裂、糜烂、渗出或有薄痂,张口时易出血并有疼痛。

(三) 心理-社会状况

患儿常表现为躁动不安、啼哭拒食,家属也随之表现为烦躁、焦虑的心情,求治心切。

【护理诊断及医护合作性问题】

1. 口腔黏膜改变　与真菌引起黏膜充血、糜烂有关。
2. 吞咽困难　与病损波及喉部有关。
3. 知识缺乏　缺乏婴幼儿保健知识和本病防治知识。

【治疗及护理措施】

(一) 治疗要点

消除致病因素,局部和全身抗真菌药物治疗,增强机体免疫力。

(二) 护理措施

1. 治疗配合

(1) 遵医嘱指导患儿家属用2%~4%碳酸氢钠液擦洗患儿口腔或漱口,使口腔呈碱性环境,以抑制白色念珠菌的生长繁殖。

(2) 患处用消毒纱布清洗后,用制霉菌素液涂擦,每日3次。

(3) 重症患者遵医嘱给予抗真菌药物,如氟康唑或酮康唑等,口腔局部应用碱性含漱剂或抗真菌药物制剂涂抹。

2. 健康指导

(1) 让患儿家属了解疾病的发病原因及预防知识。

(2) 经常用温开水清洗婴幼儿口腔,哺乳期间注意妇幼卫生,哺乳用具及母亲乳头要经常清洗、消毒,保持干燥清洁。

(3) 儿童在冬季宜防护口唇干燥,以免发生皲裂。

(4) 长期使用抗生素与免疫抑制剂者要注意观察白色念珠菌感染的发生,必要时考虑停药。

讨论与思考

1. 简述复发性阿弗他溃疡的护理措施。
2. 口腔白斑的病因及临床表现有哪些?
3. 患儿,女性,2个月,母亲在喂奶时发现其口腔内有乳白色斑块而就诊。患儿拒食、哭闹、烦躁不安,无吞咽困难。查体:患儿颊、腭黏膜上可见多处散在的白色凝乳状斑块,斑块略突起,可擦掉,擦掉后可见潮红创面。实验室检查:发现念珠菌菌丝。初步诊断:口腔念珠菌病。其父母特别焦虑,求治心切。请回答下列问题

(1) 口腔念珠菌病的病因有哪些?

(2) 试为该患儿制订1份护理计划。

第四节　口腔颌面部感染患者的护理

口腔颌面部感染是由口腔内潜在的细菌或口腔外部的细菌侵入引起。口腔颌面部感染的常见病有:冠周炎、颌面部蜂窝织炎、颌骨骨髓炎。

一、冠周炎

【护理评估】

（一）致病因素

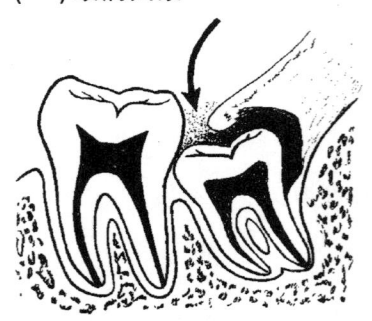

图 9-4-1　冠周炎（阻生牙盲袋示意图）

由于下颌骨的牙槽骨长度与下颌牙列的位置不相适应，致使第三磨牙萌出受阻，而远中牙龈瓣未能及时退缩，与覆盖下的牙冠间形成盲袋（图 9-4-1），有利于食物残渣的潜藏和细菌的滋生，加上来自咀嚼的机械性损伤，使龈瓣及附近组织易受感染。当机体抵抗力下降时，常诱发冠周炎急性发作。

（二）临床表现

冠周炎常表现为急性炎症过程。初期无明显的全身反应，自觉患侧磨牙后区不适、轻微疼痛，当进食咀嚼、吞咽、张口活动时疼痛加重。炎症加重时局部可呈自发性跳痛，并可反射至耳颞区，炎症侵及咀嚼肌时则开口受限。炎症继续发展，全身症状逐渐明显，可出现发热、畏寒、头痛等症状。口腔检查常见下颌智齿萌出不全，冠周软组织红肿、糜烂、触痛。探诊可探及阻生牙并可从龈瓣内溢出脓液。严重者可形成脓肿或感染向邻近组织扩散，患侧颌下淋巴结肿胀、压痛。

（三）心理-社会状况

发病初期症状较轻，多被患者忽视，当感染迅速扩展，症状严重时，患者才迫于就诊，表现出紧张、焦虑、烦躁不安的心理状态。

【护理诊断及医护合作性问题】

1. 疼痛　与冠周炎症有关。
2. 语言沟通障碍　与疼痛、张口受限有关。
3. 焦虑　与全身不适及担心预后不良有关。
4. 知识缺乏　缺乏对疾病早期预防及治疗知识。
5. 潜在并发症　颌面部间隙感染、颌骨骨髓炎等。

【治疗及护理措施】

（一）治疗要点

急性期治疗以抗感染、镇痛、建立引流、防止感染扩散为主。当炎症消退后应及时拔除不能萌出的阻生牙，防止再次感染。

（二）护理措施

1. 一般护理　适当休息，保持口腔清洁。用高渗温盐水或含漱剂漱口每日数次。进食易消化、高热量、富含维生素的食物，对张口受限者，进流质或半流质饮食，忌刺激性食物。

2. 治疗配合

（1）协助医生局部用 3% 过氧化氢溶液和生理盐水交替冲洗盲袋，然后擦干患部，将碘酚或碘甘油送入龈袋内，每日 1 次，疗效良好。

（2）遵医嘱给予抗菌药物。

（3）脓肿形成后应协助医生及时行切开引流术。脓肿切开后，患者应取侧卧位，以利引流。每日换药 1~2 次，可用 3% 过氧化氢溶液冲洗创口。炎症治疗好转后，应切除游离龈瓣或拔除病灶牙,以免反复发作。

3. 健康指导　指导患者进行自我护理,如注意口腔卫生、保护局部创口等,并宣传冠周炎的病因及早期治疗的重要性,对病灶牙遵医嘱及时拔除,防止复发。

二、颌面部蜂窝织炎

颌面部蜂窝织炎是颜面、颌周及口咽区软组织化脓性炎症的总称。在正常的颌面部解剖结构中,有多个潜在的筋膜间隙,为疏松结缔组织所充满。因各间隙之间互相通连,炎症可以局限于单个间隙,亦可扩散到相邻间隙,形成弥散性多个间隙感染。

【护理评估】

(一)致病因素

最常见为牙源性感染,如下颌第三磨牙冠周炎、根尖周炎等;其次是腺源性感染,多见于幼儿;外伤性及血源性感染少见。病原菌主要为葡萄球菌和链球菌,多为混合感染,厌氧菌感染较少。

(二)临床表现

局部表现为红、肿、热、痛、功能障碍,重者高热、寒战。咀嚼肌受累可出现张口受限、进食困难。炎症侵及喉头、咽旁、口底可引起局部水肿,使咽腔缩小或压迫气管,或致舌体抬高后退,造成不同程度的呼吸和吞咽困难。腐败坏死性感染局部红、热不明显,但有广泛性水肿,全身中毒症状严重,或出现严重并发症。浅层间隙感染炎症局限时可扪及波动感;深层间隙感染则局部有凹陷性水肿及压痛点。穿刺抽脓检查,化脓性感染脓液呈黄或粉红色;腐败坏死性感染脓稀薄、污黑且常有恶臭。

(三)心理-社会状况

颌面部蜂窝织炎所致局部及全身症状严重,患者表现为紧张、焦虑、烦躁不安、失眠、沉默,对疾病的预后十分担忧。

【护理诊断及医护合作性问题】

1. 疼痛　颌面部疼痛,与炎症有关。
2. 体温过高　与急性炎症有关。
3. 潜在并发症　窒息,与肿胀导致咽腔缩小或压迫气管有关。

【治疗及护理措施】

(一)治疗要点

镇痛,用抗生素治疗感染,脓肿切开引流,及时消除病灶,增强机体抵抗力。

(二)护理措施

1. 一般护理　嘱患者注意休息,尽量少说话,少活动,避免不良刺激,急性期严重者应卧床休息。给予高营养易消化的流质饮食,张口受限者,采取吸管进食。保持口腔清洁,病情轻者,嘱其用温盐水或漱口液漱口;重者进行口腔护理,用3%过氧化氢溶液清洗。

2. 治疗配合

(1)遵医嘱给予镇痛药、镇静药、抗生素。

(2)病情严重者给予全身支持疗法,输血输液,维持电解质平衡。

(3)协助医生做好脓肿切开引流。如肿胀严重引起呼吸困难者,遵医嘱准备好气管切开术所需物品。

3. 健康指导

（1）告知患者口腔颌面部感染的危害性。

（2）指导患者进行自我护理，如口腔卫生、进食方式、预防感染的措施等。

三、颌骨骨髓炎

颌骨骨髓炎是指颌骨全部骨组织包括骨膜、骨皮质、骨髓及其中的血管、神经的炎症。

【护理评估】

（一）致病因素

颌骨骨髓炎以化脓性感染多见，以牙源性感染最多见，常由急性根尖周炎或第三磨牙冠周炎发展而来，外伤后继发骨髓炎或急性血源性感染所致者较少见。病原菌主要为金黄色葡萄球菌及其他化脓菌，常见混合性细菌感染。化脓性颌骨骨髓炎一般均由急性转为慢性，最后形成死骨。炎症如从骨髓向四周发展破坏颌骨，称之为中央性颌骨骨髓炎；如由骨膜下脓肿损害骨皮质，称为边缘性颌骨骨髓炎。如病情未得到及时控制，少数亦可发展至破坏整块颌骨。

（二）临床表现

1. 中央性颌骨骨髓炎　分为急性期与慢性期。①急性期：分为局限型与弥散型两种。a. 急性局限型：多由根尖感染引起，患牙持续性剧痛并沿三叉神经分布区放射。牙松动、叩击痛、前庭沟丰满、面颊肿胀。如脓液穿破骨壁得到引流，炎症可逐渐减轻。否则，骨髓腔内的炎症发展扩散，可形成弥漫性骨髓炎。b. 急性弥散型：多由急性局限型炎症扩展而来。全身症状加重，高热、寒战、白细胞数升高、脱水及中毒表现。下牙槽神经受累则下唇麻木，咀嚼肌受累则张口受限，重者伴发多间隙感染。②慢性期：急性期如未得到及时、合理、彻底的治疗即转为慢性期。患者全身及局部症状缓解，口内或皮肤瘘管长期流脓，有时混杂有小块死骨。重者形成大块死骨或病理性骨折，出现咬合错乱及面部畸形。死骨不清除，病变可持续数月至数年，一旦瘘管阻塞，炎症又可急性发作。

2. 边缘性颌骨骨髓炎　多见于青年人，好发于下颌支，多由下颌智齿冠周炎引起颌周间隙感染所致。急性期常被间隙感染症状掩盖。慢性期腮腺咬肌区出现炎性浸润硬块、压痛、凹陷性水肿和张口受限，可有长期排脓的瘘管，探诊骨面粗糙。瘘管阻塞时，炎症可急性发作。炎症发展至骨髓腔时，可并发中央性颌骨骨髓炎，形成大块死骨。

（三）心理-社会状况

急性颌骨骨髓炎一般发病急，病情重，患者及家属均有焦虑心理。慢性颌骨骨髓炎因病程迁延，病情反复，患者对治疗缺乏信心。如果发生病理性颌骨骨折，患者出现咬合紊乱和面部畸形，由此影响其正常生活及社会交往。

【护理诊断及医护合作性问题】

1. 体温过高　与感染有关。

2. 疼痛：牙痛　与炎症有关。

3. 营养失调：低于机体需要量　与感染使机体消耗增加及摄入不足有关。

4. 焦虑　与病程长、担心预后不佳有关。

5. 潜在并发症　感染扩散，病理性颌骨骨折等。

【治疗及护理措施】

(一)治疗要点

抗感染、镇痛、切开引流、消除病灶;保持口腔清洁;增强机体抵抗力。

(二)护理措施

1. 一般护理　保证患者足够的休息及睡眠,进食营养丰富的流食或软食,避免不良刺激,提高机体抵抗力。

2. 治疗配合

(1)遵医嘱使用足量抗生素控制感染;高热失水者给予静脉补液,维持水、电解质平衡。

(2)对病理性颌骨骨折或摘除死骨术后用钢丝或夹板固定颌骨的患者可采用加压冲洗法,即用吊筒盛温生理盐水或1∶5000呋喃西林溶液,将冲洗头放入口内,边冲洗边用吸引器吸出冲洗液,以达到彻底清洁口腔的目的。

(3)急性期疼痛可配合超短波治疗,缓解疼痛;术后患者为加速创口愈合、改善局部血液循环及张口度,可配合理疗及热敷。

3. 健康指导　指导患者于结扎丝及夹板去除后,练习张闭口运动,直至功能恢复。鼓励患者练习时要有耐心和毅力,勿吃坚硬食物,保证营养摄入,以利于身体康复。

讨论与思考

1. 患者,男性,38岁,工人,2d前自觉左下侧磨牙后区胀痛,进食咀嚼、吞咽时疼痛加重。昨日夜间,左下侧磨牙后区出现自发性跳痛,张口受限,并出现头痛、畏寒等症状。查体:体温39℃,脉搏90次/分。左下侧磨牙后区冠周软组织红肿、糜烂,探及阻生牙,并可从龈瓣内压出脓液。

(1)简述处理原则。

(2)如何护理该患者?

2. 简述颌面部蜂窝织炎的护理措施。

第五节　口腔颌面部损伤患者的护理

一、口腔颌面部损伤的特点与急救

人体遭受损伤后,受伤部位出现肿胀、疼痛、出血、功能障碍和相应的全身反应,这是损伤的共同特点。口腔颌面部由于解剖生理特点及功能的要求,损伤后还有其特殊性,急救措施也有特点。

(一)口腔颌面部损伤的特点

1. 易并发颅脑损伤　上颌骨或面中1/3部位损伤容易并发颅脑损伤,包括脑震荡、脑挫伤、颅内血肿和颅底骨折。

2. 易发生窒息　口腔颌面部损伤后可因组织移位、肿胀、舌后坠、血凝块和分泌物的堵塞而影响呼吸或发生窒息。

3. 血循环在损伤时的特点　损伤后出血较多,易形成血肿而影响呼吸道通畅,甚至窒息。由于血供丰富,组织的抗感染与再生修复能力较强,创口易于愈合。

4. **易发生感染** 口腔颌面部腔窦多,如口腔、鼻腔、鼻窦及眼眶等。这些腔窦内存在大量细菌,如伤口与腔窦相通,则易发生感染。

5. **易致功能障碍和颜面部畸形** 由于损伤后的组织移位、缺损或面神经损伤,引起呼吸、咀嚼、吞咽、语言、表情等方面的重要生理功能受影响,给患者生活和精神上带来极大痛苦。

(二) 口腔颌面部损伤的急救

口腔颌面部损伤的伤员可能出现一些危及生命的并发症,如窒息、出血、休克及颅脑损伤等,应及时抢救。

1. **窒息的急救** 防治窒息的关键在于及早发现和及时处理。急救措施如下。

(1) 解除阻塞:迅速用手指或器械取出异物或用吸引器吸出堵塞物,保持呼吸道通畅。如有舌后坠时,可在舌尖后约 2cm 处用大圆针和 7 号线或大别针穿过舌的全层组织,将舌拉出口外。

(2) 改变患者体位:先解开颈部衣扣,并使伤员的头部偏向一侧或采取俯卧位,便于唾液或呕吐物的引流。

(3) 插入通气导管保持呼吸道通畅:对因肿胀压迫呼吸道的伤员,可经口或鼻插入通气导管,以解除窒息。

(4) 环甲膜穿刺或气管切开:情况紧急时,迅速用粗针头在环状软骨和甲状软骨之间的环甲膜刺入气管,或将行紧急环甲膜切开术,暂时解除窒息。随后,尽早行气管切开术。

2. **出血的急救**

(1) 压迫止血:这是临时的止血方法,对于较大血管的出血,还需要做进一步的处理。①指压止血法。用手指压迫出血部位供应动脉的近心端,可达到暂时止血的目的。如颞部、头顶、前额部出血,可压迫耳屏前的颞浅动脉;颜面出血,可压迫下颌角前切迹处的颌外动脉;头颈部大出血,可在胸锁乳突肌前缘,以手指触到搏动后,向后压迫于第 6 颈椎横突上。②包扎止血法。用于毛细血管、小静脉及小动脉的出血。可先将软组织复位,包扎稍加用力,即可止血。③填塞止血法。可用于开放性或洞穿性伤口。将纱布块填塞于伤口内,再用绷带行加压包扎。

(2) 结扎止血:对较大的出血点,可用血管钳夹住做结扎止血或连同止血钳包扎后转送。

(3) 药物止血:适用于组织渗血、小静脉和小动脉出血。局部用云南白药、吸收性明胶海绵及止血粉等。全身可使用卡巴克洛(安络血)、酚磺乙胺(止血敏)、维生素 K 等药物。

3. **休克的急救** 口腔颌面部严重复合伤,可引起出血性休克或创伤性休克,要注意休克早期和休克期的全身变化。休克的处理原则为安静、镇痛、止血和输液,可用药物协助恢复和维持血压。对失血性休克,则以补充血容量为根本措施。

4. **伴发颅脑损伤的急救** 患者应卧床休息,减少搬动,暂停不急需的检查或手术。严密观察神志、脉搏、呼吸、血压及瞳孔的变化。对烦躁不安的患者,可给予适量的镇静药,但禁用吗啡,以免抑制呼吸,影响瞳孔变化及引起呕吐,增加颅内压。如有颅内压增高现象,应控制入水量,并静脉推注或滴注 20% 甘露醇 200ml,以减轻脑水肿,降低颅内压。

5. **预防与控制感染** 对开放性创口,应尽早进行清创缝合术,如没有条件,应早期包扎创口。伤后及时注射破伤风抗毒素,及早使用广谱抗生素。

6. **包扎** 包扎是急救过程中不可缺少的治疗措施,起到压迫止血、暂时固定骨折、保护并缩小创面、防止污染的作用。常用的包扎方法有:四尾带包扎法和"十"字绷带包扎法。

7. 运送　运送伤员时应保持呼吸道通畅。昏迷伤员可采用俯卧位,颈部垫高,使鼻腔悬空,有利于唾液外流和防止舌后坠。一般伤员可采取侧卧位或头侧向位,避免血凝块及分泌物堆积在口咽部。运送途中,应随时观察伤情变化,防止窒息或休克发生。

二、损伤的分类与护理

口腔颌面部损伤的类型很多,临床上以软组织损伤,牙、牙槽骨损伤及颌骨骨折为常见。

【护理评估】

(一) 致病因素

口腔颌面部损伤多因突如其来的外伤、暴力或交通事故所致。

(二) 临床表现

1. 口腔软组织损伤　口腔颌面部软组织损伤分为闭合性损伤与开放性损伤。前者常见有挫伤和血肿,表现为疼痛、肿胀、皮肤变色与皮下淤血等;后者常见有擦伤、刺伤、割伤、撕裂伤或撕脱伤、咬伤、火器伤等。损伤部位有不同程度的疼痛、肿胀、伤口出血,甚至咀嚼功能障碍等。

2. 牙及牙槽骨损伤　牙及牙槽骨损伤多发生在前牙区,常因跌倒、碰撞、打击或咀嚼硬物等引起。轻则牙体松动,重则发生牙脱位、牙折断,甚至伴有牙槽骨骨折。主要表现为1个或多个牙齿松动或脱位、牙折。牙槽骨骨折时常伴有附近的软组织及牙龈撕裂伤、出血、肿胀,骨折片移位引起咬合关系紊乱。

3. 颌骨骨折　颌骨骨折包括上颌骨骨折、下颌骨骨折及上下颌骨联合骨折等。下颌骨骨折比上颌骨骨折较为常见,骨折线易发生在解剖结构较薄弱的部位,如颏孔、颏孔区、下颌角、髁突等处。表现为局部疼痛、肿胀、出血和压痛,骨折片移位出现咬合紊乱。下颌骨骨折伴有下牙槽神经损伤时,会出现下唇麻木。

(三) 心理-社会状况

口腔颌面部损伤多因突如其来的外伤、暴力或交通事故所致,常给患者及家属带来重大打击,受伤后出现不同程度的面部畸形,加重了患者的心理负担,表现出焦虑与恐惧情绪。

【护理诊断及医护合作性问题】

1. 疼痛　与外伤导致皮肤黏膜破损、骨折有关。
2. 口腔黏膜改变　与损伤、下颌制动致口腔护理障碍有关。
3. 吞咽困难　与疼痛、咬合错乱、咀嚼功能障碍、下颌制动有关。
4. 营养失调:低于机体需要量　与咀嚼及吞咽困难有关。
5. 潜在并发症　出血、感染、窒息等。

【护理措施】

1. 一般护理

(1) 饮食护理:遵医嘱给予流质、半流质、软食或普食,根据病情需要,注意营养搭配。特殊患者应由医生特殊制订,如腮腺或颌下腺损伤者在治疗期不食酸性饮食;而腮腺导管损伤后,经导管吻合或导管再造术治疗期间,应让患者多食酸性饮食,以促使导管畅通。进食方法应根据伤情轻重及口腔情况而选择,常用进食方法有:管喂法、匙喂法、吸管法、鼻饲法等。

(2) 口腔护理:颌间固定的患者在每次进食后,都应用冲洗器、棉签或小牙刷进行口腔的清洗,并用漱口剂含漱,保持口腔卫生。

（3）患者体位：患者一般取仰卧头偏向一侧体位，以利口内液体自行流出。出血不多及合并颅脑损伤的患者，可采取半卧位，以利血液回流减轻局部组织水肿。

2. 治疗配合

（1）遵医嘱及时输血、输液，全身应用抗生素，及时注射破伤风抗毒素。

（2）观察生命体征。测量体温、脉搏、呼吸、血压，密切观察神志及瞳孔的变化。

（3）保持患者呼吸道通畅。及时清除口腔、鼻腔分泌物、呕吐物、异物及血凝块，以预防窒息。

（4）根据伤情准备急救用品。如氧气、吸引器、气管切开包、急救药品、输液架等。

（5）经急救处理伤员病情好转后，协助医生及早对局部创口进行清创术。

3. 健康指导　对颌骨骨折患者，应指导其掌握开口训练的时机与方法，逐渐恢复咀嚼功能。对口腔颌面部损伤、全身状况良好者，鼓励患者早期下床活动和及时进行功能训练，以改善局部和全身的血液循环，促进患者早期痊愈，减少并发症的发生。

讨论与思考

1. 口腔颌面部外伤的临床特点有哪些？
2. 简述口腔颌面部出血及窒息的急救护理措施。

第六节　牙拔除术患者的护理

牙拔除术是口腔颌面外科最基本、应用最广泛的手术，是治疗某些牙病和由其引起的局部或全身一些疾病的手段。牙拔除术与其他外科手术一样，能造成局部组织不同程度的损伤，如疼痛、出血、肿胀等反应，甚至引发全身反应。

【护理评估】

（一）适应证

（1）龋病严重，不能治疗者。

（2）牙周病导致牙齿松动明显，且影响咀嚼功能者。

（3）外伤导致牙齿劈裂或折断至牙颈部以下，或根折不能治疗及修复者。

（4）阻生牙反复引起冠周炎或颌面部间隙感染及造成邻牙龋坏者。

（5）错位牙及多生牙引起食物嵌塞、造成龋坏者，以及影响正常咬合、妨碍咀嚼功能、影响美观者，应根据正畸治疗的需要确定是否拔牙。

（二）临床表现

患者主要表现为疼痛、牙齿松动。检查可见需要拔除的牙齿主要是各种残根、残冠、阻生牙、多生牙、错位牙等。

重点提示

牙拔除术是择期手术，应综合考虑患者的身体情况，患有下列疾病时应暂缓拔牙：严重的心脏病、高血压病、糖尿病、严重的肝病、肾脏疾病、严重的甲状腺功能亢进症、急慢性白血病、血小板减少性紫癜、血友病、恶性贫血、口腔恶性肿瘤等疾病。饥饿、疲劳过度、紧张恐惧、妇女月经期宜暂缓拔牙。

（三）心理-社会状况

患者因牙疼痛而感到痛苦,因惧怕手术而产生恐惧心理,因担心术后牙齿缺失影响功能和美观而出现心理负担。

【护理诊断及医护合作性问题】

1. 疼痛　与牙拔除术及牙周感染有关。
2. 语言沟通障碍　与疼痛及张口受限有关。
3. 知识缺乏　缺乏牙病早期诊断及治疗的相关知识。
4. 潜在并发症　术后出血、感染等。

【护理措施】

1. 一般护理　嘱患者避免空腹及月经期拔牙。讲解手术过程,使患者消除顾虑,减轻紧张情绪,增强患者对治疗的信心。

2. 治疗配合

(1)术前准备:①遵医嘱协助患者完成术前的一些常规检查,如血常规、血糖等。必要时做药物过敏试验。②看病历,问病史,核对牙位,交代术中注意事项。③做好口腔卫生,用1：5000呋喃西林或0.05%氯己定溶液漱口。用1%碘酊消毒麻醉注射区及口内手术区。④选择合适的拔牙器械,准备好敷料及其他辅助用品。

(2)术中配合:①再次核对要拔的牙齿,配合医生保持手术视野清晰。②准确无误地传递医师所需的器械。复杂牙劈冠时,应协助医生用一手托住患者下颌骨,必要时做好缝合准备。缝合时,协助医生牵拉患者患侧口角、止血和剪线。

(3)术后护理:①牙拔除术后观察患者约30min,若无不适方可离院。②注意术区出血情况,嘱患者咬住纱布卷30min后自行取出。若出血较多时可适当延长至1h。③注意保持口腔卫生,拔牙术后不要用舌舔吸伤口或反复吐唾液、吮吸。④阻生牙或损伤大的手术后24~48h,患侧面部可放置冰袋或做冷敷,以减少组织水肿反应。⑤遵医嘱术后用抗生素、镇痛药。⑥凡伤口缝合者,术后5~7d拆线。

3. 健康指导

(1)拔牙当日不要漱口,不能刷牙,以防损伤血凝块,引起出血。
(2)手术当日饮食宜温、软或流质,不饮酒,不用患侧咀嚼食物。
(3)术后24h唾液带有血丝是正常现象。
(4)术后1~2d可有伤口轻微疼痛或不适感,如有剧痛或伤口大量鲜血或血块流出,应及时复诊检查。

讨论与思考

1. 简述牙拔除术的适应证。
2. 简述牙拔除术的护理措施。
3. 患者在哪些情况下应暂缓拔牙？

第七节　口腔疾病的预防与健康教育

口腔健康是全身健康的组成部分,口腔健康影响着全身健康。世界卫生组织指出,牙齿健康是指牙齿、牙周组织、口腔相邻部分及颌面部均无组织结构与功能异常,并制订出口腔健康标准是:牙齿清洁,无龋洞、无疼痛感,牙龈颜色正常,无出血现象。由此可见,口腔健康是指具有良好的口腔卫生,健全的口腔功能及没有口腔疾病。为了达到这一目标,人们必须有预防为主的思想,创造有利于口腔预防保健的条件,纠正有碍口腔卫生的不良习惯,清除一切可能致病的因素,加强口腔防御能力,提高口腔健康水平。在疾病发生前或发现有发病趋势时,立即给予适当防护,以预防和控制口腔疾病发生。

一、口腔疾病的预防

口腔疾病的预防分三级。一级预防是在疾病发生前使用各种预防方法以及相应的口腔健康教育,阻止疾病的发生。如使用窝沟封闭或氟化物来预防龋病的发生,就属于一级预防,其方法即为一级预防方法。二级预防是早期诊断、早期治疗已发生的疾病,防止病损继续扩大。如龋病的充填术等,属于二级预防方法。三级预防是防止发生并发症及恢复口腔的功能,防止由功能不全所带来的其他疾病。如对缺失牙的修复治疗等,属于三级预防方法。

龋病、牙周疾病及口腔癌的一级预防方法如下。

(一) 龋病的预防

1. 氟化物预防龋病

(1)全身应用氟化物:饮水氟化;食盐氟化;牛奶氟化;服用氟化物制剂等。

(2)局部应用氟化物:局部使用氟凝胶或氟涂料;使用含氟化物的洁牙剂;含氟溶液漱口等。含氟溶液漱口适合于低氟区及适氟区,适用于中等或高发龋地区。对龋活跃性较高或易感患者、牙矫正期间戴固定器的患者以及不能实行口腔自我健康护理的残疾患者等均适用。

2. 窝沟封闭预防龋病　牙面的窝沟、点隙为龋病的好发部位,对新萌出的易感恒牙应及时涂布窝沟封闭剂,预防龋病发生。如封闭剂脱落,应尽快重新封闭。

(二) 牙周疾病的预防

1. 刷牙　刷牙是常规的自我口腔保健措施,是机械性去除菌斑和白垢最常用的有效方法。做到早、晚各刷牙1次,最好能够做到每餐后刷牙,每次3~5min,且一定要3个牙面(唇颊、腭舌及𬌗面)都刷到,提倡刷牙应用Bass法(即水平颤动法)。

2. 牙线　含蜡牙线可去除牙间隙的食物残渣和软垢,但不易去净菌斑。不含蜡牙线上有细小纤维与牙面接触,有利于去除牙菌斑。牙线一般用棉、麻、丝或涤纶制成,不宜过粗或太细。

3. 牙签　牙签一般有木质和塑料两种类型。在牙龈乳头退缩或牙周治疗后牙间隙增大时,可用牙签清洁牙齿的邻面和根分叉区。使用方法:将牙签以45°进入牙间隙,牙签尖端指向𬌗面,侧面紧贴牙齿的邻面牙颈部,向𬌗方剔起或做颊舌向穿刺动作,清除邻面菌斑和嵌塞的食物,然后漱口。

4. 漱口　能清除口腔内食物碎片、部分软垢及污物,故漱口应在饭后进行。漱口时,一般用清洁水即可,为了预防牙周疾病的发生,可选用氯己定、甲硝唑等漱口。氯己定能抑制龈上菌斑形成和控制龈炎。使用0.12%或0.2%氯己定液含漱,每天2次,每次1~3min。甲硝唑每天含漱2~3次,对防治牙龈炎、牙龈出血、口臭、牙周炎均有良好效果,且对口腔黏膜无刺激反应。

5. 龈上洁治术　是使用龈上洁治器械去除龈上牙石和菌斑,并磨光牙面,防止菌斑和牙石再沉积,防治牙周疾病的措施。每 6~12 个月做 1 次洁治术,可有效地维护牙周组织健康。

(三) 口腔癌的预防

1. 戒除吸烟、饮酒、嚼槟榔等不良嗜好。
2. 避免酸、辛辣及过热食物对口腔黏膜的刺激。
3. 拔除不能修复的牙齿和残根、残冠。
4. 消除不良修复体以及尖锐的牙尖牙嵴等对口腔黏膜的刺激。

二、口腔健康教育

(一) 口腔健康教育的概念

口腔健康教育是健康教育的一个分支,是通过有效的口腔健康教育计划或教育活动调动人们的积极性,通过行为矫正、口腔健康咨询、信息传播等,以达到建立口腔健康的行为。口腔健康教育不能代替预防方法,它是让人们理解和接受各种口腔预防措施所采取的教育步骤。口腔健康教育的目的是增加公众的口腔健康知识,提高他们的口腔保健意识,改变人们的口腔健康行为,使人们一生中都知道并保持牙齿和口腔健康,从而促进全身健康。

口腔健康教育也是临床医疗服务的组成部分。由于患者渴望得到与自身有关的保健知识,加上对医务人员的高度信任,诊室椅旁的健康教育一般都能收到满意的效果。医生在进行检查、诊断、治疗与康复过程中都应尽可能地针对病情进行必要的健康教育。

(二) 口腔健康教育的原则

1. **教育信息的科学性和准确性** 在进行口腔健康教育活动时,教育信息应具备科学性和准确性,要体现最新科学研究成果,防止不准确的信息误传。

2. **教育材料的通俗性和趣味性** 口腔健康教育材料的设计要具备通俗性、趣味性与艺术性,符合公众审美、健康、长寿的要求,表现出文(通俗易懂)、情(感情)、理(道理)三结合的艺术,成为易于被公众接受的科学知识。

3. **口腔健康教育方法和内容的针对性** 口腔健康教育和指导的内容应与当地文化、教育、经济发展状况及人群患病情况相结合,使口腔健康教育做到切实可行而且有针对性。口腔健康教育必须考虑影响人们健康行为的心理、社会和文化因素,传统的观念与习惯,个人或群体对口腔健康的要求、兴趣等,以确定相应的口腔保健内容与教育方法。每种方法都有其优缺点,且不能互相取代。根据不同的情况选择不同的方法,才能收到较好的效果。

(三) 口腔健康教育的方法

1. **社区活动** 口腔健康教育者可组织城市街道居民社区、农村乡镇和社会团体与单位(企业、学校、机关)的活动,使人们提高对口腔健康的认识,引起兴趣,产生强烈的口腔健康愿望,强化人们对口腔健康服务资源的利用。通常是对被教育者进行口腔健康调查,了解人们对口腔健康的需求,为制订口腔健康教育计划打下基础,在制订计划过程中有意识地对不同层次的人进行教育,以增强目标人群对实施教育计划的责任感。

2. **大众传媒** 利用报纸、期刊、网络、电视、电影、广播、街头展板与橱窗等传播口腔保健信息,反复强化口腔卫生知识,劝阻不健康的行为如爱吃零食、不刷牙等。其优点是覆盖面广泛,能较快地吸引公众注意力,使之集中到有待解决的口腔健康问题上来。

3. **个别交谈** 口腔专业医护人员就口腔健康问题及预防保健问题与患者、儿童家长、居民社区人员、单位领导进行交谈与讨论。由于这种方式是有问有答的交谈、是双向的信息交流,对有关问题的讨论比较深入,具有很强的针对性,效果好。

4. 小型讨论会　通过组织座谈会、专题讨论会、专家研讨会、听取群众意见会等开展口腔健康教育活动。参加者除口腔专业人员、决策者之外,应广泛吸收不同阶层的群众。如在学校开展龋病、牙髓病的健康指导,应该请校长、教师、家长及学生代表共同参加讨论。各种小型讨论会既是健康教育的方式,也是调查研究的方式。

口腔健康教育就是要帮助人们在口腔健康方面学会自助,在掌握有关知识后自觉地去实践。每种方法都有其优缺点,且不能相互取代。在不同的情况下选择不同的方法,才能收到较好的效果。重要的是教育者对受教育者的真诚关怀。

讨论与思考

1. 简述龋病的三级预防方法。
2. 简述口腔健康教育的概念和方法。

（安毅莉）

护理实训

眼科护理实训

一、滴 眼 液

1. 目的 将眼液滴入结膜囊内局部吸收而达到药物作用。
2. 适应证 防治眼部疾病、散瞳、缩瞳及眼部表面麻醉。
3. 用物准备 滴眼液、消毒棉签或棉球。
4. 操作方法与护理配合 嘱患者取坐位或仰卧位,头稍后仰,眼向上注视。若有分泌物先用消毒棉球拭去,用左手示指或棉签向下拉开患者下睑,右手持眼药瓶或滴管先挤掉1~2滴,瓶口或滴管口距眼2~3cm,将药液滴入下穹窿部结膜囊内1~2滴,再轻提上睑覆盖眼球以使药液在结膜囊内弥散,嘱患者轻闭眼1~2min。用消毒棉签拭去溢出的药液(图实训-1-1)。

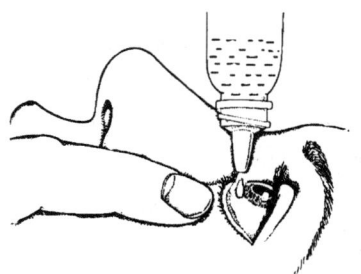

图实训-1-1 滴眼液

5. 注意事项 ①操作者滴药前洗手,对患者及眼液进行认真核对;②滴药时动作轻柔,切勿压迫眼球及将药瓶嘴或滴管触及眼球、眼睑或睫毛,以免误伤或污染;③不可直接将药液滴在角膜上,滴用毒性药物如阿托品、毛果芸香碱后即刻按压泪囊区2~3min,以免药液经泪道流入鼻腔吸收引起毒性反应;④易沉淀眼液应充分摇匀后再滴用;⑤同时滴用多种眼液时,先滴刺激性弱的药物,若有眼膏应最后涂,用药间隔时间不应少于5min。

二、涂 眼 膏

1. 目的 将眼膏涂入结膜囊内以防治眼部疾病和保护眼球。
2. 适应证 治疗眼睑闭合不全或眼球前段疾病、防治术后眼部感染及需眼角膜保护者。
3. 用物准备 眼膏、消毒圆头玻璃棒及消毒棉签。
4. 操作方法与护理配合 嘱患者取坐位或仰卧位,头稍后仰,眼向上注视。用左手示指或棉签向下拉开患者下睑,右手持眼药软膏,将眼膏挤入下穹窿部结膜囊内或右手持蘸有少许药膏的玻璃棒,自颞侧轻轻水平放入下穹窿部结膜囊内,左手放开眼睑,嘱患者轻闭眼,同时转

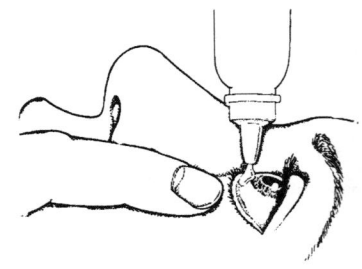

图实训-1-2 涂眼膏

动玻璃棒依水平方向抽出。用消毒棉签拭去溢出的药膏(图实训-1-2)。

5. 注意事项　①操作者涂眼膏前洗手,对患者及眼膏进行认真核对;②涂药膏前,应先检查玻璃棒圆头是否光滑完整,严禁使用有破损的;③用软管涂药时,先挤去管口一段药膏,不可让管口触及睫毛、睑缘及眼球,涂药膏时,不要将睫毛连同玻璃棒一起卷入结膜囊内;④玻璃棒使用后及时消毒备用。

三、结膜下注射

1. 目的　提高药物在眼内的浓度,增强并延长药物作用时间。
2. 适应证　治疗眼前部疾病。
3. 用物准备　1ml 注射器、4~6 号注射针头、注射药物、0.5%~1%丁卡因溶液、抗生素眼膏、消毒棉签、纱布眼垫、胶布及消毒盘。
4. 操作方法与护理配合　嘱患者取坐位或仰卧位,患眼滴 0.5%~1%丁卡因溶液 2 次,间隔 3~5min。操作者用左手分开上、下眼睑,右手持注射器,注射部位应靠近穹窿部的球结膜,左手分开眼睑,颞下、上方分别注射,嘱患者向上、下方注视,避开结膜血管,针头与眼球表面成 10°~15°挑起并快速刺入结膜下,缓慢注入药液,注射量一般为每次 0.1~0.5ml。注射完毕后涂抗生素眼膏闭目休息片刻,若无反应用纱布眼垫包扎患眼(图实训-1-3)。

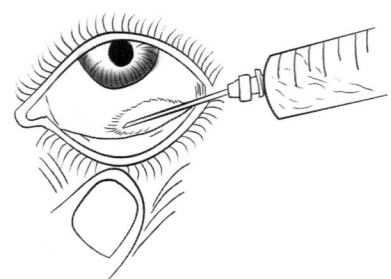

图实训-1-3　结膜下注射

5. 注意事项　①注射前对患者及药物进行认真核对,并询问有无药物过敏史,对结膜有严重感染或出血倾向者及眼球穿孔伤伤口未缝合者禁用结膜下注射;②注射时嘱患者切勿转动眼球,针头斜面朝向巩膜与角膜缘平行方向刺入,以免损伤眼球;③对于眼球震颤和不合作患者,用开睑器开睑和固定镊固定眼球后注射;④多次注射时,需更换进针位置以防形成瘢痕;⑤注射散瞳药物须观察全身反应及 20min 后瞳孔是否散大,刺激性强且易造成局部坏死的药物禁用于结膜下注射。

四、球周注射与球后注射

1. 目的　提高药物在眼局部组织内的浓度,增强并延长药物作用时间,从而达到更好的疗效。
2. 适应证　球周注射适用于治疗虹膜睫状体部位病变;球后注射适用于眼后段及视神经疾病。
3. 用物准备　注射器、长 5 号针头、注射药物、0.5%聚维酮碘、抗生素眼膏、消毒棉签、纱布眼垫、胶布及绷带。
4. 操作方法与护理配合　嘱患者取坐位或仰卧位,常规消毒眼睑周围皮肤。嘱患者向内上方、鼻上方注视,进针部位都是眶下缘中外 1/3 交界处,球周注射进针方向是沿眶缘垂直于皮肤刺入眶内约 1cm,回抽无回血时即可缓慢注药,注射完毕缓慢拔针,用消毒棉签压住针眼至无出血为止;球后注射进针方向先沿眶缘垂直于皮肤刺入1~2cm,沿眶壁走行,针头向内上方倾斜30°,在外直肌与视神经之间眶尖方向推进3~3.5cm,回抽无回血时即可缓慢注药,拔针后,嘱患者闭眼并压迫针眼1min。轻轻按摩眼球涂抗生素眼膏并包扎(图实训-1-4)。

5. 注意事项　①注射前对患者及药物进行认真核对,并询问有无药物过敏史;②进针时如有阻力或碰及骨壁皆不可强行进针;③针头不能在眶内上下左右捣动,注射过程中若有眼睑肿胀、眼球突出等出血症状,立即拔针并加压包扎;④球后注射后如眼球突出、运动受限为球后出血,应加压包扎;眼前部有化脓性感染的患者禁忌球后注射。

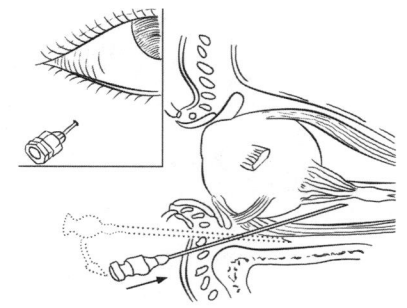

图实训-1-4　球后注射

五、结膜囊冲洗

1. 目的　用冲洗液冲洗结膜囊以达到清洁或治疗目的。
2. 适应证　清除结膜囊内异物、脓性分泌物及酸碱化学物质;手术前清洁结膜囊。
3. 用物准备　玻璃洗眼壶或冲洗用吊瓶、受水器、冲洗液及消毒棉球。

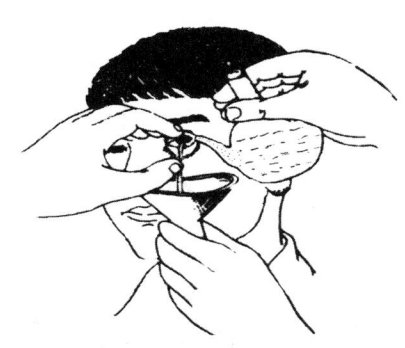

图实训-1-5　结膜囊冲洗

4. 操作方法与护理配合　嘱患者取坐位或仰卧位,头偏向一侧,受水器紧贴冲洗眼面颊部或颞侧。操作者一手分开上、下睑,另一手持洗眼壶或吊瓶冲洗头,距眼3~5cm,先用冲洗液冲洗睑部皮肤,再冲洗结膜囊,翻转眼睑,冲洗上、下穹窿部时分别嘱患者向下、上看并转动眼球,以便充分冲洗结膜囊各部。冲洗完毕用消毒棉球擦拭干净眼睑及颊部水滴;取下受水器,倒出污水并消毒备用(图实训-1-5)。

5. 注意事项　①操作前对患者及冲洗液进行认真核对,对眼球穿孔伤、深层角膜溃疡者禁忌冲洗;②冲洗液温度以32~37℃为宜,不可直接冲向角膜,也勿流入健眼;③化学伤应反复多次冲洗,冲洗时间不少于30min,以防化学物质残留,洗眼壶或吊瓶冲洗头不可触及眼睑及眼球;④严格消毒传染性眼病患者使用过的冲洗用具。

六、泪道冲洗

1. 目的　用冲洗液冲洗泪道以清洁泪道及诊治泪道疾病。
2. 适应证　泪道疾病、泪道及内眼手术前的泪道清洁。
3. 用物准备　注射器、泪道冲洗针头、泪点扩张器、0.5%丁卡因溶液、冲洗液、抗生素眼液、消毒棉球及棉签。
4. 操作方法与护理配合　嘱患者取坐位或仰卧位,压迫泪囊挤出其中分泌物后,将浸有0.5%丁卡因溶液的小棉签置于患眼内眦上、下泪点之间,闭眼3~5min。操作者以左手拇指扯开下睑,嘱患者向上注视,充分暴露下泪点,泪点狭小者,先用泪点扩张器扩大泪点;右手持装有生理盐水或抗生素药液的注射器,先将冲洗针头垂直插入下泪点1~2mm,再转为水平方向

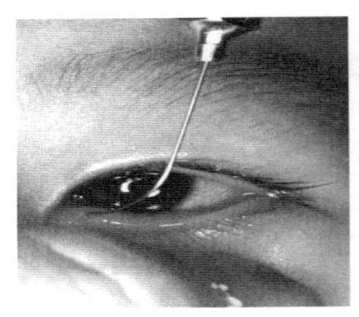

图实训-1-6　泪道冲洗（左眼）

向鼻侧沿泪小管走行进针5~6mm,缓缓注入冲洗液。若冲洗液顺利进入鼻腔或咽部为泪道通畅,否则为泪道狭窄或阻塞,若有脓性分泌物自泪小点溢出,则为慢性泪囊炎。冲洗完毕滴抗生素眼液以预防感染,同时记录冲洗情况,包括从何处进针、有无阻力、冲洗液通畅情况及有无分泌物等(图实训-1-6)。

5. 注意事项　①操作前对患者及冲洗液分别进行认真核对;②冲洗动作应轻巧、准确,进针时若有阻力不可强行推进,以免损伤泪道,冲洗时如出现下睑肿胀,表明针头误入皮下形成假道,立即停止冲洗并酌情给予抗感染药物;③急性炎症和泪囊有大量分泌物时禁忌泪道冲洗。

（任　冬）

耳鼻咽喉科护理实训

一、鼻腔滴药法

1. 目的　用于检查或治疗鼻腔、鼻窦和中耳的疾病。
2. 用具及药品　滴用药物、滴管或喷雾器。
3. 方法　常采用仰卧头低位,如采用侧卧位时,患侧应先下后上位。滴入药液3~5滴,并轻轻吹气,使药液与鼻腔黏膜广泛接触,5~10min后恢复正常体位。另外,也可使用喷雾器将药液喷入鼻腔(图实训-2-1)。
4. 注意事项
(1)药瓶口、滴管口或喷雾器头不得插入鼻孔碰及鼻翼和鼻毛,以防污染。
(2)应教会患者或家属,使其能在家中自行滴药。

仰头位

图实训-2-1　滴鼻药法

二、鼻腔冲洗法

1. 目的　用于治疗萎缩性鼻炎干痂较多者或功能性鼻窦内镜手术后。
2. 用具及药品　灌洗桶、脸盆、橡皮管、橄榄头及500~1000ml温生理盐水和(或)冲洗液。
3. 方法　将装有温生理盐水的灌洗桶悬挂于患者头顶约0.5m的高度,橄榄头塞入患侧前鼻孔,患者稍低头,颏下接盆,放开控制夹,嘱患者张口发"啊"音。使生理盐水注入一侧鼻腔并经对侧流出时,即可将鼻腔内的分泌物或痂皮冲出。一侧鼻腔冲洗后可如法冲洗对侧鼻腔。
4. 注意事项
(1)急性炎症时禁止冲洗。
(2)灌洗桶不宜悬挂过高,压力过大,以免将分泌物冲入咽鼓管或有条件使用鼻腔专用冲洗器。

(3)水温宜接近正常体温,不宜太热或太凉。

(4)冲洗时,应从阻塞较重的鼻腔开始,避免引起中耳感染。

(5)应教会患者自行冲洗。

三、下鼻甲注射法

1. 目的　治疗慢性肥厚性鼻炎、变应性鼻炎。

2. 物品　5ml 注射器、5 号细长针头、额镜、鼻镜、药物及消毒棉球、棉片等。

3. 方法　患者取坐位,头正直靠在椅背上。用 1% 麻黄碱和 1%~2% 丁卡因溶液棉片收缩、麻醉鼻甲黏膜。鼻镜扩大前鼻孔,明视下将针尖自下鼻甲前端刺入黏膜下,注射针与下甲游离缘平行方向自前向后接近下甲后端,边退针边注药,将药液注入黏膜下。拔针后用干棉球压迫针孔止血。

4. 注意事项

(1)掌握注入药量,常用硬化剂如 5% 鱼肝油酸钠、80% 甘油、5% 苯酚甘油 0.5~1ml。

(2)若需两侧注射者,因疼痛反应重,可分次进行。

(3)注药前先抽回血,无血液时再缓慢注药,不可注射于一点,以免引起并发症。

(4)注药时应观察,若患者出现出汗、面色苍白、心悸等全身反应时,应立即停止注射,让其平卧,休息片刻多可恢复。

四、鼻窦负压置换疗法

1. 目的　经负压吸引,使药液进入鼻窦,治疗慢性化脓性全鼻窦炎。

2. 用具及药品　吸引器及带橡皮管的橄榄头,换药碗,1% 麻黄碱生理盐水及其他治疗药物如抗生素、糖皮质激素和 α 糜蛋白酶等。

3. 方法　擤净鼻涕,取仰卧头低位。以 1% 麻黄碱生理盐水收缩鼻腔黏膜,5min 后将抗生素、糖皮质激素及 α 糜蛋白酶等治疗药物的混合液 2~3ml 注入鼻腔,将与吸引器相连的橄榄头塞入治疗侧前鼻孔,用手指压紧另一侧鼻孔,并令患者连续发"开、开、开"音,同步开动吸引器。每次持续 1~2s,重复 6~8 次。

4. 注意事项

(1)负压吸引时间不宜过长,压力不宜过大,一般不超过 180mmHg(24kPa)。

(2)急性鼻炎、急性鼻窦炎、鼻出血、鼻部手术后伤口未愈、高血压患者等不宜使用本法。

五、上颌窦穿刺冲洗法

1. 目的　多用于诊断和治疗慢性化脓性上颌窦炎及上颌窦疾病。

2. 用具与药品　前鼻镜,棉签或卷棉子,上颌窦穿刺针,橡皮管及接头,20~50ml 注射器,治疗弯盘及碗,1% 麻黄碱生理盐水,500~1000ml 温生理盐水,1% 丁卡因液及治疗用药。

3. 方法　收缩鼻腔黏膜,穿刺部位施表面麻醉。如穿刺左侧上颌窦,右手固定患者头部,左手拇、示、中指握住针柄中段并抵住鼻小柱,掌心顶住穿刺针后端,针头斜面朝向鼻中隔一侧,经前鼻孔伸入下鼻道,于距下鼻甲前端 1~1.5cm 下鼻甲附着处,向同侧耳郭上缘方向用力刺入上颌窦内侧壁,穿刺针进入窦腔后有落空感。然后拔出针芯,先回抽检查有无空气或脓液,确定针尖在窦腔内后,以温生理盐水连续冲洗,直至将脓液洗净为止(图实训-2-2)。如为双侧上颌窦炎可同法冲洗对侧。冲洗结束可注入抗感染药物,拔出穿刺针,棉片压迫止血,记录冲洗结果。

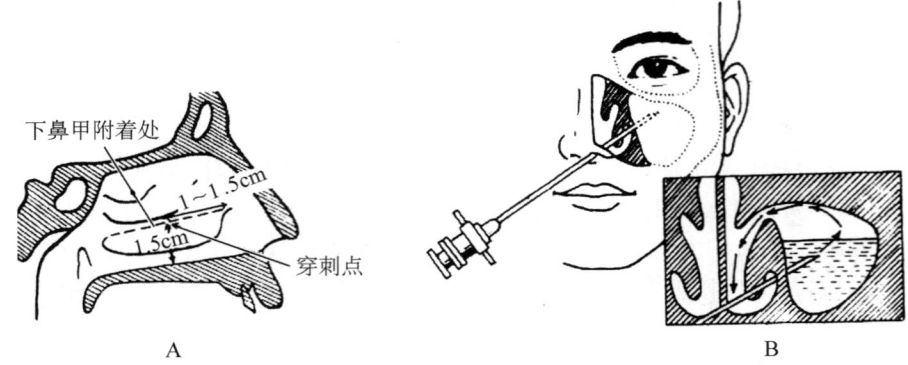

图实训-2-2 上颌窦穿刺冲洗法
A. 穿刺部位;B. 穿刺针的位置及冲洗液流向示意图

4. 注意事项
(1)适用于8岁以上儿童及成人,高血压病、血液病及急性炎症期患者禁忌穿刺。
(2)穿刺部位、方向要准确,以免刺入邻近器官组织。
(3)如冲洗不畅,不应勉强冲洗,应改变进针部位、方向及深度,并收缩中鼻道黏膜,如仍有阻力应停止冲洗。
(4)穿刺过程中若发生昏厥等意外情况应停止穿刺,去枕平卧,密切观察生命体征,根据患者情况,给予必要的处理。
(5)穿刺后嘱患者在治疗室休息片刻,并告知患者3~5d擤鼻时涕中带有少量血液为正常现象,可不做处理,出血较多则要到医院处理。

六、咽鼓管吹张法

1. 目的 了解咽鼓管通畅情况;排除中耳积液,治疗分泌性中耳炎。
2. 物品 听诊管、咽鼓管导管、耳鼓气球、0.5%~1%麻黄碱溶液、1%~2%丁卡因溶液及棉片。

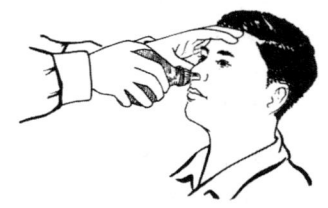

图实训-2-3 波氏球吹张法

3. 方法
(1)耳鼓气球吹张法:①请患者擤干净鼻涕,含一口水于口中。②将听诊管红头塞入患者耳道口,黑头塞入检查者耳道口,将耳鼓气球之橄榄头塞入患者一侧鼻孔,并压紧另一侧鼻孔。③嘱患者将水咽下时,迅速紧压耳鼓气球,此时因鼻咽下方封闭,前鼻孔又被堵塞,球内挤出之空气即可经咽鼓管进入中耳腔。检查者从听诊管中闻及"嘘嘘"声或鼓膜震动声为正常,"吱吱"声为咽鼓管狭窄;"水泡声"为中耳积液;咽鼓管阻塞时则听不到任何声音。如咽鼓管阻塞或中耳积液可反复吹张数次,使咽鼓管扩张,积液顺势流入咽部(图实训-2-3)。

(2)咽鼓管导管吹张法:①用0.5%~1%麻黄碱棉片和1%~2%丁卡因棉片收缩和麻醉下鼻甲及黏膜,擤干净鼻涕。②将听诊管红头塞入患者耳道口,黑头塞入检查者耳道口。③将导管弯头朝下,沿患耳侧鼻底伸入导管,达鼻咽后壁时,将导管轻轻向外上方旋转并稍向外拉。当导管口指向耳郭尖部时,导管口即会落入咽鼓管口内,此时稍加压力固定导管,用橡皮球对准末端开口,向导管吹气,气体经咽鼓管进入中耳,判断结果同耳鼓气球吹张法。如为排除中耳积液,应让患者稍低头,吹张时可使液体顺利流出,然后让患者稍抬头后仰,从吹张管内注入少许抗生素、激素、α糜蛋白酶等药物,可以提高治疗效果(图实训-2-4)。

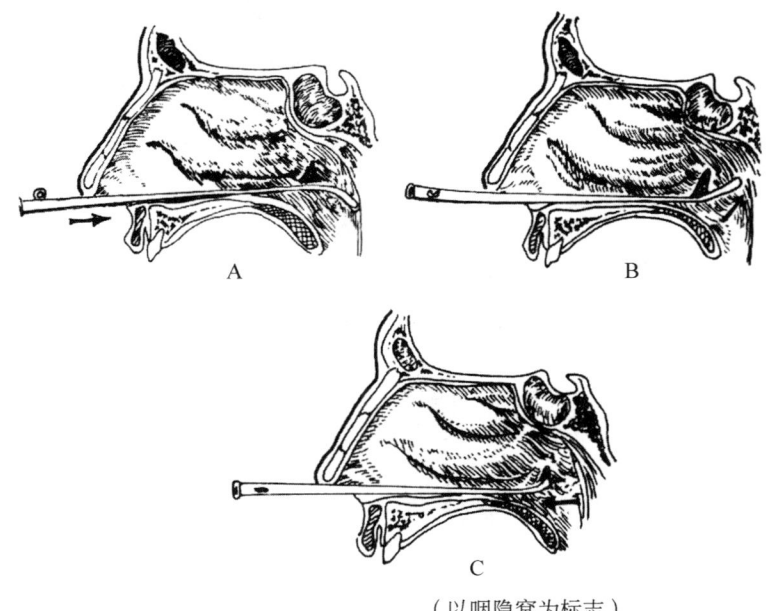

图实训-2-4 咽鼓管导管吹张法
A. 导管弯端沿鼻腔底部向后直达咽后壁;B. 导管弯端向外旋转90°进入咽隐窝;
C. 向外微抽导管使弯端经圆枕滑入咽鼓管咽口

4. 注意事项
(1)上呼吸道急性炎症期暂缓施行。
(2)吹气力量不可过大,以免引起鼓膜损伤。
(3)操作时动作轻巧,以免损伤组织。

七、蒸汽或雾化吸入法

1. 目的 治疗急、慢性咽炎,喉炎,气管、支气管炎。
2. 用具及药品 蒸汽吸入器或超声雾化器(图实训-2-5)和各种治疗用药,如薄荷醑、复方安息香酊、抗生素及糖皮质激素等。
3. 方法 患者取正坐位,头略前倾。将药液滴于杯内热水中或蒸汽吸入器、雾化吸入器内,嘱患者张口对准气流做深呼吸,直至吸完蒸汽或雾化器内的药液。每日一次,5~6次为1个疗程。

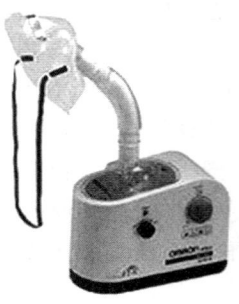

图实训-2-5　超声雾化器

4. 注意事项
(1)蒸汽的温度不可太高,以免烫伤。
(2)气管切开的患者,蒸汽应从气管套管口吸入。
(3)治疗结束后应稍事休息再外出,以免受凉或因过度换气而头晕。

八、外耳道清洁法

1. 目的　用于耳部检查及治疗,尤其是检查鼓膜时更为重要。
2. 用具及药品　卷棉子、耳镜、耳镊及3%过氧化氢。
3. 方法　嘱患者取端坐位,患耳朝向操作者。左手牵拉耳郭,使外耳道变直。整块耵聍用耳镊或耵聍钩轻轻取出,耵聍碎屑用卷棉子清除。外耳道内的分泌物用蘸有3%过氧化氢的耳科专用小棉签清洗,然后用干棉签拭净。
4. 注意事项　治疗操作时动作应轻柔,不可损伤外耳道皮肤和鼓膜。

九、鼓膜穿刺法

1. 目的　用于诊断和治疗中耳疾病。
2. 用具及药品　1ml或2ml注射器,斜面较短的7号针头,鼓膜麻醉药,耳科专用棉签。
3. 方法　清洁、消毒耳周及外耳道皮肤,以鼓膜麻醉药进行鼓膜表面麻醉,于鼓膜前下部刺入鼓室。抽除中耳积液,或注入治疗药物(图实训-2-6)。

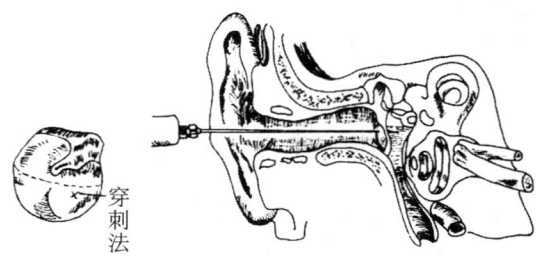

图实训-2-6　鼓膜穿刺术

4. 注意事项
(1)操作前洗手,并核对患者的姓名、耳别、注入治疗药物的名称和浓度等。

(2)针头的方向必须与鼓膜垂直,不得向后上方倾斜,以免损伤听骨或刺入蜗窗、前庭窗。
(3)刺入鼓室后,一定要固定好针头,以防抽液时针头顺势脱出。
(4)刺入鼓膜深度不宜过深,勿伤及鼓室黏膜,位置应在前后象限最低部,以便抽尽积液。
(5)术后防脏水入外耳道以免感染。

(陈德荣)

口腔科护理实训

一、口腔局部用药

1. 喷涂法　直接将药物涂或喷洒到口腔病变部位。如用2%利多卡因涂在溃疡面上,用碘甘油涂于牙周袋内等。

2. 含漱法　用漱口液漱口,是保持口腔卫生的一种简便的方法。常用漱口液1%~3%过氧化氢溶液、复方氯己定等含漱,每天2次。用于牙周手术及其他口腔内手术或长期卧床不能自理口腔卫生者,含漱法可减少口腔的细菌数目及菌斑形成,预防伤口感染,促进愈合,防止牙龈炎和龋病的发生。

3. 擦洗法　无菌换药碗盛适量无菌干棉球;用1%~3%过氧化氢浸湿棉球,用无菌镊子夹取棉球将患者口腔各部擦洗干净,通常先用浸有1%~3%过氧化氢的湿棉球将患者口腔各部位擦洗干净,再用生理盐水棉球擦洗,也可只用生理盐水棉球擦洗。根据病情每日应擦洗2~3次。

4. 冲洗法　是牙周炎、冠周炎等治疗的一种有效方法。用头端钝弯的专用冲洗针头插入牙周袋或盲袋内反复冲洗2~3次。常用的冲洗液有1%~3%过氧化氢溶液、生理盐水等。牙周袋和冠周盲袋冲洗法:用自制的钝弯针头慢慢地插入盲袋或牙周袋内(颊侧和远中盲袋内)进行冲洗,反复2~3次冲洗后,擦干局部再于盲袋内涂上碘甘油。常用冲洗液有1%~3%过氧化氢、生理盐水、1:5000呋喃西林、1:5000高锰酸钾液等。

二、口腔四手操作技术

口腔四手操作技术是指在口腔治疗的全过程中,医生、护士采取舒适的座位,患者取放松的仰卧位,医护双手同时在口腔治疗中完成各种操作,平稳而迅速地传递所用器械及材料。四手操作技术是国际标准化的牙科操作模式,是高效率的牙科操作技术和现代化的服务相结合的形式。四手操作法减轻了医护人员的劳动强度,极大地提高了医疗质量和工作效率。

1. 设备要求　牙科综合治疗椅是口腔诊治工作的基本设备,随着口腔医学的不断发展,牙科综合治疗椅的设计更符合人机工程学原理和四手操作技术的要求。手术椅应具备良好的舒适性,手术椅的座面、背靠面的机械弯曲度与人体生理性弯曲尽可能保持一致,使患者的背部、坐骨及四肢都有比较完全的支托,身体各部分的肌肉和关节均处于自然放松状态,便于患者接受长时间的治疗。通常使用电动双侧可调卧式手术椅。手术椅的高度变化、倾倒和回位均为电动控制,易于操作。椅头具有旋转性便于拍片或治疗;医师侧设有可移动的综合治疗台、三用喷枪、洁治器、可调式手术灯,助手侧设有吸引器、排唾器和三用喷枪。医师和护士坐椅是保持操作者正常操作姿势与体位的重要保证,应具有可调性。

2. 医护配合　在四手操作过程中,医师和护士的密切配合是顺利完成口腔疾病诊治工作的重要环节。护士应具有良好的综合素质,要有高度的责任心、同情心和注意力,按照职业道德规范严格要求自己,应熟悉现代口腔诊疗设备及器械的性能、使用、操作步骤和维护保养,并掌握口腔材料的调制、使用方法。在工作中,医师和护士必须协同工作,默契配合,医师起主导作用,护士要熟悉配对医生的操作步骤和习惯,主要负责安排患者、准备治疗物品、调制材料、传递和回收器械、牵拉口角,用吸引器排除唾液和血液等工作。

三、口腔常规护理操作技术(1)——窝洞预备护理

1. 器械准备　口腔基本检查器械,高速、低速手机,车针,挖器。

2. 治疗辅助工作　去腐制洞过程中随时调节光源,及时吸唾,协助扩大术野,保持术野清晰。

3. 无痛治疗护理　先递送1%碘酊棉签供局部黏膜消毒,遵医嘱吸取局部麻醉药物并套好针头帽递给医生。注射针头应朝向护士,待医生接稳注射器后护士左手固定注射器,右手拔出针头帽,严防患者和医护人员的黏膜及皮肤损伤。

4. 初期制洞护理　根据龋洞的类型,装上适用车针供备洞。操作要轻柔,注意吸唾液时不要损伤软组织。

5. 后期洞形预备护理　根据龋洞类型,更换制洞车针,先递送挖器以去除残存的龋坏牙本质,然后递探针检查是否去净龋坏组织,再递生理盐水冲洗窝洞。

四、口腔常规护理操作技术(2)——垫底护理

1. 器械准备　口腔基本检查器械,窝洞预备器械,玻璃板,调拌刀,粘固剂充填器,雕刻刀。

2. 隔湿制洞完毕后用三用枪清洁口腔或让患者漱口,及时吸干冲洗液,递送镊子夹棉卷隔湿,吹干窝洞。

3. 调拌材料　遵医嘱调拌垫底材料。

4. 垫底递送粘固剂充填器、垫底材料。

5. 修整　在垫底材料未干时,及时递挖器或雕刻刀修整外形,待固化后递送手机继续修整,使之成为充填洞形。

五、口腔常规护理操作技术(3)——橡皮障隔离法护理

1. 物品准备　口腔检查基本器械。橡皮障(图实训-3-1)一片,橡皮障架一个,橡皮障夹一个,打孔器一把,橡皮障夹钳一把,剪刀,牙线。

2. 辅助护理

(1)孔的定位和打孔:孔的位置根据治疗的牙齿来确定。打孔时用力果断,孔的边缘整齐,不能有毛边或裂口。如果橡皮障撕裂,应立即更换。

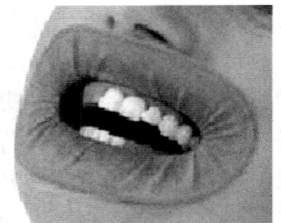

图实训-3-1　橡皮障隔离

(2)固定:常用方法是将橡皮障的孔对准治疗牙,套在牙上,牙邻面不易套入时,可用牙线向牙龈方向推入。橡皮障必须附在橡皮障架上并且有足够的张力,

同时不能撕裂橡皮障。注意：橡皮障必须完全盖住患者的口腔，但不能遮住患者的鼻子和眼睛。橡皮障及牙线为一次性使用，其他物品回收，通过初步消毒、压力蒸汽灭菌后再次使用。

六、口腔常规护理操作技术(4)
——牙体牙髓病常用材料调拌技术及方法

1. 调拌要求　玻璃板及不锈钢调拌刀等调拌器械使用后应妥善处置。一次性调拌纸要避免受潮及污染。调拌材料应存放在清洁、干燥、阴凉处或根据材料使用说明保存。使用时按需要取出材料后及时盖好瓶盖，以防受潮。调拌材料时以同一方向匀速旋转推开，尽量增加调拌刀与玻璃板的接触面，可提高调拌材料的质量。不同方向旋转调拌可增加材料内气泡形成的机会，直接影响治疗效果。调拌时注意无菌操作技术。

2. 常用材料的调拌方法

(1) 磷酸锌粘固剂：①调拌方法。将玻璃板和调拌刀平放于治疗巾上，按需要取适量的粉和液放在玻璃板上，粉液比例在调制垫底材料时为4∶1；暂封时为3∶1，粘冠时为2∶1，两者相距3~4cm。左手固定玻璃板，右手持调拌刀，将粉末分成数份逐次加入液体中，用旋转推开法将粉液充分混合，直至调成所需性状。垫底可调成面团状；暂封可调成稠糊状；粘冠可调成丝状。用折叠法将材料收拢递给医生。调拌时间为1min左右。调拌时间过长或过短都将影响材料的质量。操作完毕用清水冲洗玻璃板和调拌刀，消毒后备用。②注意事项。材料调拌时只能将粉剂逐次加入液体中，而不能加液体于粉剂中。要根据具体情况调制最适宜的黏稠度，粉末过多或太少，调得太稀或太稠均会影响抗压强度。

(2) 氢氧化钙双糊剂：将无菌玻璃板和调拌刀平放于治疗巾上，根据充填面积大小，取适量的制剂(氢氧化钙双糊剂)按比例调拌混合，糊剂1(基础糊剂)与糊剂2(催化糊剂)之比约为1∶1。调拌时间不超过10s。此制剂在空气中极易氧化变质，取用完材料后应立即加盖。

(3) 氧化锌丁香油粘固剂：将玻璃板和调拌刀平放于治疗巾上，取适量的氧化锌粉和丁香油[粉液比为(3~4)∶1]放在玻璃板上，两者相距3~4cm。左手固定玻璃板，右手持调拌刀，逐次将粉末加入丁香油中，以同一方向旋转调拌。调拌时间为1min左右，使粉液充分调匀至所需黏稠度。

(4) 玻璃离子粘固剂：将调拌纸或玻璃板、塑料调拌刀平放于治疗台上，用配套的塑料小匙取适量的粉剂置于调拌纸的一端，按比例滴适量的液体于调拌纸的另一端。粉液比为3∶1，左手固定调拌纸，右手持调拌刀，将粉剂分次加入液体中，用旋转推开法将粉液充分调拌成面团状。调拌过程约为1min，调拌后3~5min即可固化。操作完毕用乙醇棉球擦净塑料调拌刀，并将使用过的调拌纸撕下弃之，用密封袋将一次性调拌纸包装保存。

(5) 根管充填糊剂(以碘仿氧化锌糊剂为例)：将无菌玻璃板和调拌刀平放于治疗巾上，取适量的碘仿与氧化锌混合粉和丁香油(体积比为3∶1∶3)放在玻璃板上，粉液相距3~4cm。左手固定玻璃板，右手持调拌刀，将粉末分为3等份，逐次加入丁香油中，同一方向旋转调拌，使粉液充分调匀成稀糊状。调拌时间为1min。操作过程应遵守无菌原则。

(6) 银汞合金：分为手工调拌和机器调拌两种。①手工调拌：手工调拌时，根据用量，按比例(汞与合金粉的重量比为8∶5或9∶6)取适量的汞与合金粉放入乳钵内。左手固定乳钵，右手持杵棒，顺时针方向研磨。以每分钟120~150次的速度研磨约3min，直至合金表面发亮呈银色光泽，质地细腻，无游离汞。取出放在橡胶片中，用手指揉捻时有握雪感或捻发感，挤出多余的汞待用。②机器调拌:机器调拌与手工相比,具有充填前不需要挤出多余的汞、安全、粉汞比例合适等优点。方法是将银合金粉与汞按一定比例分装在胶囊内,使用时将胶囊放在银汞调和器的夹头上,经高速振荡后即为银汞合金,放在橡胶片里。充填前用手指揉捻至有握雪感或捻发感,一般没有多余汞,若有多余汞需挤出后方可使用。

七、牙槽外科手术器械的认知

1. 用物准备　牙钳、牙挺、牙龈分离器、刮匙、咬骨钳、骨锉、骨膜剥离器、手术刀及缝合器具(持针器、线剪)、方盘等。

2. 方法与步骤

(1)从提供的器械盘内识别出牙槽外科的基本器械,牙钳和牙挺及辅助器械牙龈分离器;刮匙;咬骨钳;骨锉;骨膜剥离器;手术刀及缝合器具(持针器、线剪)。

(2)观察牙钳的结构和形态,鉴别出上颌牙钳、下颌牙钳及特殊牙钳,总结出上、下颌牙钳区别的要点。通过仔细观察,能自器械盘内分别识别出上前牙钳;上前磨牙钳;左、右上颌第一、二磨牙钳,上颌第三磨牙钳。下前牙钳,下前磨牙钳;下颌第一、二磨牙钳;下颌第三磨牙钳。上颌根钳;下颌根钳;上颌牛角钳;下颌牛角钳。

(3)观察牙挺的结构形态,识别出直挺、弯挺(分左、右);横柄挺。通过观察牙挺的类型,鉴别出牙挺、根挺、根尖挺。

(4)通过示教,熟悉牙钳、牙挺的正确握持方式。

3. 注意事项　牙钳的钳喙与钳柄所呈的角度有所不同,相对平行者用于上牙,垂直者用于下牙。

八、口腔常用印模材料的调拌及石膏模型的灌制

1. 用物准备　口腔综合治疗台、口腔检查盘一套(口镜、镊子、探针)、漱口杯、手套、各型号印模托盘、藻酸盐印模材料、普通石膏、橡皮碗、调拌刀、石膏刀、玻璃板、铅笔、振荡器、石膏打磨机、胶布等。

2. 方法与步骤

(1)调整椅位:调整椅位使患者头部直立,张口使下颌牙平面与水平面接近平行,术者立于患者右前方。

(2)托盘选择和准备:这是印模质量好坏的关键。按照患者口内牙弓形状和大小选择一副合适的托盘。选好后拭干托盘,在托盘边缘贴一圈胶布。

(3)印模材料的调拌:取适量藻酸盐印模材料置于橡皮碗内,严格按规定比例加水调和。左手手心向上持碗,右手持调拌刀,调拌时调拌刀与橡皮碗内壁平面接触,开始10~20s轻轻调和,转动橡皮碗使水粉混合均匀,然后加快调拌速度,调和时间30~45s,调好的材料应均匀细腻,呈凝胶状。上托盘前将材料刮收于橡皮碗的一侧,并反复用调拌刀在碗内折叠,挤压排气。置于上颌托盘时将材料形成团状,用调拌刀取出,从托盘的远中向近中方向推入,防止产生气泡。置材料于下颌托盘时,将材料形成条状于调拌刀上,从托盘的一端向另一端旋转盛入,堆放在托盘上。

(4)灌注模型:在橡皮碗中加入适量的水,然后加入石膏粉(依照使用模型材料的不同水粉比例也不尽相同),用调拌刀调拌均匀,在桌上或振动器上振动橡皮碗,排出气泡。取少量

石膏置于印模较高处,注意使石膏逐渐流入并充满印模的每一牙冠部分。继续灌注石膏,直至盛满整个印模并尽量多堆一些石膏,将剩余的石膏堆积在玻璃板上,然后将印模翻转置于石膏上,轻轻加压,使托盘顶部与玻璃板平面平行,修整周缘及下颌舌侧石膏形成底座。约半小时待石膏发热再冷却凝固后,修整模型周缘包绕托盘外缘的石膏,分离模型,顺牙长轴方向小心脱模取出。

(5)修整模型:在石膏固化并达到一定强度后,用石膏打磨机修整模型。

3. 注意事项

(1)采用藻酸钠印模材料时托盘边缘应加一圈胶布以防止印模材料与托盘分离。

(2)印模材料的固化时间因调拌比例及温度不同而变化。

(3)灌注时应先使石膏逐一流入牙冠部位以防产生气泡。

(张莉萍)

《五官科护理》数字化辅助教学资料

一、网络教学资料

1. 网址 www.ecsponline.com/topic.php? topic_id=29

2. 内容

(1) 教学大纲及学时安排

(2) 教学用 PPT 课件

二、手机版数字化辅助学习资料

1. 网址(二维码)

2. 内容

(1) 知识点/考点标注

(2) 练习题:每本教材一套,含问答题、填空题、选择题等多种形式

(3) 模拟试卷

三、相关选择题答案

第1章　眼的应用解剖与生理

1. D　2. C　3. D　4. B　5. E　6. B　7. D　8. D　9. C

第2章　眼科护理概述

1. C　2. C　3. D　4. B　5. D　6. A　7. D　8. C

第3章　眼科常见疾病患者的护理

1. C　2. B　3. D　4. C　5. B　6. C　7. A　8. B　9. C　10. A　11. D　12. A　13. A
14. D　15. B　16. B　17. B　18. A　19. C　20. A　21. D　22. B　23. D　24. B　25. D
26. C　27. C　28. B　29. D　30. D　31. C　32. D　33. A　34. A　35. B　36. B　37. C
38. D　39. D　40. C　41. A　42. B　43. D　44. D　45. D　46. A　47. D　48. D　49. C
50. B　51. C　52. B　53. D　54. A　55. D　56. C　57. C　58. C　59. C　60. C　61. A
62. D　63. A　64. B　65. D　66. C　67. D　68. C　69. A　70. D　71. D

第4章　耳鼻咽喉的应用解剖与生理

1. C　2. D　3. B　4. D　5. B　6. B　7. ABD　8. ABCDE　9. ABDE　10. BCE　11. BCD

第5章　耳鼻咽喉科护理概述

1. B　2. D　3. D　4. A　5. B　6. BCD　7. ABCD　8. ABCDE　9. ABCDE　10. ABD

第6章　耳鼻咽喉科常见疾病患者的护理

1. C　2. E　3. B　4. C　5. A　6. A　7. B　8. B　9. C　10. A　11. B　12. B　13. D
14. C　15. E　16. C　17. E　18. E　19. E　20. A　21. D　22. B　23. D　24. A　25. C
26. C　27. E　28. E　29. C　30. E　31. C　32. A　33. B　34. A　35. C　36. D　37. A
38. E　39. A　40. B　41. B　42. D　43. D　44. E　45. A　46. D　47. A　48. C　49. D

50. ABCDE 51. BDE 52. BD 53. ABCD 54. ABDE

第 7 章　口腔颌面部的应用解剖与生理

1. A　2. C　3. B

第 8 章　口腔科护理概述

1. B　2. E　3. B　4. C　5. C

第 9 章　口腔科常见疾病患者的护理

1. E　2. A　3. E　4. C　5. B　6. D　7. C　8. E　9. B　10. A　11. D　12. E　13. B
14. A　15. C　16. D　17. E　18. D　19. B　20. C　21. A　22. C　23. C　24. E　25. B
26. D　27. A　28. A　29. E　30. C　31. E　32. D　33. B　34. BD　35. BD　36. ABD
37. CD　38. AC　39. ABCDE　40. ABDE　41. ABD　42. AE　43. ABDE　44. ACDE

参 考 文 献

陈燕燕.2006.眼耳鼻咽喉口腔科护理学学习指导及习题集.北京:人民卫生出版社.
桂平.2010.五官科护理.北京:人民军医出版社.
胡德渝.2013.口腔预防医学.6版.北京:人民卫生出版社.
蒋小剑.2011.五官科护理.北京:北京出版社.
孔维佳.2010.耳鼻咽喉头颈外科学.2版.北京:人民卫生出版社.
李敏.2008.五官科护理.2版.北京:人民卫生出版社.
田勇泉.2008.耳鼻咽喉头颈外科学.7版.北京:人民卫生出版社.
吴玉华.2008.五官科护理学.南昌:江西科学技术出版社.
席淑新.2012.眼耳鼻咽喉口腔科护理学.3版.北京:人民卫生出版社.
张莉萍,陈德荣.2013.五官科护理学.南昌:江西科学技术出版社.